现 代 教 育 管 理 论 丛

丛书主编 张茂聪 李松玉

# 中小学教师激励与管理

葛新斌 等著

山东教育出版社

# 丛书编委会

顾　问　顾明远　戚万学
主　编　张茂聪　李松玉
编　委　（按姓氏笔画排序）
　　　　王念强　李秀伟　李松玉　张茂聪
　　　　张　雷　赵瑞情　葛新斌　谭维智

# 序　言

　　教育管理学作为研究和阐明科学管理教育事业的一门学科,在我国已经经历了近百年的发展历程。但自其产生以来,并未真正引起社会各界足够的重视。毛礼锐先生就曾说过,"过去,我们对历史上的教育实践取士制度和教育家的研究比较注重,在管理体制方面从文教政策和学校教育制度方面也有许多探讨,而对教育管理体制、学校管理的经验教训、教育家的教育管理实践与思想等的研究,则较薄弱,至于近现代教育管理方面的重大问题,几乎没有作出专题研究"。直至改革开放以来,教育管理学在恢复与重建的基础上得到了一定程度的快速发展,对这门学科的研究也呈现出良好的态势,表现为研究人员逐渐增多,研究领域逐渐扩展,研究主题也越来越丰富。然而,随着社会与教育改革的不断深入,教育管理学在其发展过程中逐渐暴露出了一些弊端,不得不引起我们的重视。

　　就现代教育管理学的发展来看,其研究主要存在以下三个方面的问题。首先,国际比较视野的研究仍较薄弱,现有的对国外教育管理学的研究多数仅停留在简单的理论介绍层面。国外教育管理学起步较早、理论流派较多,借鉴他们的理论对于我国教育管理学的发展具有重要作用。然而,理论是难以简单移植的,必须结合我国的实际。其次,单调的研究方法限制了我国教育管理学的发展与进步。目前的研究多采用思辨方法,解释性和经验性研究较多,实证研究与实地研究较少。第三,研究主要以个体形式进行,缺乏合作性研究,不利于教育管理的创新与突破。

　　《国家中长期教育改革和发展规划纲要(2010—2020 年)》强调教育管理

体制的改革,提出要完善中国特色现代大学制度、中小学学校管理制度,健全统筹有力、权责明确的教育管理体制的要求。山东师范大学教育管理与政策研究团队主持完成的《现代教育管理论丛》,以现代教育管理为研究对象,选择一些教育管理与政策研究中的前沿问题展开针对性的专题研究,并借鉴一些国家的经验,以解决制约我国高等教育管理、义务教育管理以及学校管理中的问题,是具有很大进步意义的。

该丛书由《现代大学管理制度改革与创新:国际比较的视野》《宽基教育:呈现学校价值力》《公平与均衡:义务教育管理体制改革及制度保障》《学生社团生活:一种学习的新视野》《现代小学教育管理新论》《中小学教师激励与管理》六册著作组成。研究内容涉及现代大学管理制度、义务教育管理体制、学生生活与发展等多个方面。虽侧重点有所不同,但均为我国教育管理领域中的热点问题。在把握当前社会发展趋势的基础上,深刻分析了我国现代教育管理领域所面临的一些新变化和新挑战,并结合了当代大学生和中小学生的需求变化,论证了完善我国现代教育管理方法与措施的必要性。借鉴国外先进的教育管理经验,并与我国的实际情况相结合,探寻适用于我国的改进高等教育与义务教育管理的有效路径。

总的来看,该丛书的特点在于问题意识强,论证观点明确,严谨且清晰,研究内容紧紧围绕国家教育发展中的热点问题,具有一定的科学性、系统性和应用性。该丛书还及时总结现有的研究成果,并吸纳了新颖的管理理念和方法,是教育管理学领域的一次探索和创新。当然,丛书的内容比较分散,尚不够集中、系统,有待进一步研究与完善,但其研究成果值得从事教育管理领域的研究者、决策者和研究生、本科生们阅览,相信对于促进现代教育管理的发展会有所帮助,这也正是丛书作者们力求达成的愿望。

# 前　言

　　我国教育管理学遇到的窘困之一,就是缺乏本土化和应用型知识的创生与积累。从此出发,我们一直冀望大家能够在此方面多加尝试和探索。这就要求:一方面,我们应关注对域外教育管理学新知识的吸纳、消化和运用;另一方面,更要注重结合我国当今基础教育管理之需求,积极开展相关领域内的深入研究与探索。我们大胆揣测:或许通过上述多方面的共同努力,就能为我国教育管理学积累本土化、应用型的知识打下良好基础。基于上述思考,多年来我们一直注重对中小学管理现实问题的研究和探索。现在奉献于大家面前的这本习作,则是多年来我们自身不断尝试和努力的一枚"青果"。

　　众所周知,进入新世纪以来,随着基础教育体制改革的不断深化,尤其是义务教育经费投入新机制的渐次完善,我国经济发达地区的公办中小学教师薪酬水平迅速得以提升,从而也带动了广大教师社会地位的显著好转。很能体现出这种转变的一个现象,就是在一些沿海地区,20世纪90年代本地人几乎无人问津的中小学教师职业,现在也成了当地人十分热衷甚至趋之若鹜的"跑火"行当。然而,实地调查却发现,不少公办中小学教师尽管过着"居有其屋、行有其车"的舒适生活,但是,他们同时也感受到了巨大的职业压力。这些教师对生活和工作的满意度并不高,他们的工作积极性也多乏善可陈。因此,如何在其物质生活已经得到重大改善的背景下,进一步激励教师焕发工作热情,投身于基础教育改革的时代大潮之中,已经成为影响当今经济发达地区教育改革与发展的一个现实难题。

本书即聚焦于公立中小学的教师激励与管理问题。在书中,围绕教师激励机制,我们具体探讨了公办中小学教师的职业压力源、工作满意度、课余工作量、激励机制和绩效工资改革等一系列相关问题。在开展相关研究时,我们特别注重秉持以下几项原则:首先,力求让研究更贴近学校管理现实。从本书内容看,各章依次探讨了教师职业压力来源、教师激励机制建构、组织气氛对满意度的影响、教师对绩效工资改革的参与及其公平感等热点问题。这些问题的顺利解决,皆对调动教师积极性具有重要现实意义。其次,注重文献梳理和一手材料的获取。学术研究不仅是靠眩人耳目的新鲜观点取胜,更应该靠扎实可靠的证据材料说服人。因此,本书各章的研究皆注重对相关领域内文献的收集和整理,并通过多种调查方式获取大量实际素材,从而使我们的观点能够建立于较为坚实的基础之上。再次,力求融通实证与质性研究范式。近年来,教育管理学界深受"质的研究"范式之影响,实证研究似遇"门庭冷落"或"明日黄花"之景象。我们认为,虽然实证研究与质性研究哲学基础、研究范式和结果呈现皆不相同,但二者并非截然对立,而且可以并行不悖。因此,在本书的多处研究中,我们皆有意识地同时运用这两种不同范式,以期达到对某一现象或问题的更为深入理解和认识。最后,力求能够写出些微新意。创新乃学术研究的本质特征和生命力之所在,学术研究和论著的价值,就在于其能够"推陈出新"。虽然很难做到观点、证据和方法"三新并举",但我们却要求在开展任何一项研究时,绝不能只"炒剩饭",至少要有"一新"示人方可"过关"。这也是我们特别注重实地调查的一个重要缘由。全书共分六章:

第一章"城市小学教师职业压力源研究"。研究者主要采用定量研究方法,对广州市天河区多所小学教师的职业压力现状作了问卷调查。然后,再运用质的研究方法,根据研究主旨的要求,从上述学校中选择部分教师进行深度访谈和观察,全面深入地展现了天河区小学教师职业压力的现状、来源及其个体表现等情况。最后,研究者探讨了缓解天河区小学教师职业压力的一些具体管理策略。

第二章"农村初中教师的激励机制研究"。以我国免费义务教育这项改革政策为背景,在对农村初中教师激励机制进行实地调查的基础上,综合问卷数据分析结果和访谈调查所得资料,从经济学理论的视角阐释了农村初中教师激励机制缺失的原因。然后,在相关理论指导下,分析了建立稳定有效的农村教师激励机制的必要性,并从政府和学校两个层面,提出了建立农村初中教师激励机制的政策建议。

第三章"组织气氛与教师满意度研究"。在认真梳理国内外相关文献资料的基础上,通过对广东省超大规模普通高中校长的访谈以及两个超大规模高中的多名教师的问卷调查,对超大规模高中组织气氛和教师工作满意度的现状及其关系进行了细致研究与分析。最后,结合访谈材料,探讨了改善超大规模高中组织气氛和提高教师工作满意度的具体管理策略。

第四章"教师课余工作量的人际因素研究"。主要从对等性人际关系这一侧面入手,探讨对教学质量与效率有着重要影响的教师课余工作量问题。结果发现:教师认为同事的课余工作量越大,其实际课余工作量就越大;与同事关系越亲密,教师课余工作量受其影响就越大;同事和自己课余工作量的差异越小,教师的工作积极性越高。在此基础上,提出了增进教师课余工作量的若干建议。

第五章"中小学教师参与绩效工作改革研究"。首先,对广州市越秀区若干名中小学教师进行访谈,了解一线教师对学校绩效工资改革的态度以及改革中教师参与的情况。其次,在访谈的基础上又对该区多所中小学的教师进行了问卷调查。结合对调查数据统计处理结果,运用相关理论分析工具,对教师参与绩效工资改革的模式进行了理论分析。最后,分别从校长和教师两个角度,提出了促进教师参与改革的若干管理建议。

第六章"中小学教师绩效工资公平感研究"。本章旨在探讨影响公立中小学教师对绩效工资制度公平感受的相关因素,探寻不同的背景变量对教师公平感的差异性影响。整项研究以调查问卷的统计分析为主,个体访谈为辅。选取广州市天河、荔湾、海珠、番禺和白云5区的部分公办中小学为样本,在对调查材料统计分析的基础上,提出了若干提升教师公平感的学校管理建议。

　　本书由葛新斌教授（华南师范大学）开展统筹，负责提出本书的选题策划、研究主旨、章节框架、写作体例以及全书的统稿工作，并担负"前言"、"附录"和"参考文献"的撰稿和编排任务。

　　其各章具体分工如下：

　　第一章　蔡金花（深圳市教育科学研究院）、葛新斌

　　第二章　刘艳华（华南师范大学）、葛新斌

　　第三章　郭伟（广州科技职业技术学院）、尹姣容

　　第四章　黎青慧（华南师范大学）、尹姣容

　　第五章　龚慧（华南农业大学）、尹姣容

　　第六章　曾巧智（广州医学院）、葛新斌

　　本书的相关研究内容得到了广东省普通高校重点文科研究基地重大项目"广东省义务教育管理体制改革与创新研究"（项目编号：06JDXM88001）的资金支持。本书最终得以付梓印行，首先要感谢我的大学同窗、山东师范大学的张茂聪教授，正是他那"高山不让微尘，大海不捐细流"的包容胸怀，才使本书得以忝列于其所主编的一套丛书之中。本书各章作者能在炎热的暑期拨冗修订书稿，亦令我感动不已。此外，我的妻子舒娱琴女士，一向任劳任怨，一心持家育儿，在此并致谢忱！

　　本书作者多为教育管理学"新手"。虽我本人已进入这个"学圈"二十余年，然"余也不敏"，至今仍是圈内的一个"新兵"（多年来圈内外也一直有人这么称呼我）！可想而知，虽已勉强上路，但我们这个团队在途中的"身形"，必定是步履蹒跚，趔趄前行。因此，本书定有诸多舛漏之处，敬请学界同道和读者诸君不吝赐教！

# 目　录

# 第一章
## 城市小学教师职业压力源研究

## 第一节　基本概念与国内外研究

### 一、基本概念界定

#### （一）现有的概念界定

#### 1. 压力

对压力（stress，也称应激）的研究最早可以追溯到古希腊时代的"医学之父"希波克拉底（Hippocrates），他认识到人体具有一种自愈力。近代德国生理学家普拉格（Pfluger，1877）、法国生理学家伯纳德（Bernard，1879）以及比利时生理学家弗雷德克（Fredricq，1885）提出了机体的积极适应和内部稳定状态的密切关系，大大地推进了从生理学角度对压力的研究。而对压力的生理病理反应进行开拓性研究的，则是美国生理学家加农（Cannon）和加拿大学者塞利（Selye）。尤其是塞利提出的压力理论，促进了压力在生物学反应方面的研究[①]。

---

① 韦有华，汤盛钦：《几种主要的应激理论模型及其评价》，《心理科学》1998 年第 5 期，第 441—444 页。

1

20 世纪 50—60 年代,美国心理学家拉扎勒斯(Lazarus)开始从心理学角度来研究压力。他指出,压力的发生并不伴随特定的刺激或特定的反应,而是发生于个体察觉或估价一种有威胁的情景之时。因此,他强调个体对压力的认知评价过程,认为思维、经验以及个体所体验到的事件的意义,是决定压力反应的主要中介和直接动因。现代压力理论在此基础上,将压力定义为个体面临或察觉(认知、评价)到环境变化(压力源)对机体有威胁或挑战时做出的适应和应对的过程。此类研究所形成的理论被称为压力交互作用理论①。

压力本身是一个中性词,有积极压力和消极压力之分。积极压力是指愉快的或有帮助的压力,它给人带来一种愉快的、满意的体验,例如参加某项竞争性活动等。积极压力是具有挑战性、建设性的,它可以提高个体的意识水平,增强心理警觉,发挥潜力,并产生高级的认知与行为表现。消极压力是指具有破坏性、伤害性或产生不愉快体验的压力,例如工作负荷太大、婚姻危机等。通常来说,研究者更多地倾向于研究消极压力对个体的影响。

2. 压力源

压力的来源,简称压力源(stressor),是指任何导致个体产生压力的刺激物或环境。压力的来源是多方面的,有与工作有关的压力,例如工作负荷过重、工作时间过长、同事关系复杂等;有与工作无关的压力,例如塞车、被盗等日常生活中的小困扰。

3. 职业压力

职业压力(occupational stress),也称为工作压力。目前,研究者对职业压力的定义,并没有形成一致的看法。如瑞斯(Rice)将职业压力定义为工作需求超过个人成功应对的能力②;卡普兰(Caplan)、古柏(Kooper)定义为工作环境中对个人造成威胁的任何特性,包括两方面:其一是超过其负荷,其二是无法满足其需要的匮乏状态;佛伦奇(French)认为,职业压力是个人的

---

① 韦有华,汤盛钦:《几种主要的应激理论模型及其评价》,《心理科学》1998 年第 5 期,第 441—444 页。

② Phillip L Rice. 石林,古丽娜等译:《压力与健康》,中国轻工业出版社 2000 年版,第 261 页。

能力及其可运用的资源,在环境需求之间的差距所导致的现象;毕尔(Bill)和纽斗(Newton)指出:职业压力是指与工作有关的因素和工作者发生交互作用,因而改变工作者的身心状态,以致失去正常功能;古柏(Kooper)和马勒荷(Maraball)认为职业压力是表示环境对个人的直接影响,与个人对压力源反应的现象①。

我国学者朱从书和唐晓涛认为,职业压力是由于工作环境的某些特点或工作中某些使人烦恼的事件,导致其从业人员的身心紧张状态②。

4. 教师职业压力

教师职业压力(occupational stress in teachers)的概念来自于对一般职业压力的研究。教师职业压力,如同对压力的界定一样,不同的研究者对其有不同的见解。

吉里亚科(Kyriacou)和萨克里夫(Sutcliffe)认为,教师职业压力是指,教师对因职业而产生的消极情感的反应,这种反应伴随着教师心理的改变,并为对威胁到教师职业的因素的知觉和减轻这些威胁的应对机制所调节③。凯瑟琳(Catherine)等人认为,教师职业压力是教育过程和结构与教师个人的需要和抱负不断冲突的结果④。

国内学者杨小青认为,教师职业压力是教师在职业活动中产生的压力,即教师在职业活动中面对各种因素所造成的威胁性情境或不良事件时,所出现的生理或心理上的紧张状态⑤。蓝秀华认为,教师职业压力是教师由于工作方面的原因,如工作时间过长、工作负荷过重、班额过大、学生行为不端而导致身心疲劳过度、神经紧张、挫折、折磨等的一种不愉快的、消极的情感

① Phillip L Rice. 石林,古丽娜等译:《压力与健康》,中国轻工业出版社 2000 年版,第 260 页。

② 朱从书,唐晓涛:《论中小学教师的职业压力与教育管理措施》,《经济与社会发展》2003 年第 4 期,第 175—177 页。

③ Kyriacou C,Sutcliffe J.（1997）Teacher Stress:a Review,Educational Review,29,pp. 299—306.

④ Catherine S T,Wing-Tung A,Ralf S.（2001）Mental Health Outcomes of Job Stress Among Chinese Tea-chers:Role of Stress Resource Factors and Burnout[J],Journal of Organization Behavior,22,pp. 887—890.

⑤ 杨小青:《教师职业压力及自我应对策略》,《经济与社会发展》2003 年第 2 期,第 159—162 页。

体验①。从以上各研究者的观点可以看出,关于教师职业压力的定义都认为,教师职业压力是因与教师职业本身有关的因素所导致的压力,是个人从事教师职业的特定压力。

（二）本研究对有关概念的界定

本研究所指的"压力",都是特指消极压力;本研究所谓的"教师职业压力",是指教师在工作过程中,与其职业相关的因素所引起的身心紧张状态。

教师职业压力是因与教师职业本身有关的因素所导致的特定的压力,并不包括教师因扮演职业之外的角色所承受的其他压力。教师职业压力也不同于教师心理压力。教师工作负荷较大,既给教师造成了心理的压力,也给教师的身体带来超负荷的压力。因此,教师职业压力既包括因教师职业所带来的心理压力,也包括因教师职业给教师带来的身体压力。

## 二、国内外研究综述

（一）国外研究情况

1. 教师职业压力的普遍性研究

国外大量的调查数据表明,教师职业确实是一种高压力的职业。吉里亚科和萨克里夫在 1978—1979 年进行的四次中调查发现,1/4 的教师认为,教师职业是一项非常或极度有压力的职业。部分调查表明,高达 1/3 的中小学教师认为从事教师职业承受了很大压力。纳特拉斯（Nattrass）认为,压力是导致教师健康问题的首要因素②。

2. 教师职业压力的来源研究

关于教师职业压力来源的研究表明,教师面临的压力来源主要是:工作负荷、时间紧张、工作环境差、教育资源供应不足、角色模糊、晋升机会少、缺乏支持、参与学校决策机会少、同事关系紧张、薪水偏低、学生品行不良、与

---

① 蓝秀华:《教师的职业压力和职业倦怠》,《江西教育科研》2003 年第 5 期,第 23—25 页。

② Rubina H, Seema P. (2003) Translation and Adaptation of Teacher Stress Inventory[J], Pakistan National Institute of Psychology, 18, pp. 45—58.

家长沟通困难、同事对自己的期望[①]。

但是,哪些因素是导致教师职业压力的主要来源呢? 不同研究者的观点存在着一定的分歧。有的研究者认为,学生不良行为是最主要的教师职业压力来源;而有的研究者则认为,因学生的恶劣态度、繁重的工作任务以及时间和资源缺乏而产生的职业压力,大于因学生不良行为而产生的压力。费特勒(Feitler)和托卡尔(Tokar)的研究表明,个别学生的持续的不良行为,而非所有学生的行为,导致了较大的职业压力;吉里亚科认为,来自日常烦扰所致的持续压力可能比问题学生的间歇性压力事件更让教师觉得压力大[②]。此外,有的研究表明,因学生品行不良和时间紧张所导致的压力,显著大于因工作条件和同事关系所导致的压力[③];有的研究认为,工作负荷和学生品行不良是教师职业压力的最重要来源,而物质资源匮乏和人际关系困难对职业压力的作用较小[④]。

由上述的分歧可以看出,学生品行不良、工作负荷、时间紧张可能是导致教师职业压力的主要原因。

3. 缓解教师职业压力的策略

国外关于缓解教师职业压力的策略,主要倾向于讨论教师个体的策略。教师个体的缓解策略,可以分为两种类型:直接行动方法与缓和方法。

直接行动方法就是指教师通过消除压力来源的行为,达到消除或减轻压力的目的。直接行动方法包括:更有效地管理或组织自我、发展新知识、掌握新技能、与同事进行商讨。杰夫·特罗门(Geoff Troman)的研究表明,同事的支持、赞扬和认可,能够有效地缓解教师职业压力[⑤]。

---

① Jayne G, Andrew S, Mark C. (1999)An Investigation of Coping Strategies Associated with Job Stress in Teachers[J], British Journal of Educational Psychology, 1999, 69, pp. 517—531.

② Kyriacou C, Sutcliffe J. (1997)Teacher Stress: a Review[J], Educational Review, 29, pp. 299—306.

③ Millicent H A, Joanne S. (1999)Stress and Burnout in Rural and Urban Secondary School Teachers[J], The Journal of Educational Research, 92, pp. 287—294.

④ Jayne G, Andrew S, Mark C. (1999)An Investigation of Coping Strategies Associated with Job Stress in Teachers[J], British Journal of Educational Psychology, 1999, 69, pp. 517—531.

⑤ Keith F P, Elizabeth T. (1996)Reducing Teacher Stress: The Effects of Support in the Work Environment[J], Research in Education, 56, pp. 63—72.

缓和方法不是直接处理压力来源，而是以减轻压力感为目标。缓和方法可以通过一些体力或心理的策略，解除或摆脱教师的紧张和焦虑，使教师保持或重新获得放松的感觉。缓和方法包括：工作后尽量放松、尽量恰当地处理问题、避免对抗、控制感情。

值得一提的是杰夫·特罗门关于教师培训项目的观点。他认为，教师培训项目能够提高教师对自我能力和职业可能性的认知，提高自信心和解决问题的技能，因而能够缓解教师的焦虑和痛苦。教师培训项目包括：分享同事的职业经历；确定特定的压力因素；找到解决确定问题的可能策略；设计个人的解决计划；用合适的信念取代不合理的信念；放松训练；信心训练；分析并解决学生破坏性情境的解决策略等①。

（二）国内研究基本情况

1. 教师职业压力的普遍性研究

近几年来，我国学者对国内中小学教师职业压力普遍性的研究颇多。例如，徐富明对 300 多名中小学教师进行调查之后发现，近 70％的中小学教师认为自己面临着较大的职业压力，其强度已经超过了西方国家中小学教师的职业压力强度②；王慧敏对厦门城郊 9 所小学 256 名教师心理压力调查的结果表明，3％的教师承受着极大的压力，53％的教师承受着很大的压力③；杨明均等人对四川省成都地区中小学教师的抽样调查发现，近八成的教师感受到了职业压力，3/4 的教师反映压力较大④；罗晓和施若谷进行的小学教师职业压力问卷调查的结果显示，有 64.2％的教师感到工作压力很大，有 31.86％的教师感到工作压力较大，只有 4.94％的教师认为压力一般⑤。

① Geoff T. (2000)Teacher Stress in the Low-trust Society[J]，British Journal of Sociology of Education，2000，21，pp. 331—353.

② 徐富明，申继亮，朱从书：《教师职业压力与应对策略的研究》，《中小学管理》2002 年第 10 期，第 15—16 页。

③ 王慧敏：《厦门城郊小学教师心理压力现状调查及对策》，《厦门教育学院学报》2003 年第 1 期，第 42—44 页。

④ 杨明均：《中小学教师的职业压力》，《成都师范高等专科学校学报》2003 年第 3 期，第 123—125 页。

⑤ 罗晓，施若谷：《当前小学教师教学困惑与压力分析》，《课程·教材·教法》2003 年第 12 期，第 54—58 页。

以上各项研究,在强度大小方面,除了王慧敏得出的比例稍小之外,其余研究都表明,超过 70%～80% 的中小学教师,都承受着较大的职业压力。这表明,当前我国中小学教师普遍面临着较大的职业压力。不过,各位研究者所采用的调查工具不一样,得出来的各项数据,可比性并不强。

2. 教师职业压力的来源研究

对于中小学教师职业压力的来源,不同的学者根据自己的观察与调查,进行了深入的探讨,形成了各自的观点。

朱从书和唐晓涛认为,工作负荷和学生因素是教师的主要压力源[1]。这与浙江杭州市教科所对杭州市 28 所中小学共 1 946 名教师进行调查的结果相一致。该调查结果显示,工作量太大和学生难教育是导致教师职业压力的主要因素[2]。张勇对吉林省约 200 位中小学教师的调查,王慧敏对厦门城郊 256 名小学教师的调查,也都证实了工作负荷和学生因素是教师职业压力源[3]。但是,这两项调查仅仅指出了教师职业压力源,并未指明各压力源之间的主次排列。

徐富明等人采用由教师对压力来源进行报告的方式,对 300 多名中小学教师进行调查后发现,按教师的报告次数,升学考试和工作负担是主要的职业压力源,而学生因素则退居其次[4]。这与前面的几项调查结果存在较大的差异。一方面,这与不同研究者采用的研究工具有关;另一方面,由于各研究者选取的被试不同,结果也会存在差异。

考试压力是我国中小学教师特有的一个重要压力源。这在各位研究者的研究成果中都体现了出来。徐富明的调查结果甚至表明,升学考试压力是导致教师职业压力的首要来源。

人际关系是否是教师职业压力的重要来源,不同研究者之间也存在一

① 朱从书,唐晓涛:《论中小学教师的职业压力与教育管理措施》,《经济与社会发展》2003 年第4 期,第 175—177 页。

② 姚立新:《中小学教师心理压力过大——浙江杭州市中小学教师心理健康状况调查的分析》,《中小学管理》2002 年第 11 期,第 21—23 页。

③ 张勇:《中小学教师工作压力管理策略》,《现代中小学教育》2002 年第 3 期,第 55—57 页。

④ 徐富明,申继亮,朱从书:《教师职业压力与应对策略的研究》,《中小学管理》2002 年第 10 期,第 15—17 页。

定的争议。朱从书和唐晓涛、徐富明以及杭州市教科所的调查都认为,人际关系对教师职业压力的影响较轻。但是,杨小青、张勇等人则认为,人际关系不和谐是教师职业压力的重要来源。

此外,已有的研究显示,教师职业压力源还包括以下方面:

从社会层面看,社会地位低、工资福利欠佳、社会期望过高、教育和教学改革的要求过高、教师行业竞争激烈等,都是教师职业压力的来源。

从学校层面看,管理不善、工作条件差都让教师感受到压力。

从教师本身来看,教师自我期望值过大、能力素质过低、感受力过强等,都可能导致教师产生职业压力[1]。

中小学教师职业压力是一个非常复杂的问题,因研究的时间、研究对象以及研究工具的不同,可能会得出不同的结论。

3. 缓解教师职业压力的策略

我国学者对缓解教师职业压力策略的研究并不多,已有研究主要从社会层面、学校管理层面以及个人层面进行探讨。

刘丽和周晓晔从社会层面进行分析,认为缓解教师职业压力,应该通过各种政策的制定,形成尊师重教的社会风气;提高教师职业的专业地位;逐步深化教育体制改革;提升教师形象[2]。

俞国良等人则从学校管理的角度,提出了缓解教师职业压力的策略。他们认为,应该强调工作环境的结构性改变,如降低学生和教师的比率,缩短工作时间;提高行政管理人员对教师的压力源及其他问题的敏感性,提高群体支持;给予教师更多的工作灵活度和自主权,提供更多职前和职中训练等[3]。李军兰和于近仁提出了通过"校本培训"模式缓解教师职业压力的设想[4]。

---

① 王广中:《关于我国中小学教师职业压力的研究》,《教育探索》2002年第12期,第92—94页。

② 刘丽,周晓晔:《缓解教师职业压力的社会层面分析》,《辽宁农业职业技术学院学报》2003年第4期,第56—57页。

③ 俞国良,曾盼盼:《论教师心理健康及其促进》,《北京师范大学学报(人文社会科学版)》2001年第1期,第20—27页。

④ 李军兰,于近仁:《中小学教师心理压力状况的调查与研究》,《教师教育研究》2003年第6期,第46—51页。

　　杨小青则从教师个人层面提出了缓解职业压力的策略,主要是:学会放松自己,例如,进行适宜的体育锻炼,学习一些简单的放松技术、冥想技术。期望适度,教师不要产生对自己过高的期望,形成与真实世界相符合的专业角色。合理归因,采取积极的归因模式,将成功归属于能力强,将失败归属于努力不够。积极思维,通过改变自己消极的思维习惯,采用积极思维方式,努力去寻找消极事件中的积极因素。寻求社会支持,例如,面临危机事件时,向家庭成员以及同伴等寻求帮助①。

　　综上所述,在教师职业压力研究方面,国内外都积累了非常丰富的资料。在研究方法上,国外的研究一般采用量的研究方法,侧重于从某个点出发,来研究教师职业压力的某个方面。因此,相对于国内的研究而言,国外的研究更为深入,能够为解决某一具体问题提供具体的应对策略。例如,沉思对教师职业压力的影响;教学效能感对教师职业压力的影响;社会支持对教师职业压力的影响;归因对教师职业压力的影响;人际不信任对教师职业压力的影响等。这些研究都是从某一个切点出发,来研究不同因素对教师职业压力的影响的。

　　但是,国外的研究主要集中在心理学领域,从管理学的角度研究教师职业压力的文献并不多。而且,国外的研究结论并不一定与我国的实际情况一致,其总结出来的应对策略,也不一定适合解决我国的实际问题。从这个意义上说,国外的研究只能给我们的研究提供借鉴,而不能照搬过来解决我国教师的职业压力问题。

　　在教师职业压力普遍性方面,已有的数据表明,我国中小学教师中,承受较大压力的教师比例已经远远超过了西方国家。在教师职业压力来源方面,国内外的中小学教师都面临着一些相同的压力源,包括工作负荷、学生品行不良、时间紧张、人际关系复杂、收入低、工作环境差等。但与国外相比,我国中小学教师还面临着升学考试这一特定的压力源。在缓解教师职业压力的策略方面,我国的研究者只提出了一些建议,或者还只是借鉴国外

---

　　① 杨小青:《教师职业压力及自我应对策略》,《经济与社会发展》2003 年第 2 期,第 159—162 页。

的研究成果。国外的研究者更倾向于做出实证的研究,对缓解教师职业压力的策略的实效进行验证。

总体而言,国内现有的研究,描述了教师职业压力的现状与来源,提出了一些缓解教师压力的对策,为后来的研究者提供了研究视角和可资借鉴的参考资料。但是,现有的研究中,关于教师心理压力的综合研究较多,而专门关于教师职业压力的研究较少;关于教师压力的描述性研究较多,而定量的调查研究较少;关于教师压力的经验性研究较多,而实地观察的研究较少;关于中小学教师共同的压力研究较多,而关于小学教师特定的压力研究较少;关于大范围中小学教师的压力研究较多,而关于某一具体地区的教师压力研究较少。更有少数研究,仅仅只是将国外的相关研究翻译出来,然后就认为导致中国教师职业压力的原因也是如此,缓解教师职业压力的策略也应该如此。

由于我国研究教师职业压力的时间较短,因此现有研究的角度和模式还较单一,附和性的研究结论较多,富有创新意义的研究成果还相对较少。这些都表明,在教师职业压力的研究上,还有进一步深入和拓展的空间。

# 第二节　教师职业压力现状分析

## 一、调查问卷说明

本研究采用不同问卷,先后对广州天河区小学教师进行了两次调查。第一次调查时间为 2003 年 5 月 14 日,第二次调查时间分别为 2004 年 5 月 19 日、5 月 20 日、6 月 3 日、6 月 9 日和 6 月 21 日。

第一次调查采用的问卷 A,是朱从书和申继亮编制的"中小学教师职业压力问卷"。本问卷既可以测量教师压力大小的状况,也可以通过数据来分析导致教师职业压力的主要来源。从教育管理学的角度出发,对问卷中项目的归类稍作了一些调整:将"不得不教自己没有受过训练的课程"这一项目从"家庭人际"因子中提取出来,归入到"工作负荷"因子之下;将"同事或领导的态度和评论"、"学生家长不理解教师工作"两个项目从"学生因素"因子中提取出来,归入到"家庭人际"因子之下。因此,本次调查中采用的问卷一共分为 6 个因子 46 个项目,分别是考试压力(包括 9 个项目)、学生因素(包括 11 个项目)、自我发展需要(包括 9 个项目)、家庭人际(包括 7 个项目)、工作负荷(包括 6 个项目)、职业期望(包括 4 个项目)。问卷采用 5 点记分,从"没有压力"、"有点压力"、"压力一般"、"压力较大"到"压力很大",分别记 1—5 分。另外,研究者在问卷的末尾附加了一个开放式问题,以便教师填写自己认为的导致压力产生的其他因素。因此,发放下去的问卷包括 46 道 5 点计分题和 1 个开放式问题。

第二次调查采用的问卷 B,是卡普兰等人 1975 年修订的"职业压力症状问卷"(经翻译后采用)。该量表共有 5 个项目,采用"从不"、"偶尔"、"时常"、"总是"4 点制计分标准。卡普兰所强调的职业压力症状,反映了职业压力所导致的负面效应,是职业压力的外在表现。一般说来,职业压力越大,压力症状就越明显。因此,从这个意义上来说,职业压力症状量表能够较为准确地反映出教师职业压力大小的状况。

## 二、调查数据的处理及其结果分析

### (一) 被试说明

第一次调查采用整群随机抽样的方法,从广州市天河区选取 5 所小学,对各所小学的全体教师进行测量。共发放问卷 228 份,最后收回 197 份,其中有效问卷 193 份,有效回收率为 84.6%。

第二次调查也选取了 5 所小学,除 1 所小学之外,其余小学都与第一次调查时所选取的小学相同。本次调查对这 5 所小学的部分教师进行了测量。共发放问卷 140 份,最后收回 122 份,其中有效问卷 120 份,有效回收率为 85.7%。

### (二) 施测程序与数据处理

第一次调查,事先征得各小学校长的同意,统一发放问卷,并委托校长进行问卷说明,发放的问卷隔日收回。由于问卷项目较多,缺失一个项目对问卷的信度和效度影响较小,故将遗漏一个项目的问卷也视为有效问卷。

第二次调查,当场发放,由教师填完之后当天收回。数据处理中,只将所有项目都已经完成的问卷才视为有效问卷。

两次调查的全部数据,均采用统计软件 SPSS10.0 进行统计分析。

### 三、小学教师职业压力的现状分析

（一）问卷信度分析表

表 1—1 问卷 A 和问卷 B 的内部一致性信度系数

| 问卷/因子 | 项目数 N | $\alpha$ 系数 |
|---|---|---|
| 问卷 A | 46 | 0.952 0 |
| 工作负荷 | 6 | 0.834 8 |
| 考试压力 | 9 | 0.904 7 |
| 职业期望 | 4 | 0.729 4 |
| 学生因素 | 11 | 0.831 5 |
| 自我发展需要 | 9 | 0.812 1 |
| 家庭人际 | 7 | 0.762 1 |
| 问卷 B | 5 | 0.842 6 |

结果表明,两次调查所采用的问卷,不论是从问卷的各因子,还是从问卷总体来看,都具有较好的信度。

（二）天河区小学教师职业压力大小的基本情况

第一次调查结果显示,在收回的 193 份有效问卷中,总分(该问卷的满分为 230 分)达到 138 分,即项目平均分达到中位数 3 分的有 108 人,占 53.9%;总分达到 161 分,即项目平均分达到 3.5 分的有 56 人,占 29.0%。

第二次调查结果显示,在收回的 120 份有效问卷中,总分(该问卷的满分为 20 分)达到 12 分的有 54 人,占 45.0%;总分达到 15 分的有 29 人,占 24.2%。两次调查结果基本相似,表明该区小学教师普遍感受到一定程度的职业压力,约有 1/4～1/3 的教师承受着较大的压力。

（三）天河区小学教师职业压力的来源及具体项目上的表现

表1－2　问卷A的总平均分和项目平均分列表

| 因子 | 总平均分TM | 项目平均分M |
|---|---|---|
| 问卷A | 129.120 0 | 3.228 0 |
| 工作负荷 | 22.073 3 | 3.678 8 |
| 考试压力 | 30.677 1 | 3.408 6 |
| 职业期望 | 13.406 3 | 3.351 6 |
| 学生因素 | 33.708 3 | 3.064 4 |
| 自我发展需要 | 25.168 4 | 2.796 6 |
| 家庭人际 | 15.842 9 | 2.263 3 |
| 问卷B | 11.937 5 | 2.387 5 |

问卷A还考察了教师职业压力的来源。从表1－2可以得知,除"家庭人际"因子的项目平均分低于2.5分之外,其余五个因子的项目平均分均高于2.5分。这表明,这五个因子是造成该区小学教师职业压力的重要来源。其中,"工作负荷"因子的得分最高(M＝3.678 8),其次是"考试压力"因子(M＝3.408 6),"职业期望"因子(M＝3.351 6),"学生因素"因子(M＝3.064 4),而"自我发展需要"因子(M＝2.796 6)得分较前四者稍低。因此,按照因子项目平均分的高低,导致该区小学教师职业压力的因素依次是工作负荷、考试压力、职业期望、学生因素和自我发展需要,而家庭人际因素引起教师职业压力的作用并不明显。

表1－3　M＞3.500 0的项目及其被选择情况

| 因子/项目 | 项目平均分M | 选"压力较大" | | 选"压力很大" | |
|---|---|---|---|---|---|
| | | 人数N | 比例(%)P | 人数N | 比例(%)P |
| 工作负荷 | | | | | |
| A38.教学准备、批改作业等工作量太大 | 3.651 0 | 55 | 28.5 | 66 | 33.7 |
| A39.平均日工作时间太长 | 3.896 4 | 41 | 21.2 | 88 | 45.6 |

（续表）

| 因子/项目 | 项目平均分 M | 选"压力较大" | | 选"压力很大" | |
|---|---|---|---|---|---|
| | | 人数 N | 比例(%) P | 人数 N | 比例(%) P |
| A40. 社会对教师期望和要求过高 | 4.150 3 | 39 | 20.2 | 104 | 53.9 |
| A41. 有些学生的成绩总跟不上 | 3.765 6 | 51 | 26.4 | 82 | 42.5 |
| A45. 学生家长对教师期望很高 | 3.854 9 | 58 | 30.1 | 74 | 38.3 |
| 考试压力 | | | | | |
| A28. 担心所教学生的考试成绩不理想 | 3.523 3 | 43 | 22.3 | 62 | 32.1 |
| A35. 每天说话太多,太累 | 3.917 1 | 51 | 26.4 | 73 | 37.8 |
| A42. 学校各种形式主义的活动或检查太多 | 3.937 8 | 51 | 26.4 | 84 | 43.5 |
| 职业期望 | | | | | |
| A3. 报酬少,在经济上感到窘迫 | 3.518 1 | 45 | 23.3 | 53 | 27.5 |
| A10. 学校或教育行政部门的各种要求太多 | 4.077 7 | 48 | 24.9 | 94 | 48.7 |
| 学生因素 | | | | | |
| A12. 担心学生的安全 | 4.041 5 | 55 | 28.5 | 87 | 45.1 |
| A46. 个别差生的工作难做 | 3.917 1 | 54 | 28.0 | 82 | 42.5 |

　　尽管教师职业压力的来源主要是五个因素,但是,从表1-3可以看出,不同因子的项目得分又表现出各自不同的特点。整体而言,项目平均得分超过3.500 0的总共有16个,表现为:在"工作负荷"上,有5个项目;在"考试压力"上,有3个项目;在"职业期望"上,有4个项目;在"学生因素"上,有2个项目;在"自我发展需要"上,有2个项目。其中,"社会对教师期望和要求过高"(M=4.150 3)、"学校或教育行政部门的各种要求太多"(M=4.077 7)、

"担心学生的安全"（M＝4.041 5）这 3 个项目，是导致教师职业压力产生的最重要因素。

表 1－4　问卷 B 的总分及各项目被选择的情况列表

| 项　目 | 项目平均分 M | 选"时常" | | 选"总是" | |
|---|---|---|---|---|---|
| | | 人数 N | 比例（%） P | 人数 N | 比例（%） P |
| B1. 感到疲倦，提不起精神 | 2.433 3 | 38 | 31.7 | 8 | 6.7 |
| B2. 在每天结束的时候觉得体力完全被耗尽 | 2.720 8 | 40 | 33.3 | 25 | 20.8 |
| B3. 对工作失去激情 | 1.937 5 | 17 | 14.2 | 3 | 2.5 |
| B4. 觉得工作快要把自己累垮 | 2.283 3 | 29 | 24.2 | 11 | 9.2 |
| B5. 在工作日结束时感到筋疲力尽 | 2.562 5 | 36 | 30.0 | 20 | 16.7 |
| 总分 | 11.937 5 | 43 | 22.3 | 62 | 32.1 |

问卷 B 则体现了教师职业压力的表现。从表 1－4 具体项目的选择可以看出，小学教师因工作而导致身体疲惫的情况较为严重。在两个相关的选项上（B2 和 B5），项目平均分均超过了项目中位数 2.5。教师因为职业压力而对工作失去激情的情况虽然存在，但并不严重，说明天河区小学教师对工作依然充满热情。

（四）不同科目、年级和年龄的教师职业压力大小的比较

第一次调查的数据显示，不同科目的教师，其职业压力大小存在着显著的差异（Sig. ＝0.043），尤其表现在"工作负荷"（Sig. ＝0.015）和"考试压力"（Sig. ＝0.000）两个因子上。

从表 1－5 可以看出，语文、数学、英语等主科教师，与音乐、美术、体育等副科教师相比，前者在"考试压力"因子上的平均分（M＝32.066 7）明显地高于后者（M＝24.120 0），两者之间存在着极其显著的差异（Sig. ＝0.000）。

表1－5 不同科目教师的职业压力大小之 T 检验摘要表

| 因子/项目 | 科目 | 人数 N | 平均分 M | T 值 | Sig (2-tailed) |
|---|---|---|---|---|---|
| 总分 | 1 | 120 | 143.133 0 | −2.042* | 0.043 |
| | 2 | 25 | 129.120 0 | | |
| 工作负荷 | 1 | 120 | 22.575 0 | −2.458* | 0.015 |
| | 2 | 25 | 19.800 0 | | |
| A38. 教学准备、批改作业等工作量太大 | 1 | 120 | 3.651 0 | −4.224** | 0.000 |
| | 2 | 25 | 2.100 0 | | |
| A41. 有些学生的成绩总跟不上 | 1 | 120 | 3.907 6 | −2.657** | 0.009 |
| | 2 | 25 | 3.200 0 | | |
| 考试压力 | 1 | 120 | 32.066 7 | −4.099** | 0.000 |
| | 2 | 25 | 24.120 0 | | |
| A33. 学校根据学生考试成绩评定教师的职称、奖金 | 1 | 120 | 3.375 0 | −2.441* | 0.016 |
| | 2 | 25 | 2.600 0 | | |
| A34. 教师必须对学生的考试负责 | 1 | 120 | 3.672 3 | −4.627** | 0.000 |
| | 2 | 25 | 2.360 0 | | |
| A42. 学校各种形式主义的活动或检查太多 | 1 | 120 | 4.066 7 | −2.367* | 0.019 |
| | 2 | 25 | 3.480 0 | | |
| A44. 担心学生考试排名太差 | 1 | 120 | 3.416 7 | −4.804** | 0.000 |
| | 2 | 25 | 2.080 0 | | |

注："1"代表语文、数学、英语三科的教师;"2"代表其它科目的教师。

主科教师和副科教师因工作负荷产生的压力程度不同,最突出地表现在:(1)主科教师"教学准备、批改作业等工作量太大"(M＝3.651 0),而副科教师在这一项上产生的压力相对较小（M＝2.100 0），两者之间差异极其显著（Sig.＝0.000）；（2）在班级中，"有些学生的成绩总跟不上"，因此，与副科教师相比，主科教师在上课之余还必须花费大量的时间和精力对此类学生进行额外辅导（M＝3.907 6，Sig.＝0.009）。

问卷 B 的数据（表1－6、表1－7）则表明：低年级教师和高年级教师之间及不同年龄阶段的教师之间，其职业压力大小存在着一定的差异。

**表1－6　不同年级教师的职业压力大小之 T 检验摘要表**

| 项目 | 年级 | 人数 N | 平均分 M | T 值 | Sig<br>（2-tailed） |
|---|---|---|---|---|---|
| B1. 感到疲倦，提不起精神 | 1 | 62 | 2.564 5 | 2.348* | 0.021 |
|  | 2 | 58 | 2.293 1 |  |  |
| B2. 在每天结束的时候觉得体力完全被耗尽 | 1 | 62 | 2.822 6 | 1.395 | 0.166 |
|  | 2 | 58 | 2.612 1 |  |  |
| B3. 对工作失去激情 | 1 | 62 | 2.048 4 | 1.788 | 0.076 |
|  | 2 | 58 | 1.819 0 |  |  |
| B4. 觉得工作快要把自己累垮 | 1 | 62 | 2.354 8 | 0.985 | 0.326 |
|  | 2 | 58 | 2.206 9 |  |  |
| B5. 在工作日结束时感到筋疲力尽 | 1 | 62 | 2.564 5 | 0.027 | 0.979 |
|  | 2 | 58 | 2.560 3 |  |  |
| 总分 | 1 | 62 | 12.354 8 | 1.564 | 0.121 |
|  | 2 | 58 | 11.491 4 |  |  |

注："1"代表低年级教师，包括一、二、三年级教师；"2"代表高年级教师，包括四、五、六年级教师。

尽管低年级教师与高年级教师职业压力大小，并没有呈现出统计学意义上的显著差异，但是不论从项目平均分，还是从总分来看，低年级教师的得分都比高年级教师的得分高。可见，低年级教师比高年级教师承受着更大的职业压力。这与国外认为,教师职业压力随所教年级的升高而降低的结论一致[1]。从表1-6中可以看出,低年级教师在工作中更容易感到疲倦,提不起精神,与高年级教师存在着统计学意义上的显著差异。

表1-7 不同年龄教师职业压力大小的比较情况列表

| 年龄(I) | 总分 | 年龄(J) | 总分 | 平均差(I-J) | Sig |
|---|---|---|---|---|---|
| 1 | 10.625 0 | 2 | 12.585 4 | -1.960 4* | 0.012 |
| | | 3 | 12.214 3 | -1.598 4* | 0.035 |
| 2 | 12.585 4 | 1 | 10.625 0 | 1.960 4* | 0.012 |
| | | 3 | 12.214 3 | 0.362 0 | 0.572 |
| 3 | 12.214 3 | 1 | 10.625 0 | 1.598 4* | 0.035 |
| | | 2 | 12.585 4 | -0.362 0 | 0.572 |

注:"1"代表25岁以下;"2"代表25~30岁之间;"3"代表30~40岁之间。

不同年龄的教师,其职业压力大小也不同。年龄在25岁以下的教师,其承受的职业压力显著小于年龄在25岁以上的教师。年龄在25~30岁之间的小学教师,承受的职业压力与30~40岁之间的教师相差不大。但是,总体而言,25~30岁左右的教师所承受的职业压力最大。

## 四、小结

两次调查的结果表明,天河区小学教师普遍承受着一定的职业压力,1/4~1/3的教师承受较大的职业压力。

问卷的统计数据初步显示,天河区小学教师的职业压力来源按其重要程度,依次是工作负荷、考试压力、职业期望、学生因素和自我发展需要,而家庭人际因素引起教师职业压力的作用不明显。

调查也显示,语文、数学、英语三科的教师,其职业压力大于其他科目的教师;一、二、三年级教师,其职业压力大于四、五、六年级教师;处于25~30岁阶段的教师,其职业压力大于其他年龄阶段的教师。

---

① Jayne G, Andrew S, Mark C. (1999) An Investigation of Coping Strategies Associated with Job Stress in Teachers[J], British Journal of Educational Psychology, 1999, 69, pp.517—531.

# 第三节　教师职业压力来源分析

教师职业压力是一个非常复杂的现象。在本研究中,主要从学校外部和学校内部两个角度来探讨广州天河区小学教师职业压力的来源。从学校外部的角度来看,又主要从社会、家长以及教育行政部门三方面来展开;从学校内部的角度来看,则主要从师生关系、工作任务和学校管理三方面来展开。

## 一、社会方面

### (一)社会对教师期望过高

1. 教师就该无私奉献?

在我国传统的文化价值里,"敬业"与"奉献"等价值观念在长期的文化历史积淀中,已经成为社会对教师的职业期待,也成为教师的基本思维方式与生活方式。社会传统观念认为,教师应该是"人类灵魂工程师"、"燃烧自己,照亮别人"、"为人师表"、"无私奉献,不求回报"。但是,天河区的部分小学教师无法认同这些将教师职业理想化的观念。X老师认为[1]:

只要教师一加工资,报纸上和电视上就会进行大肆宣传。实际上,教师工资才增加了十几块,几十块而已。所以我觉得,社会上有这样一种心理,认为教师就得穷,就该穷,教师就该穿着打补丁的衣服。所有的教师都应该无私地奉献。教师就应该给孩子免费补课,将自己的家庭抛弃在一边[2]。

在调研期间,所接触到的大部分教师都认为,社会过多地强调了教师的奉献精神,而忽视了教师作为普通人的一面。尤其是媒体上所报道的优秀

---

[1] 本研究中,教师的"发言",是指笔者对教师进行集体访谈时,教师所谈到的内容。

[2] WSH小学语文教师X老师的发言,2004年5月28日上午11:10—12:10,教师办公室。

教师,往往是那些废寝忘食,一心扑在工作上,不关注家庭和孩子的教师。那些为了救学生而不顾自己亲人的教师,则更是优秀教师的典型。这样,就容易让人产生一种错觉,"如果教师没有出现严重的疾病,或者没有牺牲家庭和孩子,就不能是一名优秀教师"①。

优秀教师的社会评价标准,给教师们带来了很大的困惑。一方面,他们既想成为家长和社会公认的优秀教师;另一方面,近乎苛刻的标准又让他们心灰意冷,无心进取。

2. 教育观念缺乏理性

如今,在教育领域存在着一些"提法",虽然听起来令人激动,但却过于极端,成了套在教师身上的枷锁,让教师"喘不过气来"。例如,"没有教不好的学生,只有教不好的老师",就被认为是一个非常极端的"提法"。对此,C老师就提出了具有代表性的看法②:

现实生活中,确实有一部分学生通过老师的精心辅导,成绩提高了。但是,也确实存在少数学生,可能由于智力有缺陷,或者是根本就不喜欢读书,不论老师怎样努力地教,他的成绩始终提高不了。难道这几个没有学好的学生就把老师完全否定啦? 还有什么"合格的教师一定能够教好学生"、"教不好学生的老师不是好老师"之类的提法。我觉得,赞成这些提法的人,一定不是老师。即使是老师,那么他所教的一定是重点班,学生一定都是那些基础比较好的学生。否则,他是不可能会赞同这些话的③。

依据长期以来的经验和学校教学的实际情况,C老师认为,这些"提法",实际上是对教育规律的歪曲,过分地强调了教师对于学生发展的决定作用,将教育学生的责任全部推在了教师的身上。因此,当老师对学生的教育没有达到家长或其社会所期待的要求时,被埋怨和责备就成了无法避免的事情。

(二)教师经济压力加大

近年来,由于大学生就业困难以及工资水平降低,教师职业因其相对稳

---

① WSH小学语文教师X老师的发言,2004年5月28日上午11:10—12:10,教师办公室。

② 本研究中,教师的"看法",是指笔者对教师进行个别访谈或与教师聊天时,教师所谈到的内容。

③ CHL小学英语教师C老师2004年6月25日下午,在办公室里谈到的看法。

定性和逐渐提高的工资水平吸引了不少大学毕业生,岗位竞争相当激烈。教师行业受到毕业生的青睐,这似乎表明,教师地位得到了较大的提高。但是,接受访谈的小学教师却感觉,他们的社会地位依然较低,甚至在近两年还有所降低。

首先,教师感受最深切的是,教师节的氛围被淡化。

教师节一年比一年缺少关注。以前教师节的时候,会热闹一点,还有一天半天的休息。但是,现在什么都没有,教师节老师仍然需要照常上课。因为,学生的家长不是教师。如果教师放假的话,那么学生就没有人来管了。所以,教师必须继续做蜡烛,继续奉献①。

其次,接受访谈的教师认为,教师工资待遇偏低,工作的付出与最终所得相差太远。

为了了解天河区小学教师的具体工资水平,为此向 CHL 小学的 W 校长提出了查阅财务报表的请求,得到了 W 校长的允许。2004 年 6 月 22 日,查阅了该小学 2003 年和 2004 年上半年的财务报表。由于天河区各公立小学实行统一的工资标准,因此,通过这一所小学的财务报表,就可以对天河区小学教师的工资水平有一个大致的了解。

CHL 小学的工资统计表表明,小学高级教师工资分为 8 档,一级教师工资分为 5 档。现以工资档为 7 档的某高级教师 2004 年 1 月份的工资为例,来分析天河区小学教师的工资水平。按照工资统计表,这位教师的工资包括工资额 682.00 元、地区工资补贴 9.50 元、活工资额 454.70 元、津贴总额 15.00 元、物价性补贴 78.00 元、岗位津贴 620 元、奖金 121 元、月均年终奖金 287.20 元,所以,总计应发工资为 2 267.40 元。但是,她每个月的工资还要扣去住房公积金 138.80 元和个人所得税 62.11 元。所以,实发的月工资额为 2 066.49 元。再加上天河区的区工资补贴 760 元左右②,她的月收入为 2 800 元左右。工资档为 5 档的小学一级教师,月收入约为 2 500 元左右。

---

① WSH 小学语文教师 X 老师的发言,2004 年 5 月 28 日上午 11:10—12:10,教师办公室。
② 这一数额是应发的区工资补贴 800 元减去个人所得税后的实发数额。工资统计表没有这一项数据,是由财务处的 G 老师估算得来的。

虽然教师之间职称不同,但收入差别并不大。

教师工资统计表中还列出了福利性补贴、养老保险、失业保险、医疗保险等项目,但是,这些项目栏为空白。财务处的 G 老师解释,教师福利性补贴,如煤、油补贴,已经取消;教师的各类保险费空白,是因为教师根本没有参保。接受访谈的教师反映,未参与各项社会保险,给他们带来了严重的不安全感。尤其是在教师人事改革方案颁布之后,他们更担心自己将来的生活保障问题。

其实,与其他职业相比,天河区小学教师的工资水平,尚属中等水平。但是,教师认为,以他们所花费的时间与精力作为标准来衡量,他们的所得偏低。例如,在天河区,小学生家教的收费为每小时 25~30 元。如果教师每个工作日为小学生补习 8 个小时,以每小时 25 元来计算,则教师每个月的收入至少可以达到 4 000 元左右。

对于家庭经济条件较好的教师而言,工资水平偏低对他们并无影响。但是,对于家庭经济基础较差的教师,尤其是尚未有房产或正在供楼的教师而言,工资水平偏低则给他们造成了较大的压力。如:

具有五年教龄的音乐教师 O,毕业于星海音乐学院,现为小学一级教师,月均收入约 2 500 元。她在广州没有住房,一直在外租房居住。每个月的房租、水电费以及管理费就要花费 700 元左右。再加上乘车、吃饭等其他开支,每个月都过得捉襟见肘①。

教师除了统一发放的工资之外,基本上没有其他收入来源。对于外界闹得沸沸扬扬的教师兼职问题,接受访谈的教师感觉有苦难言。由于工作任务繁重,他们下班时已经精疲力竭,很难再从事兼职工作。

(三)媒体的关注

据教师反映,近年来,媒体对教师的报道逐渐增多,尤其是对小学教师不公正的报道越来越多。由于小学生的发展具有不可逆转性,所以社会难以容忍教师的工作失误。所以,一些教师认为,"不知道为什么,媒体总是喜

---

① TYL 小学音乐教师 O 老师的发言,2004 年 6 月 9 日下午 16:00—17:05,教师办公室。

欢盯住学校,盯住老师?只要老师稍微出点错,就会被媒体弄得很大的。"①在这种情况下,教师感觉自己被"盯"得很紧,"整天都很担心"。

教师承认,在现实的教学中,确实存在着少数教师对学生身心造成伤害的事实。但是,任何一个行业,都有好和不好两方面。对于教师群体而言,主流总是好的。而部分媒体言过其实的报道,让教师职业背负了不好的名声。例如,教师的兼职问题就被不明真相的人们闹得沸沸扬扬。

我每次对别人说我是教师时,他们都认为我的收入很高。其实,我们工作任务很多,每天下班之后就已经精疲力竭了,哪还有精力去做兼职?更何况,下了班之后还有很多工作需要做②。

## 二、家长方面

### (一)家长怎样理性面对学校教育

学校教育和家庭教育共同对儿童的身心发展起着重要的作用。由于教师和家长在儿童的教育中扮演的角色不同,在教育方式上也存在着一定的差异。

教师认为,部分家长所采取的教育方式,与他们所采用的方式存在着较大的冲突。两种方式的冲突,往往使教师所采用的教育方式的成效降低,甚至毫无成效可言。因此,在教育学生的过程中,教师常常感到无助。

现在家里一般都只有一个孩子,家长不想让孩子受到什么委屈。所以,学生犯了错误,家长往往挺身而出。就算没有这样主动的家长,孩子也会将责任推到家长身上,让家长来承担。然后,家长就来学校向老师认错,领回书本以及其他被没收的东西。所以,很多学生养成了做错事情不负责任的态度③。

家长对孩子的言传身教,对孩子的影响更大。如果家长不认可教师的教育方式,甚至采取与之相反的方式,那么,教师对学生的教育成效必然会降低。教师在这种不可控的事件中感受较大的压力。

---

① HUJ 小学语文教师 L 老师的发言,2004 年 6 月 3 日下午 16:10—17:20,教师会议室。
② CHL 小学数学教师 C 老师的发言,2004 年 6 月 22 日下午 16:05—17:05,教师办公室。
③ WSH 小学语文教师 Z 老师的发言,2004 年 5 月 20 日下午 16:10—17:15,工会室。

（二）教师与家长的沟通和交流不畅

20 世纪 90 年代以来，教育专家认为，家长应该参与到学校管理中来，成为学校的管理者。近年来，随着教育服务观念的树立，以及小学生源的减少，作为教育消费者的家长，对孩子的教育具有越来越大的控制权和选择权。家长权力的增加，不但对学校管理事务产生影响，也在一定程度上影响着教师的专业自主权。家长经常"告诉"教师应该如何做，"指挥"教师，甚至"置疑"教师的做法，经常"干预"教师的教学和决定。教师缺乏"主见"，"不知道自己到底应该怎样做"①。

在这一方面，来自 4 所小学的教师都提到了关于作业布置的问题。这个问题，与国家前几年大力提倡的减轻学生负担紧密相关。"减负"问题，自从一开始，就没有制定合理的标准，而仅仅将学生书包的重量和作业数量的多少，视为衡量学生负担轻重与否的标准。有的小学，甚至"不准学生带书包回家"。实际上，这种标准操作起来，尽管简单，却并不合理。因此，在没有合理标准作为指导的情形下，家长对于"减负"的认识，更难以达成一致。

我们就是空箱里的一只老鼠，什么都压着我们，可怜得很。一会儿，有的家长说，老师，你的作业布置太多了；一会儿又有家长说，老师，你布置的作业太少了，那将来怎么升学呢，怎么面对社会，怎么竞争呢。有时候老师想多布置点，家长又振振有辞地说，怎么这么多作业呀，不是减负吗？现在有这两种不同的反映，教师根本不知道该往哪边走。唉，反正我们做老师的，什么事情都没有主见②。

教师所说的"主见"，指的是教师的专业自主权。它是指教师作为专业人员，享有独立自主地开展工作的权力。具体包括，教师有权选择教育方式方法，有权制定教育教学计划，有权开展教育教学实验和改革，有权自主评价学生等③。如果教师享有的自主权较充分，那么，教师对教学的控制力较强。如果教师的自主权受到干预，教师就会觉得无能为力，从而产生压力。

---

① WSH 小学英语教师 C 老师的发言，2004 年 5 月 20 日下午 16：10—17：15，工会室。

② WSH 小学语文教师 X 老师的发言，2004 年 5 月 20 日下午 16：10—17：15，工会室。

③ 田淑秀：《教师职业性质的界定及其给我们的启示》，首都师范大学学报（社会科学版），1995，
（3），81—85 页。

天河区的小学教师，在无法享受基本的教学自主权的情况下，难怪要感受到较大的压力了。

（三）家长对教师的过度期望

有的学生家长，忙于发展自己的事业，无暇顾及对孩子的学习辅导；有的家长认为，教育孩子是教师的责任，否认自己的教育责任。这两种类型的家长，"完全将孩子托付给了老师"。如果孩子的成绩差，他们并不愿意直接与教师沟通，共同讨论问题的所在并采取措施改善状况，而是将责任"完全归咎于老师"。

有的家长直接将情况报告给校长，要求校长更换任课教师或者要求给孩子调班。校长出于遏制事态进一步恶化的考虑，往往尽量满足家长的要求。这种情况，既让当事教师心理受到伤害，产生焦虑与压力，也给其他教师带来了极大的压力。

教师强烈地意识到，随着家长选择权力的日益增大，学生家长对教师的要求将更为严格，不符合家长期望的教师将可能受到家长的冷漠对待甚至强烈攻击。

家长的尊重，不仅是对教师工作和付出的肯定，而且也给孩子树立了尊师的榜样。"如果家长不尊重老师，那么他们的孩子也会跟着不尊重老师。因为，孩子看到家长的这个态度，那么他就会想，你看我爸都这个样子，那么，他肯定也学着不尊重老师。"①

教师认为，家长对教师的批评和指责越来越多。特别是家长发现教师采用了他们认为不公平或不正确的处理方式时，尤其如此。但是，家长对教师的了解，多数来自于孩子平时对教师的评价。而孩子的这种评价，往往是以自己的好恶为标准，并非基于公正和合理的标准。"有的家长溺爱孩子，只要孩子在学校受到一点点委屈，就非得上学校找老师麻烦。其实，老师处理事情的做法一般是公正的。"②有的家长，不问原因，就将责任全部归结到教师一方。家长的这种态度和做法，在教师眼中，正是极端不尊重他们的表

---

① WSH 小学英语教师 C 老师的发言，2004 年 5 月 20 日下午 16:10—17:15，工会室。
② WSH 小学语文教师 Z 老师的发言，2004 年 5 月 20 日下午 16:10—17:15，工会室。

现。"如果家长有一点点尊重老师，那他就不会在弄清事情的真相之后，还无端地指责教师。"①

甚至有少数家长，通过校长或者利用媒体、借助舆论来牵制教师。因此，接受访谈的教师认为，他们往往担心家长对他们、对学校的投诉。家长投诉他们，一般情况下，事先并不与班主任沟通，而是直接向校长投诉，或者直接向教育局投诉。在这样的情况下，被投诉教师的行为，不论是对还是错，都不可避免地受到或轻或重的批评。

如果家长对学校的处理意见不满意，他们有可能去告学校，请记者来进行报道。因此，一旦发生家长投诉的事情，教师和校长都不得不放下手头的工作，立即着手处理家长的投诉。"在这样的事情上，教师和校长不得不委曲求全。因为，这毕竟关系到学校的声誉问题。"②所以，教师说，他们必须小心谨慎地处理一些事情，"生怕一不小心就得罪了学生或者其家长"。

## 三、教育行政部门

### （一）改革缺乏足够的合理性

近年来，教育改革的项目较多，进度较快。例如，推进素质教育、学生"减负"、课程改革等。由于速度过快，其合理性还未经过充分论证就进行推广实施，给广大一线的小学教师带来了较多的困扰。对于前几年大力提倡的"减负"，K老师认为：

我觉得，减负就不合理。因为，知识的掌握肯定是需要时间的，尤其是小孩子。哪有看一遍、听一遍就能明白，就能记住的？就像我们学英语，也要拿纸笔写写画画才能记住。减负的时候，要求学生做作业的时间不能超过四十分钟。但是，孩子学习能力有强有弱，不可能对他们都用同样的标准。有的小孩半个小时不到就做完了，有的孩子两个小时还不能做完③。

让Y老师困扰的则是为什么要做一名科研型教师。

教师除了要教学之外，还要搞学术研究，参加课题，做专家型的教师。

---

① WSH 小学英语教师 C 老师的发言，2004 年 5 月 20 日下午 16:10—17:15，工会室。
② TYL 小学数学教师 H 老师的发言，2004 年 6 月 9 日下午 16:00—17:05，教师办公室。
③ CHL 小学英语教师 K 老师的看法，2004 年 6 月 24 日下午，教师办公室。

我们真的很难适应这样的情况。我不明白,教师为什么要做学术,为什么要搞科研呢?我认为,一线教师最主要的就是将课上好,让学生掌握他们需要掌握的知识。再说,小学教师不可能具有专业学术的水平,我们根本不可能有那么多时间和精力从事这方面的工作①。

任何改革都是一个探索的过程。在这种探索过程中,必然存在对事物发展规律的不确定认识。当教师从一开始就认为改革方案彻底不合理时,他们就会产生消极情绪,而这些消极情绪则影响教师对于教育改革的主观评价,促使教育改革转变为教师的压力事件,给教师带来压力,最终导致教师抗拒教育改革。

(二)改革缺乏相应的配套制度支持

从世界教育改革总体发展态势来看,许多发展中国家教育改革的思路都源于发达国家。有的国家在设计和借鉴发达国家经验时,常常忽视了先进的教育观念和方式对特定社会配套制度的要求。我国教师人事制度改革就是这样的例子。

我国教师人事制度改革已经在各省市试点实施。人事制度改革主张严格核实和控制学校教师编制,天河区的许多小学都面临着缩减教师数量的问题。对于小学教师而言,教师工作已经变得不再稳定,被分流的危机就像一块大石头,时刻压在教师的心头。但是,对于人事制度改革的具体情况,教师却了解不多。在 TYL 小学,校长为了激励教师更认真地工作,经常将教师分流的事情挂在嘴边,让该校的教师变得谨言慎行,担心做出让校长不满的事情,成为分流的对象。在跟该小学教师进行访谈时,教师在确定不是教育行政部门派来的调查员时,才愿意接受访谈。

现在要进行人事制度改革,我们学校有一部分老师肯定是要分流出去的。所以,现在搞得人心惶惶的,说不定哪天就轮到自己下岗了。反正,现在我们是在等着,看自己还能不能继续留在这个学校,现在是教一天,算

① CHL 小学音乐教师 Y 老师与笔者闲聊时的看法,2004 年 6 月 25 日中午 12:50—13:25,Y 老师的办公室。

一天[1]。

教师之所以担心被分流,其中主要原因在于,人事制度改革的配套措施没有相应实施,无法消除他们的后顾之忧。例如,如何解决教师参与社会保险的问题,以保障教师分流之后能够享受最低生活补助,如何帮助落聘教师再次就业等,都是教师非常关注的问题。如果这些问题得不到解决,教师人事制度改革势必难以深化。

由于教师个体对于教育改革的应对能力有限,致使教育改革转变成了教师的压力事件。罗伯特·尼斯博(Robert Nespor)的研究表明,当社会的剧烈变化不能被个人控制或是被外界强加时,个体就会产生压力,而那些缺乏控制能力和预测能力的个体,压力则更加强烈[2]。

(三)对新工作缺乏恰当的培训

目前,中小学教育教学改革全面展开,不断深化;新的课程标准相继出台,教材更新力度加大;先进的教育、教学和课程理念得到广泛传播,现代教育技术手段纷纷涌现。所有这一切都要求教师不断学习新的理念,提高教学水平,适应社会发展对教师提出的高要求。

天河区教育局从提高教师素质这一目标出发,规定每位教师每年必须选修一定的课程,修满规定的学分。区教育局的初衷无疑是好的,但是,实行起来,反而给教师带来不少的压力。

很少有进修课程真正与教师自身的教学有关,效果都不好,甚至可以说,有的课程根本就没有任何效果。老师就是为了去拿规定的学分,才不得不去上课。不过,像心理学这样的课程,对老师还是有一点作用,但这样的课程太少了[3]。

(四)教学评价与改革目标相冲突

随着教育理念的不断更新,教师评价制度也进行了相应的改革。天河区教育局按照《广州市中小学、中等职业学校开展第三阶段教学设计与实施

---

[1] TYL 小学英语教师 L 老师的发言,2004 年 6 月 9 日下午 16:00—17:05,教师办公室。

[2] 傅维利,刘磊:《论教育改革中的教师压力》,《中国教育学刊》2004 年第 3 期,第 1—5 页。

[3] WSH 小学语文教师 Z 老师的发言,2004 年 5 月 20 日下午 16:10—17:15,工会室。

活动的工作意见》精神，学习国内外"发展性教学评价"的先进理论，基于天河区基础教育实际情况，本着研究和应用相结合的原则，制定了《广州市天河区中小学校、中等职业学校开展第三阶段教学设计与实施活动的工作意见》（以下简称《意见》）。通过该《意见》，天河区教育局确立了将"发展性教学评价"作为评价教师的主要方式。《意见》对教学评价的内容也进行了说明，"评价的重点是教学过程，将评价贯穿于教学活动的每一个环节中，不仅要重视对学习结果的评价，更应重视它的过程性评价"，将"定性评价和定量评价结合，终结性和形成性评价并重"①。

但是，先进的理论往往呈现在书面文件中，实际操作的标准却与之相悖，适应的仍然是原来的评价制度与标准。在访谈中，教师普遍反映，天河区教育局对教师教学的评价标准依然是学生的考试成绩。

天河区教育局如何了解教师的工作呢？这主要是通过质量抽检（考试）的方式完成。例如，2004年3月16日，天河区教育局教研室就发布了《天河区小学学业质量抽检工作方案》。抽检采取闭卷考试的形式，被抽检学校的成绩由区教研室负责进行数据统计和质量分析；未被抽检到的学校自行进行数据统计和质量分析之后，交给教研室。即使是这种普通的常规抽检，往往也给教师带来了较大的压力。教师并非担心学生考试成绩太低，而是担心天河区教育局对考试成绩进行排名。教师认为，尽管天河区教育局只在内部公布名次，实际上，各个学校的教师对此都比较了解。因此，学生成绩的排名是否对外公布，对教师而言，并没有本质的区别，"只是教育局掩耳盗铃的做法而已"。尽管"减负"改革一再呼吁，不要用考试成绩衡量学生和教师。但是，教师认为，教育局只是表面不谈分数，实际上还是紧盯学生的分数，考试成绩依然是衡量教师教学成就的主要标准。

既然教育行政部门评价教师的标准依然是学生的考试成绩，教师的教学行为自然就受这一标准的引导。

---

① 广州市天河区教育局教研室：《广州市天河区中小学校、中等职业学校开展第三阶段教学设计与实施活动的工作意见》，2004年1月6日。

当提倡素质教育,反对应试教育的时候,我们就注重学生素质和能力的培养。但是这样给学生减轻了负担,考核学生水平的时候,还是要求学生参加统一考试。这样的话,我们就没有什么办法,只好跟着走(仍然搞应试教育)①。

当然,这一情况的出现,还有其客观原因。

长期以来,广州市优质教育资源远远不能满足受教育者和家长强烈的需求。广州市各所初中学校办学质量本来就存在着差异,而且其内部还设置了重点班与普通班,因此尽管广州市小学毕业生采用电脑派位的方式就近升入初中,但家长对孩子的考试成绩依然非常关注。TYL 小学 W 校长与 A 学生家长交谈的过程中,就一再强调成绩对于学生的重要性。因为按入学范围推断,A 学生毕业之后极有可能入读天河区某名牌初中。但是该名牌初中内部设置了实验班和普通班,两者之间差异十分显著。因此尽管 A 学生名义上能入名校就读,但进入普通班的可能性让家长无法放松对孩子考试分数的关注。这也就是提倡素质教育以来,天河区小学的考试和测试次数并没有减少的原因之一。据教师列举,每个学期至少有 6 次单元测试,还有期中和期末考试,其中期末考试为天河区统一考试。

## 四、学生方面

本次调查发现,来自学生方面的因素,包括班级规模大、学生缺乏纪律性和组织性等,被天河区小学教师视为导致职业压力的最为直接的原因。这一情况,并非天河区各小学所特有。国内外的研究表明,学生因素是国内外教师共有的压力源。

### (一) 班级规模大,教师管理班级困难

天河区教育局规定,每所小学的班额应控制在 40～48 人之间。当然各个学校的班额主要由学校招生范围内适龄儿童的人数来确定,并非严格符合教育局的班额规定。例如,WSH 小学处于城乡结合处,是天河区的一所非等级小学。该校共有 15 个班级,653 名在校学生,平均班额为 43.5 人。

---

① WSH 小学语文教师 Z 老师的发言,2004 年 5 月 20 日下午 16:10—17:15,工会室。

具体到每个班,学生人数最少的班级为 35～36 人,最多的班级则达到 52～53 人。TYL 小学,位于天河区的繁华地段,现有 18 个班,666 名在校学生,平均班额为 37 人,相对较小。但是与世界发达国家平均每班 20～30 人的规模相比,天河区小学的班额规模普遍过大。依照原国家教委 1996 年 4 月 1 日正式实施的《小学管理规程》,班额以不超过 45 人为宜这一标准来看,天河区部分小学的班级规模依然过大。

班级规模过大,不可避免地深化了教师的各种困惑与难题。

1. 学生学习能力差异大

班级规模越大,学生个体之间的差异就越大,越难形成统一认识。因此,教师对课堂的控制就越困难,为维持纪律花费的精力就越多,而用于实际教学的时间和精力就越少。一方面,由于先天的遗传和后天的学习习惯,学生的学习能力呈现出一定的差异;另一方面,学习能力较强的学生,其掌握课堂学习内容的速度也往往比那些学习能力较差的学生快。因此,班级规模越大,越容易加剧学生之间学习能力的差距。

最有力的事实就是前几年的"减负",进一步拉大了学生之间的差距。"减负"要求教师不能布置太多作业,甚至不让学生将书包带回家。因此,"减负的结果,就是学习能力强的学生,回家之后愿意继续学习,成绩还是照样的好;而学习能力差一点的学生,自制力本来就不强,放学之后把学习都放到脑后了,成绩就更差了。"[①]教师认为,即使他们上课的质量再高,如果缺乏课后复习,那么对教学内容的掌握还是难以保障的。

学生学习能力差异较大的现实,给教学进度的安排带来了不便。如果教师的教学进度太慢,不但可能完成不了教学任务,而且影响了接受能力强的学生的学习积极性。如果进度较快,那些学习能力较差的学生就难以掌握教学内容。课后,教师能够给予这部分学生的补习时间又非常有限,因而这部分学生的成绩难以提高,学习积极性就更低了。

---

① WSH 小学数学教师 Z 老师的发言,2004 年 5 月 20 日下午 16:10—17:15,工会室。

2. 学生不服从老师的安排

根据心理学的研究,一个人正常的注意广度为 7±2[1]。这表明,当学生的数量超过一定范围时,教师就难以控制课堂的纪律和学生的行为。这意味着,班级规模越大,教师管理班级就越困难,学生越容易缺乏组织性和纪律性。一谈到那些缺乏纪律性和组织性的学生,教师往往用"麻烦"两个字来形容他们,无奈之情溢于言表。

除此之外,教师认为,学生缺乏纪律性和组织性的原因还包括以下两个方面:

第一,家长溺爱孩子,学生心理承受能力较差。

现在的学生娇生惯养,不服从老师的安排。有很多学生的家长,很少有时间管教自己的孩子,所以常常从物质上去满足孩子,娇惯他们,使得孩子一个个都像小皇帝,经不起老师的批评。甚至有的话根本还称不上批评,他们就受不了,动不动就闹情绪,扰乱课堂的纪律。基本上每个班都有这样的学生,每天都会给老师制造很多麻烦。或者跟同学吵架,甚至打同学;或者上课不认真,扰乱课堂的秩序;等等[2]。

第二,小学生尚未完全掌握学校和班级规则。

今天中午,我们班就出了一个小小的意外。午休的时候,有一个同学突然流鼻血。我让这个同学赶紧出去,拍点水在后颈上,止住鼻血。结果他周围的同学看到了,就开始闹起来。一个同学起哄,说什么"啊!你不要死啊!你可不要死啊!"之类的话,丝毫没有意识到自己扰乱了午休纪律,打扰了其他同学。经过他这样一闹,其他同学也都跟着动起来,我怎样安抚都没有用。这种情况,真让老师生气,老师只有大吼一声,才会管用,真的很麻烦[3]。

学校规则和课堂规则,也就是我们通常所理解的学校和班级纪律,是教师有效管理班级和学生的有力保障。但是对于小学生,尤其是低年级的小学生,学校规则和课堂规则的习得总是需要一定的时间和不断的强化训练。

---

① 杨心德:《中学课堂教学管理》,杭州大学出版社 1993 年版,第 246 页。
② TYL 小学音乐教师 O 老师的发言,2004 年 6 月 9 日下午 16:00—17:05,教师办公室。
③ WSH 小学语文教师 Y 老师的发言,2004 年 5 月 20 日下午 16:10—17:15,工会室。

而且小学生的自控力较弱,表现自己的欲望较强。因此,小学生难以严格遵守课堂纪律,组织性较差的情况就难以避免。由于教师直接对课堂上的学生行为负责,一旦发生扰乱课堂秩序的事件,势必影响教师的教学。因此,在此种情况下,容易让教师感受到压力。

学生缺乏组织性和纪律性,导致教师长时间持续地处于疲劳和倦怠状态,间接地影响了教师的教学效能。更有部分老师意识到,他们已经陷入了一种恶性循环之中:他们的疲劳和倦怠无法避免地通过语言或行为被学生感受到,从而使得部分学生的违纪行为进一步增加,甚至影响其他同学的行为和态度;而这种状况,反过来又进一步加剧了他们的疲劳和倦怠,情况变得越来越坏。

3. 与个别问题学生发生冲突

据了解,天河区小学中,有部分小学生存在着一定的心理问题。这部分小学生智力正常,但心理和行为却表现出一定的异常。例如,"有的孩子有暴力倾向,常常做出一些伤害自己和同学的事情来。有的孩子,无法控制自己的情绪,上课的时候吵得其他同学无法继续上课。"[1]而广州市除了出台相关政策关注"特殊儿童"(有一定肢体缺陷或智力缺陷的儿童)之外,并未采取任何措施来对这部分学生给予帮助。因此,对于教师而言,尽管只是极其少数的学生存在一定的心理问题,但是他们却经常让老师感到无助。

有的时候,一两个这样的学生经常让老师的课无法继续下去。但是,碰到这种情况又有什么办法呢?不可能将学生赶到教室之外吧?那样出了安全问题怎么办呢?在香港,有专门的老师负责解决学生这样的问题。一旦出现学生情绪激动,扰乱课堂纪律的情况,任课教师可以通知专门的心理辅导教师,将学生带到特定的房间,让他们的情绪缓和下来。这样,就不会影响其他同学的学习。但是,在广州还没有哪所小学有这样专门的教师[2]。

教师坦言,他们更容易对存在心理问题的学生的破坏性行为产生愤怒情绪。但是,教师自身也意识到,不能对这类学生采取斥责和惩罚的方式。

---

① TYL 小学音乐教师 O 老师的发言,2004 年 6 月 9 日下午 16:00—17:05,教师办公室。
② WSH 小学语文教师 X 老师的发言,2004 年 5 月 28 日上午 11:10—12:10,教师办公室。

一是因为，当前的教育观念不允许教师采用此种方式。更重要的是，这种方式只会加剧师生之间的冲突，导致无法挽救的尴尬局面。因此，对于此类学生，教师往往采取"哄"的方式来争取他们对工作的配合。但是，这种方法并不一定奏效。

老师经常要哄学生。我们班有个学生，真的很难管理，老是要我哄着他。今天早上，我跟他说："你今天要表现好一点啊，已经被校长批评一次了呀。"然后，他说："我理她呀。"态度真的很恶劣。今天中午午休的时候，他又不在教室里①。

更让教师无法释怀的是，有的学生甚至对教师进行言语攻击。一谈到这个主题，老师们都有点激动起来。

现在有的小学生脾气很暴躁，行为极端。二年级（3）班的 W，就是这样的例子。有一次，我在课堂上看到他在玩玩具，桌面上都摆满了玩具，我就让他将玩具收好。结果，他不玩桌面上的玩具了，又开始玩课桌里面的玩具。后来，我实在没有办法，就只好让他把正在玩的玩具交上来。他呀，二话不说，拿起数学书，往地上一摔，用脚使劲地踩呀踩。接着，他又使劲地骂我，还说"你拿呀，我长大以后要报复你，我要杀了你"。他说了那句话之后，我当时都不知道怎样去处理。我教了这么多年书，还是第一次遇到这样的学生，而且还是二年级学生。后来，他的玩具我也没有办法去碰。他在教室里走来走去，我也没有办法制止他②。

与存在心理问题的学生的不和谐关系，让教师不断地体验到挫折感，从而导致教师职业压力的产生。

（二）教师缺乏"威严"

学生缺乏组织性和纪律性以及学生与教师之间的冲突，让教师深刻地意识到自身"威严"正在逐渐降低甚至丧失。

教师所认为的"威严"，与管理学的专门术语"权威"相近。所谓"权威"，德国学者韦伯（Weber）将其分为"守旧势力"权威、非凡个人的神授权威和

---

① WSH 小学语文教师 Y 老师的发言，2004 年 5 月 20 日下午 16：10—17：15，工会室。
② WSH 小学二年级数学教师 W 老师的发言，2004 年 5 月 20 日下午 16：10—17：15，工会室。

"合法性"权威。"守旧势力"权威,是指"被自古就有的遵从权威的影响和习惯性的观念神圣化了的习俗的权威";非凡个人的神授权威,"完全从人格上皈依并信赖某一个人的大彻大悟、英雄气概和其它领袖气质";"合法性"权威,"依靠对合法章程的有效性的信任,依靠由理性制定的规则建立起来的事务性'权限'"①。教师所谓的"威严",主要是指第一类和第三类权威。

20 世纪 90 年代以前,学生乐于遵从教师的管理,教师感受到了极高的"威严"。但是,随着社会观念和教育观念的改变,教师的"威严"不断受到家长和学生的挑战。

一方面,基于学生家长及其他人长期以来对教师地位的认可而形成的"守旧势力"权威,由于家长对教师的不尊重,其基础已经逐渐被削弱,难以对学生产生震慑作用。

我们认为,老师应该有威严,要不然怎样才能管好学生呢？现在的小孩子,他们见多识广,有的学生根本就不服老师的管教。然而有的家长,动不动就去投诉老师,也不管是孩子的错还是老师的错,反正一点点事情就到校长那里投诉。还有的家长,根本就不尊重老师,不尊重老师的劳动,忽视老师的尊严。家长都这样子做,那学生受家长的影响,也跟着不尊重老师。那这样子,老师一点威严都没有②。

另一方面,教育领域中的新变化,要求教育法律法规重新界定教师和学生的权利和义务,又对教师的合法性权威构成了挑战。

老师没有惩罚权,能拿什么让学生服从管理呢？有的人总是说,要用爱来感化学生。可是,面对那么多学生,老师哪有那么多时间和精力呢？更何况,小孩子根本就不会听老师讲道理的。我认为,还是要给予老师一定的惩罚权,而且要保证老师有这样的权利,不要总是只听家长的。这样,老师才会在孩子面前有威严,管理学生才会有效③。

基于以上两方面,教师认为,他们的"威严"正在逐渐降低甚至丧失。这

---

① ［德］马克斯·韦伯著,王容芬、陈维纲译:《马克斯·韦伯脱魔世界理性集——入世修行》,陕西师范大学出版社 2003 年版,第 62 页。

② TYL 小学英语教师 L 老师的发言,2004 年 6 月 9 日下午 16:00—17:05,教师办公室。

③ TYL 小学音乐教师 O 老师的发言,2004 年 6 月 9 日下午 16:00—17:05,教师办公室。

让他们感到对工作和学生的控制感逐渐降低,不安全感增强。

（三）担心学生安全

在小学,学生的安全高于一切。尤其是现在,学生一般都是独生子女,家长十分重视孩子的安全。因此,教师必须时刻注意学生的安全,花费相当多的时间关注学生的课间活动。某些小学为了保障学生的安全,甚至将单、双杠等可能产生安全事故的体育设施都撤掉了。

尽管如此,学校伤害事故并不能完全避免。对于教师而言,最为担心的是学校伤害事故责任不清。

学生喜欢在校园里面追追打打,老师也经常对他们进行安全教育,叮嘱他们不要做一些危险的游戏。但是,老师不可能时刻都跟在学生的身后吧？还有,学生放学之后发生的一些事故,都要老师来负责任。这根本是不可能的,老师怎么能对这样的事情负责呢？我们做老师的,就非常害怕这样的事情。一旦出了一件这样的事情,那么就很难把精力放在教学上,心情也很受影响。好像没有什么法律来对这样的事情进行界定,教师也不知道什么事情该负责,什么事情不该负责。反正,家长才不管这么多,把任何事情的责任都推到教师的身上。教师只有时刻小心,同时也希望自己的运气不要那么坏,摊上这样倒霉的事情①。

在与教师的访谈中,他们多次用到"倒霉"二字,一种无可奈何的忧郁充溢于言语之中。

压力理论表明,当外界事物能为人所控制时,压力感较小;而当外界事物超过人可以控制的范围时,极易产生压力感。小学教师无法完全控制学生的安全状况,无法完全避免伤害事故的发生。因此,教师只能用"运气"来进行归因。

---

① TYL 小学数学教师 H 老师的发言,2004 年 6 月 9 日下午 16：00—17：05,教师办公室。

## 五、工作任务

### (一) 经常"做"资料和"搞"形式主义活动

小学教师的工作名目繁多。据了解，教师的工作除了常规的课堂教学之外，还包括：组织晨练、晨读、课间操和眼保健操，发放学生早餐和午餐，管理学生午休以及组织学生打扫卫生等日常活动；组织班队活动、社会实践、节日庆祝活动以及教室美化活动；进行家访，召开家长会，处理学生之间的矛盾，对学生进行个别教育，指导学生课外活动、兴趣小组活动以及各类竞赛活动；写学生品德评语、填写成绩单以及代收各种费用；参加教研会，承办校际之间的交流会，办学校成果展、学生成果展等。名目繁多的工作无疑给教师带来了极大的压力感。尤其是，自从 2003 年天河区被评上"教育强区"以来，对学校的检查更为严格和频繁，这就间接地给教师增加了教学之外的工作任务。因为，"教育强区"的形象，需要各个学校的工作来支撑。

天河区教育局对学校的检查和评估，其评价指标之一就是考察学校各方面的资料是否齐全。资料以书面的形式呈现，反映了学校过去和现在的基本情况、活动开展情况以及各项成果等，为学校工作提供了可供评价和测量的依据。这些资料往往并不完全是逐步积累起来的，而是学校管理者和教师根据学校的利益，花费大量心思"做"出来的。或炮制一些并未开展的活动，或对曾经开展的活动的成果进行一定程度的夸大。尤其是当学校临近教育局检查或者申报学校等级时，需要"做"的书面材料的数量就相应地增加。

我们学校正在申请市一级学校。这样我们就不得不补做以前没有做的资料，甚至晚上经常熬到一两点。无论开展什么活动，都必须写活动总结，以体现学校的活动特色。然而这些，让老师们很烦①。

一旦需要"做"资料，教师就不得不将其他工作暂放，全身心地投入"做"资料工作之中，加班加点地完成各自相应的任务。教师感觉他们"在不停地做资料"。但是，这些资料，"除了应付检查之外，一点意义也没有"。

---

① HUJ 小学数学教师 M 老师的发言，2004 年 6 月 3 日下午 16：10—17：20，教师会议室。

除了"做"资料应付检查之外,各种形式主义的活动也让教师"心烦"。

随着广州市争夺小学生生源的竞争逐渐加剧,学校已经意识到,要在竞争中处于不败之地,关键在于树立学校的品牌,展示学校的特色,提高学校的声誉。根据学校硬件条件配备情况和办学水平的高低,广州市小学分为省一级小学、市一级小学、区一级小学以及无等级小学。学校等级越高,意味着学校名气越大,对生源的吸引力越强。而且,广州市小学生学费实行"一费制",等级越高的学校,收费相应越高。因此,保持和提高学校等级对于小学而言,是一项事关生存的重要任务。

但是,小学并不像中学那样,可以通过无可置疑的升学率来彰显实力。因此,小学往往注重从小处着眼,开展体现学校特色的活动,以引起家长和上级主管部门的关注,从而为学校等级申报成功奠定坚实的基础。但是,教师认为,教师的工作重心应该是教学,为申报等级或提升学校形象而开展的活动过于注重形式,对学生发展并无实质性的帮助,反而挤占了教师有限的时间和精力,给教学工作带来了一定的影响。

学校要申报等级,各种形式主义的活动很多。就学校大队部的工作来说,以前,每学期搞一次活动,最多两次就够了。而现在,每个学期都要搞很多次。我觉得,很多都是搞形式,做给别人看的。有些活动不能给学生带来什么帮助 ①!

(二)因培训、教研交流而增加工作任务

在教育部《关于中小学教师继续教育规定》和《广东省中小学教师继续教育规定》精神的指导下,天河区制定了《天河区中小学教师继续教育"十五"规划》,以提高教师队伍整体素质。天河区教育局规定,教师每个学年都必须到区教师进修学校参加公共必修课程培训,并且必须参加区教师进修学校的选修课程培训或者学校实行的校本培训。校本培训实行学时制管理,并由区教师进修学校对教师参与的校本培训内容进行认定和注册。原

---

① CHL 小学音乐教师 Y 老师与我闲聊时谈到的看法,2004 年 6 月 25 日中午 12:50—13:25,Y 老师的办公室。

则上,每学年,每个教师应修满规定的 40 个学分①。对于小学教师而言,培训课时比较多,任务比较重。

　　除进修之外,教育局还规定,教师每个学期至少必须参加一次教研交流会,至少上一次公开课。具体到各所小学来看,校长和教导主任往往鼓励教师参加校外交流,学习其他学校优秀教师的先进经验。对于语文、数学教师而言,参加校外教研交流会的次数更多。教师的公开课,有校内和校际之分。校内公开课一般只是由本校教师听课和评课,而校际公开课则是由校外教师听课和评课。公开课是教师向校内、校外同行展示教学能力的形式,为了让公开课上得有声有色,教师不得不为此进行大量的准备。

　　进修、教研交流会和公开课不但给教师增加工作任务,更重要的是打乱了教师日常的教学和管理工作,给他们带来了更多的困扰。

　　我们一般是利用星期六或者星期天的时间出去进修,但有时候是在上班时间进修。如果在周一至周五这段时间进修,我们就必须不断地调课。不过我们并不会因为进修而减少课时负担,因为调完课之后,还是要补回来的。有的时候,老师不得不连续上几节课,才能把落下的课补上来②。

　　因为进修和教研会都不定时,通常需要我们私下里调课。由于经常调课,调得我们晕头转向的,有的时候,连课都忘了上了③。

　　(三) 因同事缺岗而增加工作任务

　　小学教学工作的连续性,决定了教师不能像其他工作者一样,可以延期完成或者通过晚上加班来完成工作任务。这就意味着教师不能轻易离开工作岗位。

　　然而,教师因故缺岗的情况在小学经常存在。对于教师而言,缺岗主要包括几种情况:第一,参加进修、教研交流会或其他活动外出时,需要他人暂时代为管理班级。第二,因为生病,无法继续工作而缺岗。一般情况下,教师总是带病坚持工作,只有在病情较为严重的时候才不得不缺岗。第三,女

---

①　广州市天河区教育局:《天河区中小学教师继续教育校本培训管理细则》,具体印发时间不明。

②　HUJ 小学数学教师 W 老师的发言,2004 年 6 月 3 日下午 16:10—17:20,教师会议室。

③　WSH 小学语文教师 Y 老师的发言,2004 年 5 月 20 日下午 16:10—17:15,工会室。

同事因休产假而缺岗。天河区小学中,以年轻女教师居多,每学年可能有教师面临生孩子的情况。对于教师而言,如果因前两者情况缺岗,往往只需要他们将工作稍作调整,并不会因此而增加很多任务。但是,第三种情况,却给他们增加了较大的任务。由于学校经费有限,难以聘请更多的代课教师接替休产假教师的工作。所以,在此种情况下,学校只能将工作量分配给其他在岗的教师。再者,学校教师的编制有限,每位教师承担的工作量本来就较大。所以,再增加工作量,教师往往感觉更累,更疲倦,时间更紧张。

在 CHL 小学,女教师占绝大部分,平均年龄不超过 30 岁,尤其以 25～30 岁的教师居多。该校 W 校长反映,近两年让她困扰的问题是,因生孩子而缺岗的教师数量较多,教学任务难以分配。在调研期间,就有三位女教师在孕期,因身体不适,无法继续工作,而不得不休长假。W 校长在教师会议上着重强调了,各位女教师应该加强身体锻炼,避免怀孕期间出现类似问题。然而暑假期间,又有一位女教师因怀孕而出现不适症状。这样 2004 年下半年,该学校就有四位老师暂时不能上班。CHL 小学并未聘用代课教师,而是将这四位教师的工作任务进行了分配。例如,CH 老师是小学二年级教师,以前负责两个二年级班级的数学教学,现在就不得不负责整个年级的数学教学,工作负担增加了不少。

### (四) 缺乏成就感

教师具有强烈的成就需要,一旦这种需要得到满足,教师便容易产生个人成就感。如果这种需要得不到满足,则会影响教师积极性的发挥。教师的成就感主要来自学生和自身业务两个方面。

教师的工作对象是学生,其工作成果主要是通过学生各方面的发展得以体现的。教师主要的成就感之一来自于学生对教师的态度。当节假日收到以前的学生的问候时,教师的成就感就油然而生。但是,对于受访的小学教师而言,来自这方面的成就感比较低。

很少有学生能够记得小学的老师。他们通常记得他们的高中老师,尤其是高三的老师。小学教师的教学工作,往往没有很明显的成效。因此,学生上大学之后,往往只想着是高中老师的功劳。很明显的,在我们这个小区里,有的学生,我明明教过他好几年,但是他碰到我,就当作从来就不认识我一样,让我觉得很寒心。如果老师心态不平衡的话,就会觉得特别难以接受[①]。

访谈中,个别教师甚至愤慨地认为,教师是处于社会最底层的。很多教师都明确地表示,他们不会让自己的孩子踏进教师这个行业,至少不要当义务教育阶段的教师。

教师的成就感也来自于教师自身的业务成就。但是由于小学教师的工作比较琐碎,而且学生在态度、价值观等方面的变化难以评价,因此,教师的成果难以用量化或者物化的形式来表现。大部分教师难以证明自己到底取得了什么成就。

老师从事的工作,是一个很漫长的过程,收到的成效是很难见到的。所以,老师付出很多的努力,但是看不到很好的效果。正因如此,老师心态上也会有变化,过得不是很开心。老师没有什么成就感和成功感[②]。

现在,工作量非常大,每天都有忙不完的事情。但是,真正想一想,又不知道自己究竟干了些什么[③]。

(五) 老师工作缺乏乐趣

在小学教师的工作生涯中,年复一年,面对的都是6～12岁左右的孩子。对于某些教师而言,整天与孩子打交道,活得单纯。但是,另一部分教师却认为,这样的工作缺乏乐趣。

K老师是CHL小学年轻、漂亮的美术教师,大专学历,已经任教五年。K老师的家庭非常富有,她经常开着名车上班。她坦言,之所以从事教师职业,是因为她当时没有找到更好的工作。工作之后,她发现,小学教师职业缺乏乐趣,非常沉闷。

老师的交往圈子非常小,而且交往的一般也是教育系统的人,大家都是老师,其余的交往对象非常少。所以,老师是很落伍的,不管是在哪个方面。

---

① WSH小学语文教师Y老师的发言,2004年5月20日下午16:10—17:15,工会室。
② CHL小学数学教师X老师的发言,2004年6月23日中午,教师办公室。
③ CHL小学音乐教师Y老师与笔者闲聊时谈到的看法,2004年6月25日中午12:50—13:25,Y老师的办公室。

像其他的人,会去旅旅游,结交很多朋友,认识很多人。

但是,老师交往的对象,一般是学生,尤其是低年级的小孩子。他们根本就不懂事,教起来很费劲的。我的形象和我所学的专业,都决定了我适合教低年级的小孩子。因为,毕竟每个年级学生的特点不一样。所以,我工作才五年,就已经教了三个一年级。每年都面对低年级的小孩子,真的很无奈①。

现在,K老师的离职意向非常强烈。一旦发现更好的工作,她就会离开学校。现在,她一边教学,一边留意其他工作。

(六)工作时间过长

在天河区小学的访谈和观察,教师日平均工作时间为9个多小时。

老师一般早上六点多钟起床,七点半钟左右到学校,晚上到家也差不多到六点到六点半了。早上一来,就开始忙碌。有的老师如果早上连着两堂课,那么他就必须从早上开始,一直站到十点钟左右。中午,还必须管学生吃饭和午休。有的老师白天根本就没有休息时间,一直要忙到下班才能放松②。

因此,在问卷调查后发现,教师每天下班之后往往感到精疲力竭。但是,下班之后,他们并未完全放松,有部分任务需要回家完成。

一般说来,老师可以在学校里改学生的家庭作业。但是,在学校没有时间备课,通常都是下班以后,在家里备课,甚至试卷也是带回家去改。回到家里,还必须接家长的电话,与家长进行沟通。还有的时候,接完家长的电话之后,再备备课,就差不多凌晨了③。

教师将工作带回家,容易与教师的家庭生活和个人生活相冲突。但是在规定时间内完成过多数量的工作,则让教师感觉到时间紧张,工作负荷过重。如何合理利用时间,是教师急需解决的问题。

---

① K老师的观点,2004年6月24日下午,教师办公室。
② CHL小学数学教师M老师的发言,2004年6月22日下午16:05—17:05,教师会议室。
③ CHL小学数学教师CH老师接受个别访谈时的看法,2004年6月23日下午,教师办公室。

## 六、学校管理

### (一) 教师很少真正参与学校决策过程

教师参与学校管理既是教育管理民主化的要求,也是教育管理现代化的趋势。教师参与学校管理,既包括管理自身专业事务,也包括参与管理学校行政事务。而参与学校决策,则是教师参与学校管理的重要体现。

教师参与学校决策,并不意味着教师必须参加学校所有的决策。教师参与学校所有的决策不仅没有必要,而且也不现实。事实也表明,学校事无巨细,无论与教师关系密切与否,都追求教师民主参与的形式,只会降低学校办学的效率。但这种状况在各小学不同程度地存在着,导致各种看似民主决策的会议流于形式,缺乏实效。这种会议难以给教师带来参与学校管理的满足感,反而给教师带来了压力。

对于教师而言,他们更关心与自身密切相关,并且确实具备相关知识和能力进行决策的专业事务,还包括部分行政事务。当教师不能参与这些方面的决策过程时,往往会忽视或否认自己参与管理学校的权力。

学校的决定基本上都是校长一个人做出的。校长做出各项安排,没有计划,也没有形成制度,完全是看校长的临时决定。而且,有的并没有坚持下去①。

尤其是在关系到教师职位晋升问题时,教师是否真正参与民主评议过程,对教师整体的士气高低具有很大的影响作用。如果教师职位晋升是因为能力突出,当之无愧,则会激励学校教师积极工作;反之,则会给教师晋升职位带来不确定感,从而给教师带来压力。

CHL 小学的教导主任 J 老师因为工作出色,顺利通过区教育局的考核,调到另一小学就任副校长一职。因此,CHL 小学必须在学校教师中确定新教导主任的预备人选。同时,CHL 小学还需要确定一位教研主任的预备人选。就在两位预备人选的问题上,引起了教师内部的议论。在教师心目中,

---

① CHL 小学音乐教师 Y 老师与笔者闲聊时谈到的看法,2004 年 6 月 25 日中午 12:50—13:25,Y 老师的办公室。

教研主任职位的分量不如教导主任职位重要,而且预备人选是学校中最为合适的人选,各位教师对此并无异议。但是,在教导主任的选择上,却出乎各位教师的意外。新教导主任的预备人选虽然毕业于名牌师范大学,但其教学业绩和能力并不突出,而且工作也不如一些教师积极。在未征求全体教师意见的情况下,校长个人决定了教导主任人选,并着手对其进行业务培训。

选教导主任跟我们没有关系,反正是由校长决定的。校长先将主任的人选确定,然后报到区教育局。只要校长确定好人选了,区教育局一般不会有什么意见的①。

（二）工作目标模糊、不确定

洛克（Lock）的目标设置理论认为,实施明确而具体的目标,比笼统的目标工作效果更好②。工作目标模糊,教师无法决定应该如何行动才能完成工作任务。

我觉得,校长做出各项工作安排,没有什么计划。往往是校长她想到了,她就会让下面的人去做,去执行。但是具体怎么样做,好像又很模糊③。

近年来,各种新的教育理念不断地涌现,对小学校长治理学校的方式和策略造成了较大的影响。小学校长既热切地希望采纳新的教育理念使学校得以长足地发展,但又无法在各种不同取向的教育理念之中进行选择。部分小学校长在管理学校的过程中,往往不断地更换教育理念,学校的工作目标和任务也经常发生改变。

CHL 小学 W 校长,专门聘请教育组织行为学和教育心理学专家,对学校的整体发展进行规划和设计。W 校长总希望学校采取最好、最新的理念,因此,一旦她认为某位专家的建议更合理,就会停止或放弃已经确定的工作目标。W 校长的做法让学校教师无所适从,由此产生压力感。

---

① CHL 小学数学教师 CH 老师提出的看法。2004 年 8 月 14 日中午,CH 老师的家中。

② 赵慧军:《现代管理心理学》,首都经济贸易大学出版社 2002 年版,第 116 页。

③ CHL 小学音乐教师 Y 老师与笔者闲聊时谈到的看法,2004 年 6 月 25 日中午 12:50—13:25,Y 老师的办公室。

校长要求我们做的事情,有些并没有坚持下去。有时候,校长认为,这件事情该做,就让老师去做。可能过了一段时间,校长又没有关注了。所以有的时候,老师根本无所适从,不知道到底该怎么做①。

工作目标模糊、不确定,往往导致教师压力的产生,甚至可能导致教师离职。教师离职可以分为两种情况,一种是事实上的离职,而另一种是心理离职。事实上的离职是指教师离开工作岗位,不再承担工作任务和责任。心理离职则指教师虽然处在工作岗位,但他们的心思已经不在工作上了。对于教师整体而言,事实上的离职较少,而心理上的离职倾向则较多。教师个人反映的职业倦怠也体现了这一点。

(三)校长的激励方式不当

对教师的激励,往往要讲究方法。校长只有采用恰当的激励方式,才能促进教师的工作积极性,提高教师工作的效率。不当的激励方式,往往给教师带来较大压力。

我们的校长不怎么点名批评老师,但她喜欢点名表扬某些老师做得好。其实,表扬太多,感觉跟批评没有什么两样。那些没有得到表扬的老师,就好像是受到了批评一样。尤其是在开全体教师会议的时候,让老师很难堪。还有,像读书笔记这样的事情,如果哪位老师没有交,还要将他的名字贴在办公室的门上。这样,让老师心里多难受呀。所以,我们学校,不管是表扬还是批评,都让老师心里难受②。

在 TYL 小学,校长为了让教师提高工作效率,树立强烈的竞争意识,将"分流"③两个字当成激励教师的法宝。殊不知,校长的做法,让 TYL 小学的教师惊恐不安,导致教师关系紧张,甚至出现了不正当的竞争。

---

① CHL 小学音乐教师 Y 老师与笔者闲聊时谈到的看法,2004 年 6 月 25 日中午 12:50—13:25,Y 老师的办公室。

② CHL 小学音乐教师 Y 老师与笔者闲聊时谈到的看法,2004 年 6 月 25 日中午 12:50—13:25,Y 老师的办公室。

③ "分流"是指学校实施人事制度改革之后,超出编制的教师离开原来的工作岗位,向其他工作岗位或其他学校流动的现象。通常情况下,"分流"意味着从条件相对较好的岗位或学校,流向条件相对较差的岗位或学校,故其对教师的未来境遇影响甚大。

所以,校长采用较为单一、粗暴的激励方式,往往压抑了教师的工作热情,给教师的心理造成了沉重的压力。

**(四) 教师和管理者之间缺乏有效沟通**

学校管理者和教师之间的有效沟通,一是有利于制定合理的规划,设定切实可行的目标,并促进规划的顺利执行和目标的顺利实现;二是有利于学校管理者和教师之间形成和谐的人际关系。而无效的沟通,使管理者无法及时了解教师的真实想法,无法得到真实的反馈,从而难以达成真正的理解和共识。最终,无效沟通将不利于学校管理工作的顺利开展,甚至导致管理者和教师之间紧张关系的形成。

校长与教师之间的沟通,对于小学的整体发展,尤为重要。但是,在小学中,存在这样一些现象。以 CHL 小学为例,W 校长为促进教师学习,提高教师素质,加强校本培训的实效,要求每位教师读完书之后必须写读书笔记。

写读书笔记,校长的出发点是好的,希望我们多学点东西。但是,我的写作能力不强,写读书笔记对于我而言比较困难。另外,我感觉由校长规定出来,好像有一种强迫的感觉,所以不太想写。再说了,校长让我们看的,都是理论性很强的书,很难看下去。平时,只是在写读书笔记的时候才随便看了一下。可以说,一本书,能看十分之一就不错了。现在,有很多老师都很抵触写读书笔记的事情,往往是在要交笔记的前一两天,匆匆忙忙地随便抄一些东西交上去,没有什么收获。每个月都必须交一次,大家都将这件事情看作是一种负担了①。

尽管教师并不认同写读书笔记,但出于对校长权威的畏惧,教师仍然执行了 W 校长的规定。因此,W 校长无法从教师那里得到真正的反馈。笔者就这件事情与 W 校长交谈时,她认为,教师们写读书笔记都很认真,而且这个规定对教师很有帮助,提高了他们的写作水平和理论水平。由此可见,W 校长的评价与教师的实际情况并不相符,因此,也难以给教师提供切实有效的帮助。

---

① CHL 小学音乐教师 Y 老师与笔者闲聊时谈到的看法,2004 年 6 月 25 日中午 12:50—13:25,Y 老师的办公室。

校长与教师之间缺乏有效的沟通，教师的工作和真实想法难以为校长所了解，只会导致教师问题的积累，不利于教师压力问题的解决。

（五）无效的会议繁多

会议过多、过长，会议前的准备工作不充分等情况，在小学里极其普遍。比较常见的会议是每周一次的全体教师会议、教研会、学科组会议以及各种活动的动员会或商议会等。有些会议由于准备工作不充分，参加会议的教师事先毫无准备，讨论时往往议而不决。

6月21号下午4点，CHL小学召开全体教师会议，投票选出"天河区模范教师"和"天河区优秀教师"。"区模范教师"的条件是具有八年以上工龄，曾获过"区优秀教师"称号，并有文章在市级以上刊物公开发表。而"优秀教师"的条件相对较低。教导主任J老师将白纸制成的简易选票发到教师手中后，部分教师向J老师提议，将符合条件的教师名单列出来以方便选择。但是，J老师对教师是否发表文章的事情并不清楚，一时间也无法提供名单。于是，W校长建议符合条件的教师举手示意，但没有一个教师举手。W校长只好宣布等弄清楚情况之后再投票。接着，校长离开了会议室，教师随后也陆陆续续地离开了[①]。

有些会议完全是一种形式主义，只是为了遵守某种会议制度，在某个固定时间召集各位老师召开，也不管是否有问题需要解决；有的会议，因为个别或少数人的迟到而无法准时开始、按时结束。这类无效的会议，往往占用教师大量的时间，延误教师的工作，给教师带来较大的压力感。

---

① 为选"区模范教师"和"区优秀教师"召开的会议，2004年6月21日下午16:00—16:30，教师会议室。

# 第四节　缓解教师职业压力的策略

接受访谈的小学教师认为,职业压力"见怪不怪",缓解职业压力的做法就是"向朋友、同事说一说,自己想开一点"。大多数的小学教师,采用了逃避的应对策略。该策略可以对小学教师职业压力产生直接的作用,并且迅速见效,该策略既不需要复杂的计划,也不需要他人的帮助。因此,很容易为教师个体所采纳。从短期来看,逃避的方式确实有一定的帮助,但是,依赖此种策略可能导致工作负荷累积,使小学教师陷入职业压力的恶性循环。

已有的研究更多地将注意力集中在如何处理压力的症状,而非消除引起压力的原因上。本研究尝试从天河区小学教师职业压力的来源,来探讨缓解该区小学教师职业压力的应对策略。其实,对于质的研究来说,很多时候研究的结果可以以描述为主,不一定非要建立"理论",一定要对问题提出切实可行的对策。但是可以尝试着去建立"理论",提出对策。

本研究对于缓解教师职业压力的策略是基于以下两个方面提出的:一是在天河区小学教师职业压力来源的基础上提出的,通过消除这些引起职业压力的因素,从而达到缓解教师职业压力的目的;二是在个案研究的基础上提出缓解教师职业的策略。

## 一、学校层面的管理策略

### (一)深刻认知教师职业压力状况

在社会高期望的影响下,不少教师产生了对自己过高的期望,使教师难以承认因工作所带来的压力。因此,教师往往倾向于回避自己的问题,隐藏自己的情绪,导致压力问题长期得不到解决。

导致小学教师职业压力的原因很多,教师必须认清对他们造成压力的因素,并以此为依据,有计划地制定缓解压力的策略。必须承认,每位教师都有其独特的压力源。例如,有的教师最主要的压力源是学生行为,而有的教师可能是家长的不尊重。教师缓解职业压力的优先策略是,确认造成当前压力的最直接原因,然后优先解决这个问题。一旦当前的压力状况得以有效控制,那么其他压力源便容易管理,教师工作中的平衡就容易重新建立。

小学教师个体敞开心扉地承认职业压力及其来源,并据此制定缓解职业压力的合理策略的努力,需要得到校长的支持。校长也必须提高对教师职业压力表现和压力来源的敏感性。校长必须制定周详的方案管理教师职业压力,将教师职业压力作为教师管理的一个重要主题,并将缓解教师职业压力的策略纳入到学校发展计划之中,为全体教师提供适当的帮助。校长在制定管理方案的过程中必须意识到,教师承认压力并不代表教师懒惰、脆弱或者能力不强。这个方案也必须让教师放心,他们承认压力的存在无损于对他们工作的敬重,也不会影响他们的晋升机会等。

(二)加强与家长的沟通

家长与教师之间的紧张关系,是导致教师职业压力的重要来源之一。究其原因,除了家长自身的因素之外,也与家长和教师双方之间缺乏有效的沟通有关。改善这一状况,可以通过以下途径进行:

第一,增进家长对教师的了解。家长对教师的了解,主要来自于孩子对教师单方面的陈述和评价,其次是家长与教师的电话交流。通过前一种方式获取的信息可能缺乏公正,后一种方式则难以深入了解教师工作。因此,学校可以通过教师成果展,向家长展示教师优秀的一面;通过家长、学生和教师三方共同交流的方式,展示教师工作的不易和艰辛,获取家长对教师工作的认同。此外,学校还可以根据自己的实际情况,通过更多的途径使家长更多地了解学校教师。

第二,增加教师与家长沟通的渠道。尽管部分小学成立了家长学校,开展了家长开放日活动,但是往往流于形式,使家长与教师之间有限的沟通渠道没有发挥应有的作用。对于学校而言,必须拓展家长与教师之间沟通的渠道。家访是家长与教师之间沟通的较好渠道,但由于教师时间有限,这一方式往往被电话交流的方式所取代。不过家访能够取到其他方法所不能达到的效果，在某些情况下，应该鼓励教师适当地采用。网络也为家长与教师之间的沟通提供了方便。天河区的小学，一般都建立了自己的独立网站。学校可以利用这一资源，开拓网上家长、学生和教师交流的平台，让三方在相互交流之中，解决各种困扰他们的问题，从而达到相互理解和支持。如果学校有条件，可以聘请专家加入网上交流，以第三方的身份，客观公正地为各种问题的解决提供建议。另外，学校也可以求助于区教育局的相关部门或相关的社会中介组织，充当家长与学校和教师之间的协调人，及时解决家长与学校双方之间无法解决的纠纷，排除双方沟通的障碍。

第三，提高教师交流的技巧。学校可以组织教师共同讨论如何提高与家长交流的技巧，也可以聘请专家进行专题讲座，传授经验。在与家长交流中，教师不能总是报告者和倾诉者，教师同样需要作为优秀的倾听者，认真、耐心地倾听家长的想法和意见。全面质量管理理论认为，顾客满意是最重要的原则。根据菲尔兹（Fields）的结论，学校管理者如果能够认同他们的顾客——家长，那么他们的工作将变得简单①。因此，教师如果能够在与家长交流中，明白家长的需要所在，那么，教师工作的目标将更明确，家长与教师之间的紧张关系也容易得以改善。

（三）加强学校管理

1. 提高办事效率

小学是一个强调时间的地方，每天的课程安排，各项活动的进行都有严格的时间规定。但是，事实表明，小学教师的工作往往难以在有限的上班时间完成。过长的实际工作时间给小学教师带来较大的职业压力，并与小学教师的家庭生活发生冲突，导致小学教师焦虑的产生。

导致过长工作时间的原因，不仅仅与工作任务繁重有关，也与校长和其他管理者的时间管理观念有关。因此，在教师工作任务无法减少的情况下，改善校长的时间管理观念能够有效地缓解教师因时间紧张而产生的职业

---

① CH van der Linde. (2000) The Teacher's Stress and Its Implications for the School as an Organization：How Can TQM Help? Education，121，pp. 375—384.

压力。

校长时间观念的改善，主要可以从以下两个方面着手：

第一，校长应该增加工作的计划性。有的小学校长，工作的计划性不强，往往是想到什么事情，就要求教师去执行。这样打破了教师原有的工作计划，让教师不得不暂时放下其他工作，集中处理校长布置的任务。教师工作计划被打破，原有的目标没有在规定的时间内达成，往往给教师带来沉重的紧张感和压力感。

第二，校长应尽量提高会议的效率，避免低效和无效的会议。会议过多、过长以及会议前的准备工作不充分，往往容易导致教师工作时间的浪费。因此，校长应该避免各种形式主义的会议。另外，对于必须召开的会议，校长应该督促会议的主持者，事先进行充分的准备，并对会议的参加对象做出确切的限制，对会议的时间长短进行严格的限定。尤其应严格要求参加者准时到场，既不要教师提前等候，也不要因少数教师迟到而延迟会议。

2. 培育支持的学校氛围

小学教师的实际经验表明，向关系较好的同事倾诉工作中的烦恼，是有效缓解自身职业压力的方法之一。心理学的研究也表明，同事的支持、表扬和认可，有效地发挥着缓解职业压力的作用。因此，校长可以通过培育支持的学校氛围来管理教师日益增加的压力。

支持氛围的建立，首先，应该加强管理者，尤其是校长对教师的支持。那些认为经常得到校长支持的教师所感受的职业压力，小于那些缺乏校长支持的教师。在小学中，每一位教师都需要校长和其他管理人员的支持。因此，对于校长而言，不能只限于支持学校里较为优秀的教师，而忽视了其他教师对校长支持的需要。校长的支持，也不能只限于日常生活中对教师的关怀和关注，更重要的是校长对教师合理的创新提议的肯定，对课堂教学改革的支持，这也是教师自我实现需要的体现。

其次，加强学校人员之间的交流和沟通。在受访的小学中，小学教师之间的交流往往是基于工作上的交流，例如，教学组教研会议、教师经验交流会等。基于教师工作中的困难和压力方面的交流非常少,即使有,也只是在少数几个关系较好的同事之间进行。因此,校长可以经常组织特定的交流会,专门就教师工作中的困难和压力问题进行交流。经验丰富的教师可以向其他教师展示自己解决问题的有效方法,压力较大的教师也可以向其他教师寻求帮助。另外,校长应该鼓励教师之间的非正式交流,为教师非正式交流提供空间和时间。

再次,校长与教师之间的沟通也很重要。校长与教师之间的沟通,不仅是信息的双向流通和传递,而且是双方的双向理解和意义建构的过程。进行坦率、直接和有效沟通,必须营造提倡开诚布公和交流信息的组织气氛,引导校长和教师双方沟通的意愿,提高双方沟通的技巧,并切实保证校长所发布的信息和所有言论都能得到相应的行动或事实的支持。此外,校长应该促成民主决策氛围的形成,以明确教师工作目标,确定教师开展工作的形式,避免各种缺乏实在意义和形式主义的活动。

### 3. 教师工作丰富化

小学教师普遍认为,他们的工作过于单调和繁琐。因此,为了使教师的工作丰富化,学校往往采取教学循环的方式,来缓解这一问题。教学循环分为大循环和小循环。如果教师从一年级开始带班,一直到小学生毕业为止,这是一个教学大循环,周期为六年。小循环就是指教师从一年级教到三年级之后,又重新教一年级,或者从四年级教到六年级,再重新接手四年级,周期为三年。有的小学,部分教师的小循环教学周期为两年。

对于教师而言,往往倾向于选择大循环,因为每年不断地更换新的教学内容,对教师的挑战性增强,不容易产生单调的感觉,而且能够看到学生在不断学习过程中的变化,容易有成就感。

所以,校长可以不断与教师探讨,如何才能使工作更丰富,更具有挑战性,从而使教师在完成工作的过程中,获取较大的成就感。

### (四) 帮助教师提升经营班级的能力

教师认为,与学生有关的因素是导致教师职业压力的主要来源。学生学习能力差异较大,学生缺乏纪律性和组织性,与学生发生冲突,担心学生安全以及教师缺乏威严等,都给教师带来了较大的职业压力。因此,帮助教师成功地经营班级,传授教师成功经营班级的方法和技术,可能是缓解教师来自学生方面的职业压力的有效途径。

班级经营,与平常所讲的班级管理、班级文化有所区别。所谓班级经营,简单地说,就是有效地处理班级中所发生的事情,以达成教育目标①。班级经营,不仅是为了防止学生不良行为的产生,更重要的是为了提高学生的学习效果。具体说来,班级经营有利于维持良好的班级秩序;为学生提供良好的学习环境;提高学生的学习效果;培养学生自治能力;增进师生情感交流;协助学生人格成长等②。

有效的班级经营,增进了师生之间的交流,使教师能够得到更多的直接来自于教学过程的内在激励,提高教师的成就感。因此,有效的班级经营,能够较好地缓解来自学生因素的职业压力,消除教师因学生而产生的职业倦怠。

有效的班级经营,不仅需要教师个体的努力,也需要校长及其他管理者的支持与合作。如何进行有效的班级经营,需要教师和管理者共同研究,不断地吸收教育研究者成功的理论观点和实践经验。

(五)促进教师专业发展与提高

教师希望通过进修提高自身的能力,解决教学中存在的难题。但是进修往往需要教师离开教学岗位,花费大量的时间。而且部分进修课程内容陈旧,解决不了实际教学中的问题,而教师急需的知识和技能在进修中又没有涉及。因此教师进修这种职后培养的模式成效较低,难以提高教师的能力,无法实现教师学习和发展的愿望。

小学教师的专业发展是一个不断积累提高的过程,与教师的日常教学密切相关。因此,小学可以通过建立以"校本培训"为主的教师职业培养模式,缓解小学教师在进修方面的职业压力。该模式可以解决教师提高自身能力的需求,也可以避免教师离开教学岗位,教学秩序被扰乱的矛盾。各小

---

① 李国霖:《"班级经营"的基本理论》,《教育导刊》1994 年 21 期,第 31—36 页。
② 李国霖:《"班级经营"的基本理论》,《教育导刊》1994 年 21 期,第 31—36 页。

学可以通过各种各样的形式来进行校本培训。一方面,可以通过集体备课、观摩教学、协作上课、协作科研、协作活动等方式进行;另一方面,也可以聘请校外教育学、心理学专家通过讲座、交流会等形式进行。校本培训所采用的方式比较灵活,可以对教师当前面临的问题,进行及时的培训和指导。尤其是在教育改革过程中,校本培训可以为教师适应新的工作要求提供恰当的培训,提高教师适应改革的能力。

校本培训过程中,通过一些集体培训的形式,也有助于加强教师之间的交流和沟通,改善学校的人际关系,为教师提供宽松的工作环境,缓解因学校人际关系而造成的职业压力。

2002 年,天河区已经开始试行以"校本培训"为主的教师职后培训模式,要求各小学逐步开展具有学校特色的校本培训。但是其中存在不少问题,许多培训形式还只是书面地呈现在学校的发展计划之中,并未真正在学校落实。

## 二、教师个体层面的管理策略

### (一) 提高时间管理技能

教师普遍认为,工作时间紧张,不得不经常将工作带回家,由此而感到较大压力。但是教师大部分的时间并非花在教学上,而是花在教学事务之外。例如,处理学生的突发事件;与家长交谈;参加学校会议和各种形式性的活动等。所以,大多数的教师都希望在有限的时间内完成更多的工作,提高工作效率。但是教师面对众多的工作事项,要进行时间管理,实非易事。教师往往感觉,自己时间花了不少,可是好像又没有做什么事情。管理学之父彼得·德鲁克(Peter F. Drucker)认为:"如果管理不好时间,任何事情都管理不好"①。因此,对于教师而言,掌握时间管理技能,具有十分重要的意义。但是时间管理技能并不是教师生来就具有的,而是通过后天的不断训练和强化形成的。

---

① [美] 彼得·德鲁克著,屠端华、张晓宇译:《有效的管理者》,工人出版社 1989 年版,第 58 页。

提高教师时间管理技能,教师除了要认识自己的工作性质及个人特点外,还要懂得分辨浪费时间的因素,予以改善及消除。

第一,部分教师在时间管理上的失误,表现为计划性不强。他们的管理方式是处理危机式的,碰到什么事情,处理什么事情,被动地应付差事,无法进行创造性的教学管理工作,必然导致教学管理工作的低效。

第二,处理学生的违纪问题与学生之间的矛盾和冲突,占用了教师不少时间。这种情况,往往妨碍了教师正常的工作进程,引起教师更多时间的浪费。面对这种情况,教师最重要的是加强班级管理和经营,减少和杜绝此类事情的发生。

第三,家长不定时的电话也常常占用教师的工作时间,尤其是教师的休息时间。此种情况,往往需要教师掌握与家长交流的方法,提高效率,节约时间,避免与家长东拉西扯,漫无边际地交谈。

第四,善于利用零散的时间,统筹规划。教师由于需要处理的事务繁多,时间往往非常分散。教师如果善于利用零散的空余时间,做一些不需要连贯思维的工作,往往可以提高时间使用效率。例如,开会之前等待的时间,看学生午休和眼保健操的时间等等,都可以成为教师工作的时间。

第五,培养得力的学生助手,并适当地予以授权。教师在管理班级的过程中,不必凡事亲历亲为。教师应该注意培养班干部管理班级的能力,并授予他们管理班级部分事务的权力。同时,也应该逐步加强学生自我管理能力的培养,形成学生自主、自觉管理班级的氛围。这样,教师能够因此而减少部分工作量,腾出更多的时间处理其他事务。

当然,教师应该探寻最适合自己特点的时间管理方法,并逐步成为习惯,提高时间使用效率。

(二)增强教师自我效能感

自我效能感是指人们对实现特定领域行为目标所需能力的信心或信念[①]。自我效能感低的个体容易具有较低的自尊感,容易对他们的成就和个

---

① 张鼎昆,方俐洛,凌文辁:《自我效能感的理论及研究现状》,《心理学动态》1999 年第 1 期,第 39—43 页。

人发展产生消极的想法。而自我效能感较高的个体,愿意接受具有挑战性的任务,展现良好的决策能力。

本研究采用了华南师范大学心理系王才康教授等人修订的《教师自我效能感量表》,对天河区小学教师自我效能感进行了调查①。

《教师自我效能感量表》属于单维度量表,共有 10 个项目,采用 4 点记分标准,从"完全不符合"、"有点符合"、"多数符合"到"完全符合",分别记 1—4 分。该量表信度较高,Alpha 同质性系数为 0.908 6。施测结果如下(见表 1—8、1—9):

**表 1—8　教师自我效能感情况列表**

| 总分区间 | 25 分以下 | 25 分至 29 分 | 30 分至 35 分 | 35 分以上 |
|---|---|---|---|---|
| 人数 | 8 | 19 | 48 | 45 |
| 百分比 | 6.7% | 15.8% | 40.0% | 37.5% |

**表 1—9　不同教龄的教师自我效能感列表**

| 教龄 | 1 年 | 2 至 5 年 | 5 至 10 年 | 10 至 20 年 |
|---|---|---|---|---|
| 人数 | 16 | 25 | 37 | 31 |
| 总平均分 | 31.500 0 | 31.640 0 | 32.864 9 | 33.096 8 |

注:因 20 至 30 年教龄和 30 年以上教龄教师人数过少,不予讨论。

从表 1—8、1—9 可知,天河区小学教师普遍具有较高的自我效能感。并且随着小学教师教龄的增加,自我效能感呈逐渐上升的趋势。

按照心理学上 27% 的分组规律,按自我效能感高低将教师分为三组,得分最高的前 27%(34 人)的教师为高分组,得分最低的 27%(26 人,根据得分频率进行取舍之后的人数)的教师为低分组。高分组的教师与低分组教师职业压力大小的比较如表 1—10 所示:

---

① 教师自我效能感量表与 Caplan 的职业压力症状量表同在问卷 B 上。因此,两个量表同时发放,同时收回。

表 1—10　自我效能感不同的教师的职业压力大小之 T 检验摘要表

| 项目 | 年级 | 人数 N | 平均分 M | T 值 | Sig (2-tailed) |
|------|------|--------|----------|------|-----------------|
| B1. 感到疲倦,提不起精神 | 1 | 27 | 2.592 6 | 1.638 | 0.107 |
| | 2 | 34 | 2.323 5 | | |
| B2. 在每天结束的时候觉得体力完全被耗尽 | 1 | 27 | 3.092 6 | 1.735 | 0.088 |
| | 2 | 34 | 2.735 3 | | |
| B3. 对工作失去激情 | 1 | 27 | 2.129 6 | 0.771 | 0.444 |
| | 2 | 34 | 1.970 6 | | |
| B4. 觉得工作快要把自己累垮 | 1 | 27 | 2.518 5 | 0.523 | 0.603 |
| | 2 | 34 | 2.411 8 | | |
| B5. 在工作日结束时感到筋疲力尽 | 1 | 27 | 2.833 3 | 0.952 | 0.345 |
| | 2 | 34 | 2.617 6 | | |
| 总分 | 1 | 27 | 13.166 7 | 1.386 | 0.171 |
| | 2 | 34 | 12.058 8 | | |

注:"1"代表低教学效能感的教师;"2"代表高教学效能感的教师。

　　尽管高自我效能感和低自我效能感的教师,在职业压力大小上并未呈现出统计学意义上的显著差异,但是不论是在压力量表的各个项目,还是总分上,高自我效能感的教师的得分都低于低自我效能感的教师。因此,提高教师自我效能感,也可以在一定程度上有效地减轻教师职业压力。

# 第二章
## 农村初中教师的激励机制研究

## 第一节　激励机制内涵及其理论基础

### 一、激励和激励机制

#### （一）激励

在管理学中，美国管理学家贝雷尔森（Berelson）和斯坦尼尔（Steiner）给激励下的定义为"一切内心要争取的条件、希望、愿望、动力等都构成人的激励。……它是人类活动的一种内心状态。"[1]我国学者芮明杰认为，激励必须要从满足组织成员的多元、多层次的需要出发，针对不同个体设定绩效标准和奖酬值，以最大限度地激发组织成员的工作动机和热情，调动个人的精神动力，使他们按照组织要求的行为方式积极、能动和创造性地运用其人力资源，从而最大化地实现组织的预期目标[2]。管理心理学认为，人的一切行为

---

① 小詹姆斯等著：《管理学基础》，中国人民大学出版社 1982 年版，第 195 页。
② 芮明杰：《管理学——现代的观点》，上海人民出版社 2005 年版，第 302—305 页。

都是受到激励而产生的,得不到满足的需求是产生激励的起点,由此引起个人内心的激奋,导致为目标所驱使的行为,达到需求的满足,这就是激励的过程。从哲学角度来讲,激励就是行为主体根据对激励对象需要的理解而采取的相应的刺激方式,作用于被激励对象的动机、目的、行为,从而满足行为主体的目的。

人力资源管理中的激励是指通过采取一定的政策和措施,调动员工努力工作、爱岗敬业、提升个人绩效、实现自我价值的潜能,并最终促进组织发展和绩效提升的过程①。斯蒂芬·罗宾斯(S. P. Robbins)也认为,激励就是通过高水平的努力实现组织目标的意愿,而这种努力以能够满足个体的某些需要为条件②。

综上所述,"激励"就是管理人员或组织,根据人的需要、动机、目的和行为,选择相应的激励资源,采取适当的激励措施,激发人积极实施组织系统所希望的行为,最终实现组织目标的过程。简言之,激励就是调动人的积极性。

### (二)激励机制

在《现代汉语词典》(第 5 版)中,"机制"泛指一个工作系统的组织或部分之间相互作用的过程和方式,如:市场机制、竞争机制、用人机制等③。

倪明辉对激励和激励机制的关系做了如下三个方面的区别:(1)激励是动机、要求,激励机制是手段、制度,可以长期运行并具有一定规律。(2)激励机制随着激励的要求不断变化而进行调整和改进,以适应激励的需要。(3)激励是每一层次管理者都应具备的能力,而激励机制是靠人力资源管理部门制订和建立④。

郑颖俊称所谓激励机制,就是系统的组织者有目的在组织内部运用激励的基本原理,通过确立激励目标和原则,制定并实施激励规章制度、进行

---

①　杨蓉主编:《人力资源管理》,东北财经大学出版社 2005 年版,第 225 页。

②　斯蒂芬·罗宾斯著,柯江华译:《组织行为学精要》,机械工业出版社 2003 年版,第 44 页。

③　中国社会科学院语言研究所词典编辑室编:《现代汉语词典》,商务印书馆 2005 年版,第 582 页。

④　倪明辉:《高校教师激励机制研究》,哈尔滨工程大学硕士学位论文,2007 年。

科学的激励程序和管理流程安排,将各种激励手段、方法和艺术综合运用到激励的具体实践之中,使组织在对成员进行激励管理的过程中,能够把成员的积极性、主动性和创造性充分调动起来,实现组织目标与成员个人的目标协调和统一。激励机制就其构成而言,主要是由激励遵循的基本原理;激励目标和原则的确立;激励的程序安排;激励手段、方法和艺术的运用等方面构成。激励机制的构建就是指对组织一套整体激励制度、激励程序的设计和实施①。

王函认为激励机制的本质是实现组织利益和其成员个人利益之间的相容。并提出激励机制的一般框架为组织根据自身目标设定激励物和评价标准,个体根据自身目标和组织提供的激励物决定自己的努力程度,激励物同个体努力水平之间的匹配程度决定了行为结果的绩效,组织再通过评价机制对激励机制作用的结果绩效进行检验,并将结果反馈给组织和成员个体,双方根据反馈结果再做出相应调整,从而进入新一轮循环。正是在不断的循环过程中,在组织和个体的博弈过程中,组织和个体最终实现双方利益的最大化,实现双方预期效用的最大化②。

沈涛认为教师激励机制就是教育管理者为了达到既定的工作目标,激发教师的内在潜力,使其切实感到力有所用、才有所展、劳有所得、功有所奖,自觉努力地朝着预期目标奋进的方法、措施和程序的总称,是一个充分调动教师积极性和创造性的动态组织系统③。

通过总结已有研究对激励机制的定义,可以得出激励机制存在以下一些特点:激励机制是管理者为调动被管理者的积极性而设计制定的一系列制度、措施及其作用规律的总称。激励机制会"自动"地导致激励客体的一定行为,呈现出某种规律性。任何一种激励机制一旦形成,都会持续有效地发挥作用。激励机制是通过一套理性化的制度来反映激励主体与激励客体相互作用的方式,激励机制的内涵就是构成这套制度的几个方面的要素。

---

① 郑颖俊:《中小企业的绩效考核与激励机制研究》,北京交通大学硕士学位论文,2007年。
② 王函:《高校教师激励机制研究》,暨南大学硕士学位论文,2006年。
③ 沈涛:《新时期教师激励机制的策略浅析》,《山东行政学院山东省经济管理干部学院学报》2005年第6期,第58—60页。

激励机制包含下列几方面的内容:(1)诱导因素集合;(2)行为导向制度;(3)行为幅度制度;(4)行为时空制度;(5)行为归化制度。机制一般指较微观的制度,并且是可以"设计"出来的,故有"机制设计"理论。简单地说,机制就是制度加方法或者制度化了的方法。

根据我国现行的教育政策法规和管理方式,结合农村初中教师的现状和特点,本研究把对教师的激励机制定义为:在组织内部通过制定和执行某些政策、制度、法规以及采取某些措施,构成对组织和个人产生激发干劲、规范行为、引导方向等作用,是调节组织运行、调动人的积极性的重要手段。

## 二、理论基础

### (一)双因素理论

20 世纪 60 年代,美国行为科学家弗雷德里克 · 赫茨伯格(Fredrick Herzberg)在他的《工作与人性》一书中提出了影响员工绩效的激励—保健因素理论,又称双因素理论。他认为,人类有两种不同类型的需要,它们是彼此独立的,且能以不同的方式影响人们的行为,这两类因素:一类是保健因素,又称非本质因素或情境因素,即与工作外部环境和条件相关的因素,这些因素没有激励人的作用,但却有预防、保持人的积极性、维持工作现状、消除员工的不满的作用(如工作本身,社会承认、责任、成就、发展、进步等);一类是激励因素,又称本质因素或内容因素,即影响人们工作的内在因素,其本质为注重工作本身的内容和性质,也可以提高工作效率,促进人们的进取心,激励人们做出最好的表现(如组织政策与行政管理、工资、工作条件、与上级关系、与同事关系、与下级关系、安全、地位、工作保障、监督等)。该理论认为,满意和不满意并非共存于单一的连续体中,而是截然分开的,这种双重的连续体意味着一个人可以同时感到满意和不满意。

双因素理论在本研究中的运用主要是以其影响人们工作积极性因素的分类为指导,调查农村初中教师积极性在免费义务教育后的变化问题时,进行问卷设计和访谈提纲的编制。本研究把影响农村初中教师积极性的因素划分为六个维度:物质条件、安全感、人际关系、赏识程度、成就感、管理水平,同时每个维度下面又分成不同的因素,这些因素的来源就参照了赫茨伯格的划分标准。

(二) 机制设计理论

奥尼德·赫尔维兹(Neonid Hurwicz)、埃里克·马斯金(Eric Maskin)和罗杰·迈尔森(Roger Myerson)等人在 20 世纪 60—70 年代创立了机制设计理论。实现设计者想达到的目标,这是经济机制设计理论所要研究的问题。概括地说,经济机制理论所讨论的问题是,对于任意给定的一个经济或社会目标,在自由选择、自愿交换的分散化决策条件下,能否并且怎样设计一个经济机制(即制订什么样的法律、法则、政策条令、资源配置等规则)使得经济活动参与者的个人利益和设计者既定的目标一致。设计者可以大到整个经济社会的制度设计者,他的目标是社会目标,小到只具有两个参与者的经济组织管理的委托人,他的目标是自己的最优利益,比如国内许多读者所熟悉的信息经济学中的委托—代理人问题就是经济激励机制的典型特例。

赫尔维兹的经济机制理论包括信息理论和激励理论,并用经济模型给出了令人信服的说明。经济机制理论的模型由四部分组成:经济环境、自利行为描述、想要得到的社会目标以及配置机制(包括信息空间和配置规则)。赫尔维兹等人证明:没有什么经济机制有比竞争市场机制更低的信息空间的维数,并且产生了帕累托有效配置。任何机制设计,都不得不考虑激励问题。我们要实现某一个目标,首先,要使这个目标是在技术可行性范围内;其次,我们要使它满足个人理性,即参与性。如果一个人不参与你提供的博弈,因为他有更好的选择,那么你的机制设计就是虚设的;第三,它要满足激励兼容约束,要使个人自利行为自愿实现制度的目标。

在进行农村初中教师激励机制设计时,以设计理论中提到的两个最基本的问题为前提和指导。一是信息效率问题,政府机关职能部门以及学校在建立教师激励机制设计时能否以最少信息、成本达到获得最高效率的问题;二是机制的激励相容问题,即在制度或规则的制订者不可能了解所有个人信息的情况下,他所要掌握的一个基本原则就是所制定的机制能够给每个参与者一个激励,使参与者在追求个人利益的同时也达到了所制定的目标。而当前在政府部门对学校教师管理权力越来越分散化的条件下,管理者对教师个人的信息了解不仅在难度上有所增加,而且了解的范围也越来越窄。正如新制度经济学所指出的,交易双方在一种不确定的环境下、在不完全信息的情况下追求自身利益最大化,其行为和结果要复杂得多。所以新制度经济学就特别强调制度、法律、产权及治理在经济运行中的作用,而机制设计理论则强调了这些制度在设计方法和技术上的科学性。

（三）新制度经济学理论

新制度经济学的研究对象,简单地说就是制度。新制度经济学所讲的制度,有几个特点:一是公平性,它至少是符合大多数人利益的;二是效率性,没有效率的规则是不可能长期存在下去的;三是对人的行为约束是基于人有机会主义行为倾向的一面。美国著名经济学家道格拉斯·诺思（Douglass C. North）认为,"制度经济学的目标是研究制度演进背景下人们如何在现实世界中做出决定和这些决定又如何改变世界。"新制度经济学用三个假设界定了人的行为特征:(1) 关于人的行为动机（目标）的假定。(2) 第二个假定涉及到人与环境的关系,即人的理性是有限的假定。诺思认为,人的有限理性包括两个方面的含义:一是人们面临的环境的复杂性和不确定,因此所获得的信息也就不完全。二是人对环境的计算能力和认识能力是有限的,人不可能无所不知。奥利弗·威廉姆森（Oliver Williamson）把新制度经济学的重要特征概括为四个方面:① 新制度经济学充分假设,制度有深刻的效率因素,也就是说,不同制度下绩效是不一样的;② 新制度经济学坚持认为资本主义经济制度的重要性,不仅在于技术本质,而且还在于管理方式结构,后者带来不同的经济类型中信息传递、激励和分权控制的区别;③ 新制度经济学用的是比较方法,一种可行的形式与另一种相比,而不是与抽象的无摩擦的理想形式相比较。比较中的基本概念就是交易成本;④ 新制度经济学认为,经济组织的中心问题,归本求源是人类活动者的行动属性。(3) 新制度经济明确地考虑了环境约束、信息不对称以及经济行动者间相互作用的性质,但同时保留了新古典经济学的核心假设:稳定的偏好、个人的理性选择以及可比较的均衡。它在近年来一直沿着两条路径发展:代理理论和交易费用理论。

本研究主要是利用该理论的一些特点与研究对象之间存在相似和关联的

方面。如教育管理者与农村初中教师之间在管理上存在信息不完全性;农村教师激励机制的建立需要涉及到交易成本问题;不论是教育管理行政部门还是学校校长与农村初中教师之间具有典型的委托—代理特点;新制度经济学中(三种假设)人具有有限理性的假设符合当前农村教师的特点。另外,新制度经济学的分析以人类(个人和集体)选择的合理性这一基本假设为出发点,强调了制度变迁的渐进性,对农村教师激励机制的建立也具有借鉴作用。

# 第二节 教师激励机制现状分析

## 一、研究假设与目的

1. 本研究的基本假设

(1)免费农村义务教育后,农村初中教师对工作现状更加不满意。

(2)免费农村义务教育后,农村初中学校教师各方面有显著变化。

(3)影响农村初中教师积极性的因素在一定程度上存在着一定的差异。

(4)农村初中教师满意度的变化跟教育管理体制及经费有关。

(5)农村初中教师积极性的调查对完善农村初中教师激励机制有帮助。

2. 本研究目的

(1)义务教育给农村初中教师积极性带来的变化,并分析其产生的具体原因,为农村初中教师激励机制的建立提供借鉴和指导。

(2)搜集农村初中教师及校长对教师激励的要求和意见,寻求义务教育有关管理部门对农村中小学教师激励的关注度和支持度,从实践层面分析建立义务教育阶段农村初中教师激励机制的可行性。

(3)分别由教育管理的宏观和微观视角出发,运用机制设计和制度经济学理论,从理论上分析建立义务教育阶段农村初中教师激励机制的必要性。

(4)从政策法规的角度对义务教育阶段农村初中教师的激励机制进行

探索,以保障农村初中教师激励机制顺利稳定地执行。

3. 本研究问卷调查的内容

（1）影响农村初中教师积极性的因素划分的六个维度:物质条件、安全感、人际关系、赏识程度、成就感、管理水平。

（2）调查免费义务教育前后影响农村初中学校的变化情况。

（3）调查影响农村初中教师积极性因素的影响程度。

（4）调查免费义务教育前后教师满意度变化情况。

## 二、研究方法与程序

### （一）研究方法

由于本研究的对象是当前教育管理中出现的热点问题,因此对它的研究主要以理论和实践相结合的方式进行。在正式对实践中的问题进行调查之前,先运用文献研究法、比较研究法、历史分析法对相关书面材料进行分析和总结,从中发现问题,并在此基础上为实地调查做准备,最后运用问卷调查法、访谈法深入实践进行一手资料的搜集。

### （二）研究程序

1. 问卷设计

问卷是本研究的重要方法之一。问卷分为四部分,总的来说都是以赫茨伯格双因素理论中影响人们工作积极性的因素为基础,测试农村初中教师在义务教育后对不同方面情况的看法,测试的对象以广东地区为主,所以不论是预测问卷还是正式问卷,都以参照广东的实际情况为前提。在问卷的编写形式上,借鉴了国外学者史密斯(P. O. Smith)、肯德尔(L. M. Kendall)和胡林(C. L. Hulin)所编制问卷的 5 点量表测量法。问卷第一部分为调查对象的背景资料;第二部分主要是对义务教育后农村初中学校内部情况的比较调查,第三部分是对影响农村初中教师积极性因素的调查;第四部分是对义务教育后农村初中教师满意度的比较调查。

2. 问卷的效度检验

所谓效度检验,就是一个量表中对特定变量的测量的充分性问题的说明。根据传统的解释,效度应该是从一个量表得以构建的方式、预测特定事件的能力，或者与其他结构的测量之间的关系之中推断出来的[①]。

在项目分析的基础上，对预测问卷中所有项目进行探索性因素分析，经过修改后的问卷共保留 52 个项目，即现有问卷的 52 个项目，目的在于求得问卷的结构效度。采用主成分分析法对数据进行正交旋转提取特征根大于 1 的因素，一共 6 个，累计解释变量为 71.738%。从整体上看，结构整齐，各项目在各因素之间的分布比较集中，极少数项目是多重负荷，且与研究者编制问卷时的理论构想基本接近。因此，本研究所用问卷具有较好的结构效度。

对问卷进行 KMO 测度和 Bartlett 球形检验。KMO 是 Kaise-Meyer-Olkin 的取样适当性量数，当 KMO 值越大时，表示变量间的共同因素越多，越适合做因素分析，根据学者凯瑟（Kaiser, 1974）的观点，如果 KMO 的值小于 0.5 时，不适宜进行因素分析，本调查问卷的 KMO 值为 0.801，故其较适合进行因素分析。此外 Bartlett 球形检验 $xZ = 5\,650.345$, $p = 0.000 <$ 0.001，达到显著水平，表明母群体的相关矩阵间有共同因素存在，较适合做因素分析。KMO 测度和 Bartlett 球形检验，结果是 KMO 值为 0.801，Bartlett 值为 $5\,650.345$, $P = 0.000 < 0.001$，这表明母群体的相关矩阵有共同因素存在，适合进行因素分析。KMO 和 Bartlett 的检测结果见表 2—1。

表 2—1　KMO 和 Bartlett 检验

| KMO 样本测量 | |
| --- | --- |
| 适当性 | 0.801 |
| Bartlett 检验 | 5 630.345 |
| 球形度 | 1 326 |
| 显著性 | 0.000 0 |

由于各因素结构清晰，基本符合要求，而且所包含的项目意义上比较接近，容易对各因素进行命名。按照贡献率大小即各因子影响程度的深浅排序，得到教师积极性问卷的基本因素见表 2—2。

①　罗伯特·德威利斯著，魏勇刚等译：《量表编制：理论与应用》，重庆大学出版社 2004 年版，第 55 页。

表 2－2 农村教师积极性调查问卷的因素分析

| 项目 | 因素 1 | 因素 2 | 因素 3 | 因素 4 | 因素 5 | 因素 6 |
|------|--------|--------|--------|--------|--------|--------|
| QS1 | 0.772 | | | | | |
| QS2 | 0.714 | | | | | |
| QS3 | 0.457 | | | | | |
| QT1 | 0.678 | | | | | |
| QT2 | 0.623 | | | | | |
| QT5 | 0.678 | | | | | |
| QT6 | 0.654 | | | | | |
| QT14 | 0.674 | | | | | |
| QT20 | 0.636 | | | | | |
| QF1 | 0.703 | | | | | |
| QF2 | 0.678 | | | | | |
| QF3 | 0.614 | | | | | |
| QF4 | 0.642 | | | | | |
| QF5 | 0.624 | | | | | |
| QS5 | | 0.669 | | | | |
| QT3 | | 0.628 | | | | |
| QT4 | | 0.604 | | | | |
| QT15 | | 0.573 | | | | |
| QF11 | | 0.593 | | | | |
| QF12 | | 0.669 | | | | |
| QS6 | | | 0.681 | | | |
| QT7 | | | 0.443 | | | |
| QT8 | | | 0.607 | | | |
| QF13 | | | 0.628 | | | |
| QF14 | | | 0.634 | | | |
| QF15 | | | 0.609 | | | |

（续表）

| 项目 | 因素 1 | 因素 2 | 因素 3 | 因素 4 | 因素 5 | 因素 6 |
|------|--------|--------|--------|--------|--------|--------|
| QS4 | | | | 0.669 | | |
| QT9 | | | | 0.627 | | |
| QT10 | | | | 0.615 | | |
| QF10 | | | | 0.678 | | |
| QS7 | | | | | 0.670 | |
| QS8 | | | | | 0.673 | |
| QS9 | | | | | 0.623 | |
| QT11 | | | | | 0.595 | |
| QT12 | | | | | 0.444 | |
| QT13 | | | | | 0.457 | |
| QT16 | | | | | 0.597 | |
| QF6 | | | | | 0.593 | |
| QF7 | | | | | 0.672 | |
| QF8 | | | | | 0.628 | |
| QF9 | | | | | 0.664 | |
| QS10 | | | | | | 0.628 |
| QS11 | | | | | | 0.604 |
| QS12 | | | | | | 0.600 |
| QT17 | | | | | | 0.587 |
| QT18 | | | | | | 0.524 |
| QT19 | | | | | | 0.503 |
| QT21 | | | | | | 0.635 |
| QT22 | | | | | | 0.678 |
| QT23 | | | | | | 0.674 |
| QF16 | | | | | | 0.678 |
| QF17 | | | | | | 0.628 |

综合表 2-2 的数据结果及研究预设,分别将这六个因素命名如下(题项编号为数据分析时重编序号):

(1) 第一个因素所聚集的项目(题项 QS1、QS2、QS3、QT1、QT2、QT5、QT6、QT14、QT20、QF1、QF2、QF3、QF4、QF5)主要涉及工资待遇及奖金福利等变量,每个项目的负荷均在 0.45 以上,研究者将其命名为"物质条件"。

(2) 第二个因素所聚集的项目(题项 QS5、QT3、QT4、QT15、QF11、QF12)主要涉及教师社会地位和工作稳定性,每个项目的负荷均在 0.57 以上,研究者将其命名为"安全感"。

(3) 第三个因素所聚集的项目(题项 QS6、QT7、QT8、QF13、QF14、QF15)主要涉及教师与领导、同事、学生之间的关系,每个项目的负荷均在 0.44 以上,研究者将其命名为"人际关系"。

(4) 第四个因素所聚集的项目(题项 QS4、QT9、QT10、QF10)主要涉及教师晋升的机会与途径,每个项目的负荷均在 0.61 以上,研究者将其命名为"赏识程度"。

(5) 第五个因素所聚集的项目(题项 QS7、QS8、QS9、QT11、QT12、QT13、QT16、QF6、QF7、QF8、QF9)主要涉及教师工作的乐趣与成就感,每个项目的负荷均在 0.44 以上,研究者将其命名为"成就感"。

(6) 第六个因素所聚集的项目(题项 QS10、QS11、QS12、QT17、QT18、QT19、QT21、QT22、QT23、QF16、QF17)主要涉及各级教育管理部门对教师的管理,每个项目的负荷均在 0.50 以上,研究者将其命名为"管理水平"。

3. 问卷的信度检验

根据心理与教育测量的要求,一般信度系数达到 0.70 以上即可接受。使用奇偶分半法,将问卷分为两半,然后计算分半信度系数。采用格特曼(Gattman)分半信度指标得出量表的信度为 0.857 2;采用斯皮尔曼-布朗(Spearman-Brown)分半信度指标得出的量表信度为 0.816 8,本问卷总体的一致性系数为 $a=0.821\ 3$,分半信度 $a1=0.832\ 6$,$a2=0.801\ 5$。说明量表具有良好分半信度(见表 2-3)。

表 2－3　农村教师积极性调查问卷的信度系数

| 量表名称 | 项目数 | α |
|---|---|---|
| 分量表 1(物质条件) | 14 | 0.905 3 |
| 分量表 2(安全感) | 6 | 0.816 6 |
| 分量表 3(人际关系) | 6 | 0.903 4 |
| 分量表 4(赏识程度) | 4 | 0.781 7 |
| 分量表 5(安全感) | 11 | 0.726 0 |
| 分量表 6(管理水平) | 11 | 0.757 8 |
| 总量表 | 52 | 0.836 2 |

　　从表 2－3 可知,教师工作满意度问卷各个维度的 α 系数都在 0.7 至0.9 之间,总量表的 α 系数是 0.832 6。综合克朗巴哈(Cronbach)的 α 系数,表明量表各个维度内部和总量表一致性均较高,说明问卷存在较高的信度。

　　4. 对象选取

　　本研究调查了广东省三个县的 256 名农村初中教师,其中有效样本分别来自韶关市新丰县的遥田中学 35 份、沙田中学 40 份和马头中学 40 份;云浮市郁南县的城建中学 41 份、罗旁中学 26 份;以及普宁市的城关中学 41 份、育英中学 33 份。其中,新丰县共发放问卷 115 份,回收问卷 115 份,有效问卷 115 份,回收率为 100％,可用率为 100％。郁南县共发放问卷 67 份,回收问卷 67 份,有效问卷 67 份,回收率为 100％,可用率为 100％。普宁市共发放问卷 74 份,回收问卷 74 份,有效问卷 74 份,回收率为 100％,可用率为 100％。由于问卷发放是由县教育局领导陪同到校,而且由研究者亲自等候答题以及回收,所以问卷的回收率和可用率都得到了绝对的保证。本问卷被试的人口学资料见表 2－4。

表 2－4　样本的基本人口资料统计表

| 类别 | 样本分布 | 样本数 | 百分比 |
|---|---|---|---|
| 性别 | 男 | 138 | 53.9 |
| | 女 | 118 | 46.1 |
| | 缺失值 | 0 | 0 |
| 年龄 | 25 岁以下 | 18 | 7.0 |
| | 25—35 岁 | 155 | 60.5 |
| | 36—45 岁 | 65 | 25.5 |
| | 45 岁以上 | 18 | 7.0 |
| | 缺失值 | 0 | 0 |
| 婚姻状况 | 已婚 | 198 | 78.0 |
| | 未婚 | 58 | 22.0 |
| | 缺失值 | 0 | 0 |
| 最高学历 | 中师 | 8 | 3.1 |
| | 大专 | 159 | 62.1 |
| | 本科 | 86 | 33.6 |
| | 硕士 | 2 | 0.8 |
| | 其他 | 1 | 0.4 |
| | 缺失值 | 0 | 0 |
| 教龄 | 1 年以下 | 7 | 2.7 |
| | 1—5 年 | 32 | 12.5 |
| | 6—10 年 | 84 | 32.8 |
| | 11—20 年 | 103 | 40.2 |
| | 20 年以上 | 30 | 11.7 |
| | 缺失值 | 0 | 0 |

（续表）

| 类别 | 样本分布 | 样本数 | 百分比 |
|------|---------|-------|-------|
| 职称 | 中学三级教师 | 24 | 9.4 |
| | 中学二级教师 | 89 | 34.8 |
| | 中学一级教师 | 130 | 50.8 |
| | 中学高级教师 | 3 | 1.2 |
| | 中学特级教师 | 0 | 0 |
| | 缺失值 | 0 | 0 |
| 月收入（元） | 1 000 以下 | 23 | 9.1 |
| | 1 000—1 500 | 186 | 73.5 |
| | 1 600—2 000 | 43 | 17.0 |
| | 2 100—2 500 | 1 | 0.4 |
| | 2 500 以上 | 0 | 0 |
| | 缺失值 | 0 | 0 |

从表2—4可以看出，调查对象的一些最明显的特征：

（1）男女比例基本相当。

（2）年龄在25—35岁这个阶段为主，占了总人数的60.5%，整体上年龄结构合理。

（3）已婚的比例偏高，占了总数的78%。

（4）学历结构以大专学历为主，比例为62.1%；本科学历占33.6%。

（5）教龄在6—20年这个段居多，一共占了73%的比例。

（6）在职称方面，具有中学一级职称的教师刚好达到了一半的比例，中学二级职称的教师占了34.8%。

（7）在收入方面，绝大部分农村初中教师的工资都在1 000—1 500元的水平，占了总样本量的73.5%。

5. 数据处理

将回收的有效问卷清点并编码,按照编码顺序和评分标准,使用 SPSS13.0 统计软件将每份问卷的各变量得分输入计算机并进行相关的数据处理及统计分析。主要用到的软件功能有数据的统计描述、数据的频数比较、数据的相关分析。

## 三、数据分析与总结

### (一)样本频数分析

由于本研究的主要目的是对免费义务教育前后的一些变化进行搜集和陈述,并为建立农村初中教师激励机制提供借鉴和指导,所以对有关数据的统计分析主要以其得分频率和选择比例为主。

1. 免费义务教育前后学校变化情况的比较(见表 2-5、2-6)

表 2-5　学校变化情况概率分布表

| 题号 | 样本平均值 mean | 中位数 median | 众数 mode | 样本标准差 std. deviation | 样本方差 varinace |
|---|---|---|---|---|---|
| 1 | 2.84 | 3.00 | 3 | 0.94 | 0.88 |
| 2 | 1.70 | 1.00 | 1 | 0.91 | 0.82 |
| 3 | 2.46 | 3.00 | 3 | 1.02 | 1.03 |
| 4 | 2.46 | 3.00 | 3 | 0.86 | 0.74 |
| 5 | 1.68 | 1.00 | 1 | 0.86 | 0.74 |
| 6 | 2.46 | 3.00 | 3 | 0.88 | 0.78 |
| 7 | 1.95 | 2.00 | 1 | 0.92 | 0.85 |
| 8 | 2.50 | 3.00 | 3 | 1.05 | 1.10 |
| 9 | 2.96 | 3.00 | 3 | 1.00 | 1.01 |
| 10 | 3.00 | 3.00 | 3 | 1.01 | 1.02 |
| 11 | 3.99 | 5.00 | 5 | 1.32 | 1.25 |
| 12 | 4.48 | 5.00 | 5 | 1.25 | 1.55 |

表 2—6  学校变化情况程度等级选择分布表

| 选择程度等级 | 1 明显降低 | 2 稍微降低 | 3 基本不变 | 4 稍微提高 | 5 明显提高 |
|---|---|---|---|---|---|
| 教师基本工资 | 14.1 | 10.2 | 53.5 | 21.9 | 0.4 |
| 教师奖金和福利 | 57.0 | 18.8 | 21.1 | 3.3 | 0 |
| 工作条件 | 25.0 | 16.4 | 46.9 | 10.5 | 1.2 |
| 晋升途径和机会 | 20.7 | 15.2 | 61.3 | 2.3 | 0.4 |
| 工作安全感 | 57.4 | 17.2 | 25.0 | 0.4 | 0 |
| 学校人际关系 | 20.7 | 18.8 | 54.7 | 5.9 | 0 |
| 工作乐趣和成就感 | 40.6 | 27.3 | 28.5 | 3.1 | 0.4 |
| 教师工作主动性 | 22.7 | 21.5 | 42.6 | 10.2 | 3.1 |
| 教师工作责任心 | 10.5 | 13.7 | 52.3 | 16.4 | 7.0 |
| 对上级的执行力度 | 9.4 | 13.3 | 55.1 | 12.9 | 9.4 |
| 教师教学难度 | 10.2 | 4.7 | 12.5 | 21.5 | 51.2 |
| 教师管理学生难度 | 9.4 | 2.0 | 2.7 | 3.5 | 82.4 |

（左侧纵向标注：被调查者选择各项的人数比例）

从表 2—5、2—6 可以看出，众数为 1 的有第 2、5、7 题，它们分别为教师的奖金和其他福利、教师的工作安全感、教师的工作乐趣和成就感，而在量表中 1 代表明显减少或明显减弱，同时从表中也可以看出这三项因素的得分也是最低的。而其中第 11、12 题的得分明显偏高，众数也达到了量表程度等级中的最大值 5，第 11、12 题分别代表教学的难度和教师管理学生的难度，5 代表明显提高。因此，可以得出结论：免费义务教育后，最明显的变化有：教师奖金和其他福利明显减少，教师工作安全感、工作乐趣和成就感明显减弱。而教学的难度和教师管理学生的难度明显增强。其他各项因素在免费义务教育后保持基本不变。

2. 农村初中教师积极性影响因素情况的比较（见表 2—7、2—8）

表 2-7 积极性影响因素情况概率分布表

| 题号 | 样本平均值<br>mean | 中位数<br>median | 众数<br>mode | 样本标准差<br>std. deviation | 样本方差<br>varinace |
|---|---|---|---|---|---|
| 1 | 3.81 | 4.00 | 5 | 1.25 | 1.57 |
| 2 | 4.09 | 5.00 | 5 | 1.14 | 1.29 |
| 3 | 4.03 | 4.00 | 5 | 1.17 | 1.38 |
| 4 | 4.16 | 5.00 | 5 | 1.04 | 1.09 |
| 5 | 4.02 | 4.00 | 5 | 1.08 | 1.16 |
| 6 | 4.02 | 4.00 | 5 | 1.07 | 1.15 |
| 7 | 3.80 | 4.00 | 3 | 1.04 | 1.09 |
| 8 | 3.85 | 4.00 | 4 | 1.02 | 1.04 |
| 9 | 3.55 | 4.00 | 3 | 1.10 | 1.21 |
| 10 | 3.75 | 4.00 | 5 | 1.09 | 1.19 |
| 11 | 3.82 | 4.00 | 5 | 1.10 | 1.22 |
| 12 | 3.93 | 4.00 | 5 | 1.09 | 1.18 |
| 13 | 3.71 | 4.00 | 5 | 1.09 | 1.18 |
| 14 | 2.48 | 2.00 | 3 | 1.26 | 1.60 |
| 15 | 2.97 | 3.00 | 3 | 1.13 | 1.28 |
| 16 | 3.32 | 3.00 | 3 | 1.21 | 1.47 |
| 17 | 3.34 | 3.00 | 3 | 1.23 | 1.50 |
| 18 | 4.00 | 4.00 | 5 | 1.16 | 1.35 |
| 19 | 3.45 | 3.50 | 3 | 1.22 | 1.48 |
| 20 | 4.15 | 5.00 | 5 | 1.09 | 1.19 |
| 21 | 3.81 | 4.00 | 5 | 1.14 | 1.30 |
| 22 | 3.99 | 4.00 | 5 | 1.16 | 1.35 |
| 23 | 3.55 | 3.50 | 3 | 1.12 | 1.24 |

表 2-8　积极性影响因素情况程度等级选择分布表

| 选择程度等级 | | 1 非常不认可 | 2 比较不认可 | 3 基本认可 | 4 比较认可 | 5 非常认可 |
|---|---|---|---|---|---|---|
| 工资报酬和福利 | 消除不满 | 7.0 | 8.2 | 22.7 | 21.1 | 41.0 |
| | 激励 | 4.3 | 5.5 | 17.6 | 22.3 | 50.0 |
| 社会地位和安全感 | 消除不满 | 5.5 | 5.1 | 19.1 | 21.9 | 48.4 |
| | 激励 | 3.5 | 2.3 | 19.1 | 24.2 | 50.8 |
| 工作条件的改善 | 消除不满 | 3.1 | 4.7 | 24.2 | 23.4 | 44.5 |
| | 激励 | 2.7 | 6.3 | 21.1 | 26.2 | 43.8 |
| 融洽的人际关系 | 消除不满 | 3.1 | 4.7 | 33.2 | 27.0 | 32.0 |
| | 激励 | 3.1 | 4.7 | 27.7 | 33.2 | 31.3 |
| 晋升的机会和途径 | 消除不满 | 4.3 | 10.9 | 34.0 | 26.6 | 24.2 |
| | 激励 | 3.1 | 9.4 | 27.7 | 28.5 | 31.3 |
| 工作的乐趣和成就感 | 消除不满 | 3.1 | 9.4 | 27.7 | 28.1 | 34.4 |
| | 激励 | 3.9 | 5.5 | 23.0 | 29.3 | 38.3 |
| 留在教师职业的原因 | 个人价值 | 10.2 | 6.3 | 20.3 | 28.5 | 34.8 |
| | 薪酬福利 | 28.9 | 22.3 | 30.0 | 9.8 | 9.1 |
| | 工作稳定 | 11.3 | 19.9 | 40.2 | 17.2 | 11.3 |
| | 工作乐趣 | 9.8 | 11.7 | 36.3 | 21.1 | 21.1 |
| 造成对薪酬不满的主要因素 | 国家政策 | 7.0 | 19.5 | 28.9 | 21.5 | 23.0 |
| | 县级管理 | 4.7 | 5.5 | 22.3 | 19.9 | 47.7 |
| | 学校管理 | 5.9 | 18.4 | 26.2 | 24.2 | 25.4 |
| 影响农村教师积极性最主要的因素 | 经费短缺 | 2.7 | 6.6 | 16.4 | 21.5 | 52.7 |
| | 政策法律 | 5.1 | 7.0 | 24.6 | 28.5 | 34.8 |
| | 县级管理 | 4.3 | 6.6 | 21.9 | 19.9 | 47.3 |
| | 学校管理 | 4.3 | 11.7 | 34.0 | 25.0 | 25.0 |

被调查者选择各项的人数比例

从影响农村教师工作积极性因素的量表 2—7、2—8 结果中,可以得出以下一些结论:

(1) 对于各个因素在是消除对工作不满还是能激励努力工作的得分上,不论是众数还是均值,得分都比较高。证明被调查者对影响教师积极性的因素认为既能消除不满也能激励努力工作。

(2) 除工作条件的改善和融洽的人际关系两因素外,其他因素,如工资报酬福利、社会地位和安全感、晋升的机会和途径、工作的乐趣和成就感,被调查者普遍认为这些因素更能起到激励作用。这个结果也表明赫茨伯格对激励、保健因素的分类在我国农村教师中存在差异。

(3) 对于留在教师职业最重要的原因,有 40.2% 基本认可是薪酬福利。从程度上来讲,34.8% 更加认可个人价值目标。

(4) 对于造成引起薪酬不满的影响因素中,认可县级教育管理制度因素的明显高于国家政策和学校管理,占了 47.7%。

(5) 在影响农村教师积极性最主要因素中,非常认可经费短缺的比例达到了 52.7%,其次县级教育管理水平也是影响农村教师积极性最重要的因素之一,非常认可的比例占了 47.3%。

3. 免费义务教育前后农村初中教师满意度情况的比较(见表 2—9,2—10)

表 2—9 满意度比较情况概率分布表

| 题号 | 样本平均值 mean | 中位数 median | 众数 mode | 样本标准差 std. deviation | 样本方差 varinace |
|---|---|---|---|---|---|
| 1 | 1.51 | 1.00 | 1 | 0.66 | 0.43 |
| 2 | 1.78 | 2.00 | 2 | 0.78 | 0.61 |
| 3 | 1.95 | 2.00 | 2 | 0.83 | 0.69 |
| 4 | 2.00 | 2.00 | 2 | 0.85 | 0.73 |
| 5 | 2.34 | 2.00 | 2 | 0.97 | 0.93 |
| 6 | 2.76 | 3.00 | 3 | 0.87 | 0.75 |
| 7 | 2.70 | 3.00 | 3 | 0.98 | 0.96 |
| 8 | 2.45 | 2.00 | 2 | 0.90 | 0.81 |
| 9 | 2.56 | 2.00 | 2 | 0.97 | 0.94 |
| 10 | 2.22 | 2.00 | 2 | 1.03 | 1.05 |

（续表）

| 题号 | 样本平均值<br>mean | 中位数<br>median | 众数<br>mode | 样本标准差<br>std. deviation | 样本方差<br>varinace |
|---|---|---|---|---|---|
| 11 | 2.05 | 2.00 | 2 | 0.98 | 0.96 |
| 12 | 2.14 | 2.00 | 2 | 1.03 | 1.05 |
| 13 | 3.36 | 3.00 | 3 | 0.90 | 0.82 |
| 14 | 3.09 | 3.00 | 3 | 0.90 | 0.80 |
| 15 | 3.09 | 2.00 | 3 | 1.04 | 1.09 |
| 16 | 2.20 | 2.00 | 2 | 1.07 | 1.14 |
| 17 | 1.89 | 2.00 | 1 | 0.97 | 0.94 |

表 2—10  满意度比较情况程度等级选择分布表

| | 选择程度等级 | 1<br>更加不满意 | 2<br>同样不满意 | 3<br>无法比较 | 4<br>同样满意 | 5<br>更加满意 |
|---|---|---|---|---|---|---|
| 被调查者选择各项的人数比例 | 当前工资水平 | 56.6 | 37.1 | 5.5 | 0.4 | 0.4 |
| | 学校奖金分配制度 | 40.2 | 44.1 | 13.7 | 1.2 | 0.8 |
| | 社会保障制度 | 33.6 | 41.4 | 22.3 | 2.3 | 0.4 |
| | 收入与教学质量 | 30.9 | 43.4 | 21.9 | 3.1 | 0.8 |
| | 学校工作条件 | 18.4 | 43.4 | 26.2 | 9.8 | 2.3 |
| | 工作职责的承担 | 6.6 | 29.3 | 48.8 | 12.1 | 3.1 |
| | 工作认可及赞赏 | 9.8 | 34.4 | 35.9 | 16.0 | 3.9 |
| | 职称晋升机会 | 12.5 | 43.0 | 34.0 | 8.2 | 2.3 |
| | 教师工作成就感 | 12.5 | 38.3 | 32.0 | 14.8 | 2.3 |
| | 教师职业发展前途 | 25.8 | 41.0 | 21.5 | 8.6 | 3.1 |
| | 教师职业安全感 | 32.4 | 40.2 | 19.9 | 4.7 | 2.7 |
| | 教师社会地位 | 31.6 | 35.5 | 21.9 | 9.0 | 2.0 |
| | 与学校同事关系 | 3.1 | 8.6 | 49.2 | 27.7 | 11.3 |
| | 与学校领导关系 | 3.9 | 18.0 | 49.6 | 22.3 | 6.3 |
| | 与学生之间关系 | 3.9 | 27.7 | 35.2 | 22.3 | 10.9 |
| | 国家政策制度 | 28.5 | 38.3 | 21.9 | 7.0 | 4.3 |
| | 县级教育管理方式 | 41.4 | 38.3 | 12.5 | 5.9 | 2.0 |

综合对满意度比较量表 2-9、2-10 的结果输出,可以得到以下一些结论:

(1) 从众数和均值水平来看,整体得分较低,众数普遍为 2,表明农村教师在免费义务教育前后对量表中所列因素是同样不满意的。均值得分也普遍高于 2,没有超过 3.5 的得分,可以肯定教师们对所列因素几乎没有满意的。

(2) 5 级不同程度的选项中,"更加不满意"居明显优势的有第 1 题和第 17 题,分别为当前工资水平,占 56.6%;县级教育管理方式,占 41.4%。

(3) 在学校奖金分配方式问题上,虽然选"更加不满意"程度的人数比例小于选"同样不满意"的,但是两者比例整体上相当,都处于 40% 以上的水平。

(4) 在工作职责承担和人际关系问题上,选择"无法比较"这项的人数比例较高,接近总人数的一半。

(5) 教师中 30%—40% 人数认为免费义务教育后"更加不满意"的因素有:社会保障制度、收入与教学质量之间的关系、教师职业安全感和教师社会地位。

(6) 选"同样不满意"占 35% 左右比例的有以下因素:当前工资水平、工作认可及赞赏、教师工作成就感、社会地位、国家政策制度、县级教育管理方式,选"同样不满意"占 40% 以上水平的因素有:学校奖金分配制度、社会保障制度、收入与教学质量之间的关系、学校工作条件、职称晋升机会、教师职业发展前途和教师职业安全感。

(二) 相关分析

相关系数通常用字母 r 表示,相关系数 r 的值在[-1,1]之间,r 的绝对值越大,两变量之间的相关程度越高,相关系数 r 有减少误差的意义。但当研究特殊定序变量之间的相关关系时,通常采用斯皮尔曼相关法(Spearman Correlation)求其相关系数,并用 $r_s$ 表示,$r_s$ 没有减少误差的意义[①]。本研究以皮尔逊相关法(Pearson's Correlation)求出免费义务教育前后农村教师各积极性影响因素的变化与满意度变化的相关情况(见表 2-11):

---

① 温忠麟著:《心理与教育统计》,广东高等教育出版社 2006 年版,第 139 页。

表 2－11　教师各积极性影响因素的变化与满意度变化的相关分析①

| 因素 | 物质条件 | 安全感 | 人际关系 | 赏识程度 | 成就感 | 管理水平 |
|---|---|---|---|---|---|---|
| 物质条件 | 0.599** | 0.535** | 0.099** | 0.229** | 0.121** | 0.140** |
| 安全感 | 0.306** | 0.282** | 0.229 | 0.286** | 0.252** | 0.180** |
| 人际关系 | 0.218** | 0.129* | 0.300** | 0.213** | 0.229** | 0.101** |
| 赏识程度 | 0.195** | 0.194** | 0.051** | 0.113** | 0.117** | 0.139** |
| 成就感 | 0.253** | 0.347** | 0.289 | 0.313** | 0.318** | 0.222** |
| 管理水平 | －0.253** | －0.189** | －0.177** | －0.160** | －0.109** | －0.231** |

从表 2－11 的统计结果可以看出：

（1）物质条件的变化与农村教师满意度变化的关系：农村教师物质条件的变化同各因素满意度的变化都成显著正相关关系，而且都达到显著水平。其中以物质条件因素的得分最高，人际关系因素得分最低。

（2）安全感的变化与农村教师满意度变化的关系：农村教师安全感的变化同各因素满意度的变化都成显著正相关关系，而且都达到显著水平。其中以物质条件因素的得分最高，管理水平因素得分最低。

（3）人际关系的变化与农村教师满意度变化的关系：农村教师人际关系的变化同各因素满意度的变化都成显著正相关关系，而且都达到显著水平。其中以人际关系因素的得分最高，管理水平因素得分最低。

（4）赏识程度变化与农村教师满意度变化的关系：农村教师赏识程度的变化同各因素满意度的变化都成显著正相关关系，而且都达到显著水平。但相关系数绝对值都不是很高，全部都在 0.200 以下，且人际关系因素得分最低，只有 0.051。

（5）成就感的变化与农村教师满意度变化的关系：农村教师成就感的变化同各因素满意度的变化除人际关系外，大部分成正相关关系，而且达到显著水平。其中人际关系因素的得分不低，但没有达到显著水平。

（6）管理水平的变化与农村教师满意度变化的关系：农村教师管理水平的变化同各因素满意度的变化都成负相关关系，而且都达到显著水平。其

---

① 注：** $p < 0.01$　* $P < 0.050$。

中以物质条件因素的得分最高,成就感因素得分最低。

## 四、问卷研究结果小结

根据问卷预设的假设前提以及对调查问卷的数据的统计分析,可以发现问卷调查结果基本上跟假设前提基本一致。具体而言,满意度变化方面:在工资水平、奖金福利、管理水平等因素上,被调查者选择更加不满意的程度几乎占了一半的人数。农村初中学校教师各方面是否有显著变化:从表2－2数据统计的结果显而易见,免费义务教育后,农村教师的福利待遇、工作安全感、对学生的管理难度等方面发生了明显的变化。影响农村初中教师积极性的因素在程度上是否存在差异:从表2－5数据统计结果可以发现,同一因素在对农村初中教师的激励程度上是有差异的,不同因素对农村初中教师某些方面的影响程度明显不同。农村初中教师满意度的变化跟教育管理体制及经费是否有关:从表2－11相关分析的结果,对此可以做出完全肯定的回答。

## 五、访谈整理与小结

(一)义务教育阶段广东农村初中教师的基本状况

由于农村教师工资低、住房差、工作安全感低和其他保险福利微薄甚至几乎没有,所以农村教师们总是戏称他们是高危人群或是弱势群体。下面以农村X中学和某教师自身的基本状况为代表来呈现当前农村教师们的生活现状。

某教师基本资料:男,37岁,16年教龄,中学二级教师,大专学历,现任九年级级长、班主任。

(1)学校教师积极性:65个老师中最多有20个老师会较认真工作,较认真的一般是新任老师或外地刚过来的老师。当地的一些教龄较长的老师总是会善意地劝说工作相对较认真的老师"何必做得那么辛苦,那么认真,还不是跟我们拿一样的钱。完成任务就很对得起那点收入了。"部分当地教师有自己的果园,教师工作和收入只占自己总收入的一小部分。

(2)该教师工资收入:在农村中学教书16年,每月总收入还不到1 300元(包括基本工资、奖金等所有收入),镇政府曾经说发15个月工资给教师,但从来没兑现过。从邻县教师那里得知，他们一年领15个月工资，而且同职称的教师工资收入也每月相对高600块左右。

（3）该教师工资增长：2000年工资已是一千零几十元了，8年过去了，到现在他的工资才是1 200多块。在这期间，政府已下发过几次文件增长教师工资，但是按照自然增长的薪级工资来算（两年工龄一个薪级，每个薪级相差二十几块钱），他8年的教龄工资也该长100多块，那政府文件里规定所涨的教师工资涨在哪里，该教师对此表示困惑。

（4）学校奖金福利：义务教育前每学期期末奖金有1 200元以上，近年学校奖金分成三个档次：第一档350元；第二档250元；第三档150元。这部分奖金在扣掉房租（以前是免费住的，这两年开始收房租）、水电费、报纸订阅费（硬性规定）后，还要交钱给学校，所以很多老师索性不去领期末奖金。

（5）其他福利：有一年教师节发一个杯子，老师们怨声很大，后来就改成50元钱。国庆、中秋两节发80元钱和一盒月饼。而有些学校国庆、中秋加春节三节100元钱，也有学校什么都没有。教师们普遍认为农村学校教师福利除了跟学校可支配教育经费减少有关外，还跟校长自身的处事风格有很大关系。

（6）职称评定：认为职称评定只与学历和工作年限以及领导关系有关，与教学效果无关。该教师连续几年担任毕业班的班主任和教学工作，并总是取得不错的教学成绩，但是限于学历的影响，还一直是中学二级职称。

（7）工作调动：教师们都一致认为在小地方的工作调动受人际关系和金钱交易的影响很大。以前要调入县城工作，活动费一般是一万多。这两年管理体制改革后变得比较严格，教师的人事关系要调动去县城，先要经过三方关口：学校、教育局、组织部，另外还要县长亲自签名。

（8）教师住房：教师住房部分是学校教学楼危房改造，还有一些是楼龄较长的教师宿舍。该老师他们一家现在住的是60多平米非常老旧的两室一厅的房子（因为他妻子也是学校教师），一学期要交400多块钱租金，还有400多块钱水电费。另外，农村教师没有住房公积金。

（9）所在镇区经济与物价：虽然是在农村，但农民种水果收入还不错，只有少数有特殊情况的家庭经济确实比较困难。因为农民都种水果或是外出打工,所以当地猪肉、蔬菜等价格贵过大城市,使该镇专门只能靠那点微薄的教师工资过日子的老师们,更加显得寒酸,觉得没有什么社会地位。

(10) 自我解决方式:该教师做过很多小生意,比如承包学校小卖部。两年前曾试着离职去公司工作。但后来自己觉得年龄大,做教师太久,社会适应能力欠缺,另外拖家带口,家庭牵挂影响大,所以又重新回到了那清贫但相对稳定的教师行业。工作之余,该教师承包十几亩农田,顺利的话年收入是做教师收入的一倍。

(11) 其他问题:教育局要求教师做工作服,每套400元,学校先垫付,教师分两年还,教师们担心会从有限的奖金里扣除。学校门卫本是教师,但因不能胜任教学工作而换岗,由于工龄较长,比一般教师工资都高,每月有1 700多元。以下为 X 校教师工资组成(见表2—12):

表 2—12　X 校教师工资组成表

| 岗位 | 中高 | 月平均年终奖金 | |
|---|---|---|---|
| 岗位工资额 | 1 023 | 应发工资合计 | 2 431 |
| 薪级 | 37(两年一级) | 扣款部分 | |
| 薪级工资额 | 1 039 | 养老保险 | 211.44 |
| 地区差 | | 医疗保险 | |
| 山区工资津贴 | 37(按工龄) | 失业保险 | |
| 特殊岗位津贴总额 | 352(普通老师都没有) | 住房公积金 | |
| 物价性补贴 | 62(全部一样) | 所得税 | |
| 福利性补贴 | 60(全部一样) | 住房补贴 | |
| 职务岗位津贴 | 70 | 补发当月工资 | |
| 奖金 | 61(上下差距不超出10元) | 减发当月工资 | |
| 其他 | | 实发当月工资 | |

(其他职称的岗位工资:中一级748元,中二级649元,中三级605元。)

注:个案资料和表格数据为研究者 2008 年 10 月 25 日赴 X 校调查所得。

根据研究者多次去到农村学校的调查实践,以及通过其他各种方式所获得的对老师的了解,广东省其他山区县农村初中学校的教师状况跟上述该老师的描述大同小异,如基本工资及其增长情况、职称评定、住房条件、教师工作积极性现状等基本上都处于同等水平。而在社会福利及其他奖金福利方面,不同的县级财政水平和学校经济状况在一定程度上会存在差异。

(二)义务教育经费变化引发的问题

实行"经费省内统筹、管理以县为主"体制,使农村教师工资发放有了保障,在一定程度上也降低了学生辍学率,但是由于县(市)教育局、学校内部可支配经费普遍减少,以及经费拨付的多层级性与复杂性,致使当前农村义务教育运作中存在相当多的问题,特别是实行免费义务教育后,下列问题得到了进一步深化。

(1)学校硬件设施下降,省里拨款只能维持水电、办公经费等基本运作。而且经费到达学校的时间总是太迟,甚至需要学校老师凑钱预支水电费等。

(2)统一的补助标准使等级学校的经费缺口尤其显著,难以保持以前的教育教学效果,教育质量和水平有所下降。

(3)义务教育前的遗留问题仍未解决。义务教育前的欠债主要由普九、学校建设以及教师福利住房等原因导致。

(4)教师的社会地位普遍下降。(普遍认可原因:教师收入太低以及近年来对以学生为本的教育意识过分重视。)

(5)义务教育后使学生及其家长对求学求知的意识有所改变,无需等价交换的消费使教育机会变得不那么被珍惜。

(6)外界环境对教育的负催化剂作用。随着我国经济持续增长,很多行业的收入水平都比教师职业高,教师们受外界的诱惑日益加强。

(7)由于县级财政收支的不均衡,更加重了县域之间教育的差异性。据了解,同为山区县的教师工资比邻县高出几百。而从广东义务教育均衡试点县德庆了解到,就均衡发展这一块,整个肇庆市的经费补助才200万,平均到每个县,最多可补助20—30万。

(8)由于教育经费的减少,使教师既无基本奖金福利,也无其他可通过努力工作获取的任何收入，教师积极性明显下降。X县教育局提倡勤俭办学的对策即是削减教师福利。据了解，一个学校起码有2/3以上教师都只会应付性地完成教学工作，出工不出力现象严重。

（9）管理体制的改革以及教育经费的缩减，使各级类教育单位的教师激励机制明显过时，而修订又举步维艰。

（10）教师队伍缺少更新和培训，教师整体素质有所下降。农村教师甚至校长要进行充电学习或自我提升，一切费用都得从自己微薄的收入中挤出来。教师首先作为自然人，为了保证最基本的生存需要，往往会最终选择放弃进修培训机会。

（三）影响当前农村初中教师激励机制完善和发展的问题

1. 外界环境的影响增加了农村教师激励机制建立的难度

首先，农村初中教师激励机制的建立缺少稳定的经费来源以及县级政府部门的重视，导致在农村从事义务教育阶段教学的老师不仅工资收入低，而且社会地位不高。其次，随着社会主义市场经济的发展，其他行业的收入水平和发展前景对农村教师产生了极大的诱惑，从而使一些原本可行的激励措施正日益失效。第三，区域经济发展和教育管理的不平衡也影响农村教师激励机制效能的发挥。

2. 教育管理体制和政府职能分配影响农村初中教师激励机制发展

受到我国当前科层管理体制的影响，对农村教师管理的各项规章制度不够完善，随意性大。现行教育发展政策和目标不能调动教师的工作积极性，延缓了基层农村教师激励机制的发展。农村教师管理职能部门权力分散，影响农村教师激励机制的建设和实施。如教师管理中，具体的业务指导由县教育局统筹，而工资由财政局统发，人事关系的管理却又由组织部和人事局管理，这样的管理模式使得对农村初中教师的激励手段在操作上存在相当的困难。

3. 农村初中学校管理职权的变化阻碍了教师激励机制的开展

义务教育以及管理体制的变革后，经费和权力双重缺位导致农村初中学校建立稳定有效的教师激励机制变得异常困难。另外，家长及学生观念意识的变化对农村初中教师激励机制的建设和实施造成了一定的影响。

4. 已有农村教师激励机制缺少公平性，政府政策导向太强

奖励只偏重高考、中考等方面，致使农村义务教育阶段与高中阶段，低年级与毕业班教师之间存在极大的心理差距。同时，县级政府对学校经费的支持还会存在偏重点学校而轻非重点学校，而农村初中往往属于非重点学校之类。

# 第三节　教师激励问题的成因分析

## 一、教师激励机制的基本情况分析

（一）农村初中教师激励机制的混沌现状

经过对广东省几个县级教育局及农村学校的深度访谈和问卷调查，研究者认为现在有关农村教师的激励机制处于一种模糊混沌、似有似无的状态。美国著名经济学家道格拉斯·诺思认为，"制度经济学的目标是研究制度演进背景下人们如何在现实世界中作出决定和这些决定又如何改变世界。"[①]根据机制设计理论和新制度经济学的分析，有效的机制应具备以下几个特点：一是公平性，它至少是符合大多数人利益的；二是效率性，没有效率的规则是不可能长期存在下去的；三是对人的行为约束是基于人有机会主义行为倾向的一面。综合以上特点，农村初中教师激励机制还存在下列一些具体问题：

1. 现有农村教师激励机制缺失或不稳定

从机制的定义可知激励机制应该是经过实践检验证明有效的、能够稳

---

① ［美］道格拉斯·C·诺思著，陈郁、罗华平译：《经济史中的结构与变迁》，上海三联书店1991年版，第2页。

定发挥效用的方法,而从影响农村教师积极性因素问卷调查的结果来看,现有对农村初中教师的激励不存在机制或是已有机制不稳定,不能发挥应有的作用。总之,效果并不是太理想。如推行义务教育后,农村初中教师的总收入普遍明显减少,奖金福利明显减少甚至没有。像这样政策稍有变化,教师最基本的福利就无法保障,教师激励机制的稳定性根本无从谈起。

2. 县级教育管理部门对农村教师激励机制关注不够

通过对校长和教育局长的访谈调查,他们都提到对教师进行激励的一些规章制度已过时,现正进行重新修订中。当问及他们有何具体设想和计划时,都以模糊对答应付,总是强调经费短缺问题。据此至少可以肯定有关方面对教师激励机制的态度或是关注度并没有达到能力可及的程度。新制度经济学理论认为,经济组织的中心问题,归本求源是人类活动者的行动属性。而作为农村教师的直接管理者,不论是学校领导还是教育行政部门都只是一味地强调客观条件的不足,却不能在行动上利用现有条件做一些真正有实际意义的工作。

3. 国家对农村教师激励机制的关注不够

首先,无论是公用经费还是其他专项拨款中都没有提及教师激励经费这个项目,特别是农村教师,因为地方经济差异,他们不只在奖金福利数额上比城镇教师少,而且没有住房公积金和其他的一些基本保险。机制设计理论的目标是能够以较少的信息成本、交易费用来设计出有效可行的机制,在其理论模型的组成部分中也特别强调了经济环境的作用,并把它放在了首要的位置上。经费短缺也是众多专学者认为农村教师激励机制不能完善的重要障碍之一。其次,国家既没有具体的建立农村教师激励机制硬性指标也没有政策文本作指导。农村初中教师的激励不像保障农村教师工资那样作为地方政府领导考核的项目,也无法为全民瞩目的高考做贡献,因此地方政府上行下效,普遍对这个问题缺少关注。

4. 县级政府对农村教育管理的决心不够

按照现有的经济发展水平,部分地区有能力建立更完善的农村教师激励机制。如安徽铜陵、成都青羊等地区改革的成功案例,都表明教育发展的步伐不只是跟教育经费的多少有关，地方领导促进教育发展的决心和魄力也将直接影响到教育发展的效果。

5. 农村学校内部教师激励机制缺少监督，稳定性差

现在校长负责制存在一些弊端，学校内部对教师考核评价、福利分配不受其他部门的监督，在一定程度上容易受到领导行为的影响。因此，对农村初中学校教师激励机制的建立应在一定区域内形成统一，并进行长期有效的监督。

6. 农村教师激励机制运用的激励方法缺少科学性

现有农村教师激励机制偏重于惩罚与卡压策略，而对奖励、鼓励等手段的运用较少。这样教师所有的工作动机，都是为了能避免惩罚和卡压，因而阻碍了教师自我管理和自我激励。同时，现有的那些策略和方法在很大程度上违背了经济设计理论中的激励相容原理，即经济活动参与者的个人利益和设计者既定的目标一致。当前激励机制运行的各种手段主要是以设计者的目标为中心，对参与者的个人利益、心理感受缺少关注。

7. 行之有效的农村教师激励方式缺乏合理、合法性支持

义务教育后，按照新的义务教育法以及一系列有关义务教育管理的法规文件，义务教育阶段学校支付转移的生均经费不得用来发放教师工资和福利。农村义务教育前抽取部分学费发放的教师奖金、福利虽然很微薄，但还是能起到一定的激励效果。免费义务教育后，奖金、福利缺少资金来源，学校管理者试图从转移支付项目中截取部分资金用来调动教师积极性，按照现行教育法律法规，这是违法违规的举措。因为政府在对农村义务教育阶段学生进行生均经费拨款时，明确规定这些经费不能用来发放教师的奖金、福利。从机制设计理论的角度来考虑，现有农村教师激励机制在其配置规则方面还应做进一步的努力。如建立专门的法律法规、制定具体的分配方式、界定明确的分配数额等。

（二）农村初中教师激励机制缺失的成因分析

1. 教师激励机制不能使教师利益与机制设计者利益趋于一致

机制理论认为要实现某一个目标，首先，要使这个目标是在技术可行性

范围内;其次,要使它满足个人理性,即参与性。如果一个人不参与你提供的博弈,因为他有更好的选择,那么你的机制设计就是虚设的;第三,它要满足激励兼容约束,要使个人自利行为自愿实现制度的目标。如道格拉斯·诺思所说,"就像我们在现代世界所见,改进技术的持续努力只有通过提高私人收益率才会出现。"①当下农村教师工作懒散,教学缺乏创新的动力与激情等状态刚好验证了机制设计理论中所指出的弊端,忽视参与者个人利益的激励机制最终将导致失败。

2. 政府对建立农村初中教师激励机制的价值不确定

在新古典经济学中,价值被定义为人们为边际商品所愿意并能够支付的价格,它间接地依赖于所有权和财富的分配②。教育发展本来就是一个长期缓慢的过程,而且它也不像经济发展那样可以用具体的 GDP 指数来衡量,如花费一定经费建立农村初中教师激励机制究竟能产生多大效用,是无法用数字来标识的。如果按照新古典经济学中的定义,在这种价值不能完全确定的情况下,政府或许更愿意把建立农村教师激励机制的价值定为最小值,因为这样可以在建立教师激励机制方面分配更少的财富,而用更多的经费去发展可以快速体现出政府绩效的其他上级考核指标。

3. 计划体制导致建立农村教师激励机制高成本的交易费用

我国教育的发展素来以政府为主导,特别是近年来的税费改革和免费义务教育制度的推行,政府对教育成本的承担达到了前所未有的高度。责任的承担和权力的收紧进一步体现了教育发展的计划经济性。然而,事实越来越清楚,任何发展计划,只有用适当的物资与人力进行投资时,才能达到它们的目的③。因此,在计划经济体制的大前提下,要调动农村教师的积极性,建立农村教师激励机制将要求政府部门花费更多的建设成本那是肯定的。赫尔维兹等人证明:没有什么经济机制有比竞争市场机制更低的信

---

① [美]道格拉斯·C·诺思著,陈郁、罗华平译:《经济史中的结构与变迁》,上海三联书店1991年版,第186页。

② [冰]思拉恩·埃格特特森著,吴经邦等译:《新制度经济学》,商务印书馆1996年版,第14页。

③ 联合国教科文组织国际教育发展委员会编著:《学会生存:教育世界的今天和明天》,教育科学出版社1996年版,第112页。

息空间的维数,并且产生帕累托最优的有效配置。在我国教育体制中,农村初中学校属义务教育范畴,产权基本上归政府所有,一切运营成本和收益都由政府承担和分配。社会主义市场经济体制有计划也有市场,从某种意义上说,农村初中学校就是其中少有的几种不涉入市场的计划组织之一。因此,要建立农村初中教师激励机制,并使其达到帕累托最优的效果,必将花费比市场主导的其他组织更多的成本。

4. 农村初中教师激励机制委托—代理关系中的利弊权衡

农村免费义务教育后,为何大部分农村初中校长会感叹教师积极性更低,县级教育管理部门一致认为调动农村教师积极性成了更棘手的难题。或许可以用经济学家张五常的下述看法做一个解释,"当从一个契约部分或全部截取其收受收入的权利后,由此而来的转向收入将趋向耗散,除非将它赋予另外个体排他性权利。非排他性收入的产生,要么通过改变或使用生产商品的形式;要么通过契约行为和改变,导致形成和实施合同成本上升;或者通过以上两者的结合。"①在委托代理关系中,最明显的特征就是契约的运用,在教育管理层级与农村初中教师关系中,很明显农村初中教师在这过程中担当了代理培养学生的任务,而委托人即各级教育管理者。一直以来,农村初中教师收入被限制在一个低水平且看不到希望的状态,免费义务教育后,福利减少使得农村初中教师总收入进一步紧缩。为了保证生活的质量,农村初中教师通过减少在教育教学工作中的精力去争取其他的排他性收入自然成为常理之中的事情,这样势必会影响到教育教学的质量。

## 二、未来变革展望

### (一)建立农村教师激励机制的必要性

美国哈佛大学教授威廉·詹姆斯(James Williams)的研究发现,在缺乏激励的环境中,人员的潜力只发挥出一小部分,即 20%—30%,但在良好的激励环境中,同样的人却可发挥出潜力的 80%—90%②。诺思的论点给我们

① [冰]思拉恩·埃格特森著,吴经邦等译:《新制度经济学》,商务印书馆 1996 年版,第 103 页。
② 转引邬志辉主编:《现代教育管理专题》,中央广播电视大学出版社 2004 年版,第 218 页。

这样的启示:一种提供适当的个人刺激的有效机制,是促使经济增长的决定性因素;而如果一个社会没有实现经济增长,那就是没有从制度方面去保证创新活动的行为主体应该得到最低限度的报偿或好处①。虽然教育对经济增长的促进作用是一个长期的过程,但最终避免不了会对经济增长和社会发展产生影响。教师作为教育中的核心角色,怎样调动其积极性,促使他们努力工作将对教育发展具有举足轻重的作用。新制度经济学的分析表明,制度短缺或制度供给的滞后同样会制约经济发展。制度具有"资产专用性",制度短缺不能由其他要素来替代。另外,由科斯(Corse)定理:若交易费用为零,无论权利如何界定,都可以通过市场交易达到资源的最佳配置。通过对其进行反推得出:在交易费用为正的情况下,不同的权利界定,会带来不同效率的资源配置。因此不论是鉴于对以上农村初中教师激励机制存在问题的考虑,还是从经济学家们对制度机制重要性的高度评价来分析,建立有效的农村教师激励机制都是农村教育发展势在必行的选择。

首先,人是各种要素的核心,其他要素的管理都是为人的管理服务的。在这方面,管理学家杜拉克(Peter F. Drucker)作过深刻的阐述。他说:"资金并不是组织唯一重要的资源,也不是最珍贵的资源,组织中最珍贵的资源是人力。"②在学校组织中,学生之外最重要的人力资源莫过于教师。杨颖秀在对学校管理的定义中指出:"学校管理主要是对学校中的人力、财力、物力、时间、空间、信息等资源的有机组合和合理配置,其中人力资源是学校管理中最宝贵、最核心、最重要的资源,其他任何资源的管理都是为人力资源管理创造条件。"③而农村免费义务教育后,农村初中教师的积极性普遍降低,大多数教师以敷衍应付的态度来完成工作,因此对农村初中教师进行激励管理成了教育行政及相关部门的当务之急。

其次,现行农村教师激励机制不符合当前教育政策的要求。研究者在

① 〔美〕科斯等著,〔法〕克劳德·梅纳尔编:《制度、契约与组织—从新制度经济学角度的透视》,经济科学出版社 2003 年版,第 88 页。

② 〔美〕杜拉克著,周文祥译:《巨变时代的管理》,山西经济出版社 1998 年版,第 112 页。转引自杨颖秀主编:《学校管理学》,人民教育出版社 2003 年版,第 37 页。

③ 杨颖秀主编:《学校管理学》,人民教育出版社 2003 年版,第 6 页。

调查中了解到,不论是在学校还是县级教育局,免费义务教育后,管理者都认为原有的教师激励机制已不符合现行政策的要求,对教师激励机制的重新修订成了各级教育管理部门亟须解决的问题。正如雅克布·马尔沙克(Jacob Marschak)所述:"资源配置带来了激励问题,但我们可以重新设计组织规则,使得当有的成员追求自己的目标时,组织的目标能够达到。在实践中有诸多例子,例如给予企业经理的奖金,或承诺士兵在攻破城池后实施掠夺等。"①按照这种说法,要使国家推行的免费义务教育政策达到优质高效的效果,以教师低劣的教育质量来换取学生的免费,并非国家推行此政策的初衷。刘易斯(Lewis)认为,制度促进或者限制经济增长取决于制度对努力的保护,为专业化所提供的机会,以及所允许的活动的自由。在刘易斯看来,"制度最重要的特征也许是它所允许的行动自由的程度"②。而当前农村初中教师激励机制无论是在奖金、福利的刺激,还是职位晋升、专业培训等方面,已完全缺失对教师工作努力的保护,及为教师专业化提供机会的功能。

第三,农村教师激励机制失效产生了明显的消极影响。诺思讲到"在整个历史上,当人们需要在国家—但可能有剥削性与无政府之间做出选择时,人们均选择了前者。几乎任何一套规则都好于无规则。"③如上文某老师所提到他们学校教师中有 60％在学校的工作都只是为了应付,同时,研究者在调查中了解到,广东其他农村地区的教师存在类似现象的不在少数。在经济较发达的广东农村地区尚且是这样,可以想见,全国中西部贫困农村地区教师积极性的状况,本研究文献综述中其他研究者也都提到了这一令人堪忧的问题。如此消极的教学态度在全国基础教育阶段蔓延,对整个教育发展产生的影响迟早将发展到无法弥补的态势。同时这足以证明现行农村初中教师激励机制已完全处于一种貌有形无的状态,农村教师激励机制的重新设计与建立迫在眉睫。

---

① [法]让—雅克·拉丰,大卫·马赫蒂摩著,陈志俊、李艳、单萍萍译:《激励理论:第一卷 委托—代理模型》,中国人民大学出版社 2002 年版,第 14 页。

② 邹薇著:《经济发展理论中的新古典政治经济学》,武汉大学出版社 2000 年版,第 177 页。

③ [美]道格拉斯·C. 诺思著,陈郁、罗华平译:《经济史中的结构与变迁》,上海三联书店 1991 年版,第 24 页。

最后,新《义务教育法》有待完善和补充。我国学者乔新生从政府义务、地方政府的能力、义务教育经费、教育平等性、教育质量、择校问题、学生权利、家长权利、民办义务教育以及政府投资和民间投资关系十个方面对《义务教育法》提出了质疑,并指出《义务教育法》修订没有看到社会多元化的教育需求,没有尊重教育主体的权利,而只是采用传统的行政管理模式强化各级政府的义务,结果使得政府在义务教育阶段的义务缺乏对应的权利。由于立法技术存在缺陷,特别是没有突出义务教育阶段资源配置的民主性,《义务教育法》的实施中可能会出现越来越多的问题①。研究者通过对广东省几个县的实践调查,并综合已有研究的文献分析,认为现有农村初中教师激励机制的不完善和缺失,就是其重要的表现之一。因此,重新设计和建立一套完善可行的农村初中教师激励机制是有关教育管理部门亟待解决的问题。

（二）完善农村初中教师激励机制的设想

正如机制设计理论对激励机制设计所定义的:在制度或规则的制订者不可能了解所有个人信息的情况下,他所要掌握的一个基本原则就是所制定的机制能够给每个参与者一个激励,使参与者在追求个人利益的同时也达到了所制定的目标。根据农村初中教师的生存现状和特点,结合当前有关义务教育政策和法律法规,以及地方教育管理的实际情况,教育管理者对农村初中教师激励机制的设计,在考虑经济投入和政策实施的同时,也需要站在农村教师的立场,尽可能地使他们在实现组织目标的过程中,也能获得和维护个人的合理利益。具体教师需要的满足,可以参照马克·汉森（E. Mark Hanson）对教师工作动机的分类:第一是工作本身的性质,包括满意、地位、成就、智慧的发展、贡献;第二是工作条件,包括工作的时间、科层制度、与同伴及上司的关系、工资和利益、假期、升迁的机会、工作安全性;第三个是个人考虑,包括自信、家庭支持、充足的收入、工作压力、健康与安全岗②。

---

① 乔新生:《十问〈义务教育法〉》,《科技中国》2006 年第 10 期,第 64—65 页。
② 马克·汉森著:《教育管理与组织行为》,上海教育出版社 2005 年版,第 280 页。

1. 政府层面的农村初中教师激励机制设想

（1）建立"以省为主"统筹的农村教师激励基金，加大省级政府对义务教育农村教师激励经费的投入，重新规划免费义务教育的幅度和力度。

（2）重新审计"以县为主"中各县（市）的财政状况，评估他们对义务教育的承受能力，按其实际能力建立区域内统一稳定的农村初中教师激励机制。

（3）建立完善的保障农村教师激励机制实施的监督机制，以确保所有激励经费都能依法合理地用到实处，发挥资源使用的最大效用。

（4）设立专项"奖教奖学资金"，可设省、市、县三级奖励基金，并配制统一、严格的奖教奖学规章制度，减少各地区间教师的不公平感。从技术上对教师工资的组成进行调整，发挥工资的激励作用。

（5）运用薪酬激励的方法，严格执行中央对有关绩效工资的统筹规定，保障农村教师实行多劳多得、优胜劣汰竞争机制的顺利推行。

（6）县级政府部门应根据自身的实际情况，同时借鉴其他地区的成功经验，建立一套适合激励当地农村教师的机制。

2. 学校层面的农村初中教师激励机制设想

在县级区域内有关农村教师激励机制一致的情况下，要促使本校教师努力工作，在学校层面建立规范稳定的教师激励机制显得尤为重要。对此，研究者在经过实地调查的基础上，认为可从以下几方面做一些突破。

（1）完善学校各项绩效考评、考核制度，在学校内建立公正、合理、有效的教师竞争机制，科学分配有限的奖励资金，使其起到真正有效的激励效果。

（2）保障奖教奖学资金的稳定来源，并严格规范其使用制度，避免对义务教育阶段进行奖教奖学的低水平性和随意性。

（3）规范学校会计核算制度，加强学校经费使用的透明度，加强教育行政部门对学校经费使用的监督。

（4）进一步改善教师的优胜劣汰机制和职称评定机制，提高教师编制的使用效率，发挥教师职称评定的激励效果。

（5）建立教师、学校、政府相互之间自由有效的信息沟通平台，不仅有利于教育教学业务的组织开展,而且能提高各层级之间在工作上的相互监督水平。

（6）提高教师优胜劣汰的意识,克服长期以来在学校实行平均主义、大锅饭的观念,推行绩效工资,奖勤罚懒。

# 第四节　完善教师激励机制的对策

## 一、提高政府对农村初中教师激励机制的关注度

现实生活中政府对各方面的管理往往会出现有如费尔斯顿（Phil Houstton)所说的"政治过程固有的近视",即 "未来的成本与未来的效益会被大打折扣或者被忽视,而短期的或当前的成本与效益却被夸大了。"[①]如果政绩作为唯一的或最重要的评价标准与政治报酬挂钩,忽视其他辅助性的制度体系的同步建设,那么,就很容易引发政治代理人的短期行为。而当今农村初中教师的状况不难说明他们的各项应得利益和权利正是成了这种短期行为的牺牲品。教育管理体制的改革、义务教育的免费,不能否认为我国广大义务教育阶段受教育群体带来了前所未有的实益。然而政府在接受掌声的同时,却忽视了这些政策所带来的消极影响,学校主体中除学生外的教师群体的工作状况正在悄然地发生变化。免费义务教育政策推行一年多以后,即使在经济发展相对较好的广东地区,农村初中教师积极性不高、生活状况欠佳等明显不利于义务教育发展的形势存在时,也看不到政府完善和建立农村初中教师激励机制的决心和行动。对此,本研究的一个目的即是希望能过通过事实和真相,对各层级的教育管理者作一个呼吁,要想义务教育在改革中健康顺利地发展,那么就应该努力克服政治近视,建立合理的农

---

[①] 查尔斯·沃尔夫著,谢旭译:《市场或政府》,中国发展出版社 1995 年版,第 36 页。

村教师激励机制,从实际上真正关注和关心农村初中教师的发展。

## 二、优化管理者对农村初中教师激励机制的实施

从激励机制实施的行为方式来讲,在对农村初中教师进行激励过程中,不论是学校对教师的直接管理,还是教育行政部门对学校或教师的间接管理,这其中的主客体关系都完全符合新制度经济学中委托—代理理论模型。"代理理论问题的通则,就是设法使代理人采取最大化委托人福利的行为。这个理论的核心或基础,就是最优激励机制(合同)的设计问题……只要代理人提供双方都有效率的努力程度,委托人就给他足以使他愿意提供这个努力水平的固定报酬,但是由于委托人不能观察到代理人的努力水平,所以委托人就必须向代理人提供激励机制:根据可观察的绩效给予报酬,满足代理人的参与条件与激励相容条件。"①农村初中教师激励机制的有效实施,首先要使政府或学校(委托方)有足够的资源来给付教师(代理方)提供努力水平的固定报酬,或者在一定程度上满足教师提供有效努力的其他参与条件(如职位、职称的晋升,免费的专业培训等)。从问卷调查的结果可见,广东农村初中教师对当前有可能调动其工作积极性的各项因素的满意度很低,特别是在收入问题上,他们已表现出极大的不满意情绪,甚至影响到工作的效率。要使农村初中教师的工作能达到政府所设立的教育发展目标,首先在经济收入上让教师达到一个满意的心理平衡将是最基本的条件。毕竟在以市场经济为主导的现代社会,个人财产的价值和功能,正如凡勃伦所形容的:"财产之所以有价值,已经主要不再是由于可以把它作为战斗胜利的证明,而是由于借此可以证明其所有人比同一社会中其他个体处于优势地位……它现在已经成为衡量成就的可敬程度时最容易被认明的确凿证据;因此它就成了博得尊崇的习惯依据。"②这也正符合机制设计理论中提到要有经济环境作为前提的要求。总之,希望农村初中教师激励机制的实施能够遵从经济理论中激励相容原理,在政府教育新政策的推行和目标的实现过

---

① [美]戴维.L.韦默主编,费方域,朱宝钦译:《制度设计》,上海财经大学出版社 2004 年版,第 6 页。

② [美]凡勃伦著,蔡受百译:《有闲阶级论》,商务印书馆 2004 年版,第 24—25 页。

程中,使教育组织中各组成成员的要求都能得到一定的满足。

### 三、把握中央完善农村初中教师激励机制的契机

据新华网北京 2008 年 12 月 21 日电,国务院总理温家宝近日主持召开国务院常务会议,审议并原则通过了《关于义务教育学校实施绩效工资的指导意见》。会议要求,地方各级政府要高度重视,加强领导,周密部署,认真组织实施。要坚持多劳多得、优绩优酬,重点向一线教师、骨干教师和做出突出成绩的其他工作人员倾斜,把义务教育学校实施绩效工资同深化学校人事制度改革、完善义务教育经费保障机制、规范学校收费行为和经费管理紧密结合,注意研究解决实施中出现的问题,妥善处理各种关系,积极稳妥做好工作。要按照管理以县为主、经费省级统筹、中央适当支持的原则,确保实施绩效工资所需资金落实到位。并决定从 2009 年 1 月 1 日起,在全国义务教育学校实施绩效工资,确保义务教育教师平均工资水平不低于当地公务员平均工资水平,同时对义务教育学校离退休人员发放生活补贴。上述《关于义务教育学校实施绩效工资的指导意见》的提出,对广大农村初中教师来说确实是一个振奋人心的消息,但是具体实施可能还会困难重重,在此期望各级各类教育管理者能够积极响应国家的号召,切实行动起来,建立起更加完善、稳定的农村初中教师激励机制,吸引和鼓励各类优秀人才长期从教、终身从教,保证农村义务教育在持续的改革过程中保持高质量的发展。

# 第三章
## 组织气氛与教师满意度研究

### 第一节 概念界定及相关研究

#### 一、学校组织气氛的定义

气氛最早用于描述组织生活的一种持久特征(*enduring quality of organizational life*)[1]。"组织气氛(组织氛围、组织气候)"(*organizational climate*)一词源自 E·托尔曼(E. Tolman,1926)有关环境"认知地图"的概念。组织气氛之所以被认为与此有关,是因为组织气氛可以说是组织成员在头脑中形成的对组织状态(环境)的认知地图,这里指的仅是个体知觉。后来,K·勒温(K. Lewin,1952)发展了这一概念,把任何群体的气氛或气候定义为个体共同的知觉或个体所形成的认知地图之间相同或相似的部分[2]。

---

[1] Wayne K Hoy, C John Tarter, Robert B Kottkamp. Open schools/ healthy schools:measuring organizational climate[M]. London:Sage Publication, Inc., 1991, pp. 3.

[2] 陈丽娅:《绩效管理与组织气氛的相关研究》,苏州大学硕士教育学院学位论文,2002 年。

吉尔默(Gilmer，1966)将组织气氛定义为一组能够被描述的组织特性，使组织之间相互区别，并影响组织成员的行为。塔吉里(Tagiuri，1968)认为组织气氛是由生态学、环境、社交系统和文化等方面的持久特征(*enduring characters*)所构成的。利特温(Litwin)和斯汀格(Stringer，1968)认为"知觉"是定义好气氛的关键因素。气氛是工作环境中一组可测量的特性，来自组织成员的共享知觉(*collective perceptions*)，该知觉对他们的行为施加持久影响①。

最早将组织气氛概念引入学校组织的研究者是哈尔平(Halpin，1963)，他认为一个组织的气氛可以粗略地比喻为组织的"人格"(*personality*)，气氛之于组织，就如人格之于个人②。

霍伊(Wayne K. Hoy)、塔特(C. John Tarter)与罗伯特•科特堪布(Robert B. Kottkamp，1991)认为学校组织气氛是教师对他们工作环境的知觉。这种知觉受正式关系和非正式关系(*formal and informal relationship*)、参与者的人格(*personalities of participants*)与组织中的领导关系(*leadership in the organization*)的影响。简单地说，学校组织气氛是指一所学校区别于另一所学校并影响其组织成员行为的一系列持久的内部心理特征③。

国内学者周军红(1997)认为，组织气氛是由学校的一系列内部特征所表现，这些内部特征包括学校的环境、文化、氛围与风尚等，它们影响着学校里人的行为④。

张震、马力等(2002)认为，组织气氛是关于一个组织内部环境的相对持

---

① Wayne K Hoy，C John Tarter，Robert B Kottkamp. Open schools/ healthy schools：measuring organizational climate[M]. London：Sage Publication，Inc. ，1991，pp. 3.

② Wayne K Hoy，C John Tarter，Robert B Kottkamp. Open schools/ healthy schools：measuring organizational climate[M]. London：Sage Publication，Inc. ，1991，pp. 4.

③ Wayne K Hoy，C John Tarter. The road to open and healthy schools：a handbook for change [M]. Calif：Corwin Press，Inc. ，1997，pp. 6.

④ 周军红：《学校组织气氛与教师工作满意度的相关性》，《煤炭高等教育》1997 年第 4 期，第 108—109 页。

久的特性,是一系列可测量的工作环境属性之集合①。

具体到学校组织气氛,黄巧香(2004)认为学校组织气氛指一所学校区别于另一所学校并影响其组织成员行为的一系列内部心理特征,是经过学校组织成员交互作用形成的一种共享的主观知觉,主要由管理气氛、教学气氛、学习气氛与人际气氛构成②。

田宝、李灵(2006)认为,学校组织气氛是指学校内部环境中,校长与教师行为交互作用所形成的一种持久性特质,而这种特质为学校成员所知觉,并影响成员的行为,同时也可透过成员的知觉来加以描述和测量③。

从上面的定义可以看出两种倾向:一是把组织气氛作为一种客观存在;二是认为组织气氛是组织成员的个体知觉。早期有关组织气氛的定义是把组织气氛定义为组织成员知觉到的持续的组织特征或环境。然而在随后的研究中,重点逐步转移到个体的知觉,而不再是组织环境特征。

在参考以上概念之后,本研究将采纳霍伊、塔特和罗伯特·科特堪布(1991)对学校组织气氛的定义,即学校组织气氛是教师对他们工作环境的知觉,是一所学校区别于另一所学校并影响其组织成员行为的一系列持久的内部心理特征。

## 二、学校组织气氛的研究

### (一)国外学校组织气氛的研究

#### 1. 哈尔平(A. Halpin)和克罗夫特(D. Croft)

哈尔平和克罗夫特编制了一套"组织气氛描述性问卷"(*The organizational climate descriptive questionnaire*,简称OCDQ),他们认为校长行为和教师行为中各有四个特征对学校氛围有重要作用。校长行为的四个特征是冷淡(*aloofness*)、注重工作(*production emphasis*)、推进力(*thrust*)与体贴

---

① 张震,马力等:《组织气氛与员工参与的关系》,《心理学报》2002年第3期,第312—318页。

② 黄巧香,潘孝富:《学校组织管理气氛结构的验证性因素分析》,《遵义师范学院学报》2004年第1期,第49—50、53页。

③ 田宝,李灵:《学校组织气氛对教师工作倦怠的影响》,《心理科学》2006年第1期,第189—193。

关心(*consideration*)。教师行为的四个特征是敷衍了事(*disengagement*)、障碍(*hindrance*)、精神状态(*esprit*)与亲密(*intimacy*)。校长行为的四个特征与教师行为的四个特征可以对应起来,借此将学校氛围划分成六种类型:开放氛围(*open climate*)、自主氛围(*autonomous climate*)、控制氛围(*controlled climate*)、随意氛围(*familiar climate*)、家长氛围(*paternal climate*)与封闭氛围(*closed climate*)①。

2. 霍伊(Wayne K. Hoy)

霍伊编制了"学校组织气氛描述问卷"(修订版)(*Organizational Climate Description Questionnaire for sencondary schools*,简称 OCDQ-RS)。此问卷共有 34 道题目,测量 5 个层面,其中 2 个层面是描述校长行为因素,包括支持行为(*supportive behavior*)和监督行为(*directive behavior*)。另外 3 个层面是描述教师行为因素,包括投入行为(*engaged behavior*)、受挫行为(*frustrated behavior*)和亲密行为(*intimate behavior*)②。

霍伊根据各个学校的气氛图,并运用因素分析,按从开放到闭锁的顺序,确定了 4 种学校组织气氛。这 4 种学校组织气氛可排列成一个连续体(*continuum*):开放型气氛(*open climate*)、投入型气氛(*engaged climate*)、疏离型气氛(*disengaged climate*)和闭锁型气氛(*closed climate*)③。

3. 斯特恩(Stern)和斯坦霍夫(Steinhoff)

斯特恩和斯坦霍夫对学院特征指标(CCI)作了进一步改进,以适用中小学校和其他组织,称之为组织气候指标(OCI)。组织气候指标包括六个因素:学术气氛、成就标准、个人尊严、组织效果、秩序与冲动控制④。

---

① A Ross Thomas. The Organizational Climate of Schools[J]. International Review of Education / Internationale Zeitschrift für Erziehungswissenschaft / Revue Internationale de l'Education,Vol. 22,No. 4,Educational Administration and Supervision / Verwaltung und Aufsicht Im Bildungswesen / Administration et Inspection de L'Education. (1976),pp. 441—463.

② Wayne K Hoy, C John Tarter, Robert B Kottkamp. Open schools/ healthy schools:measuring organizational climate[M]. London:Sage Publication, Inc. , 1991, pp. 53—57.

③ Wayne K Hoy, C John Tarter. The road to open and healthy schools:a handbook for change [M]. Calif:Corwin Press, Inc. , 1997, pp. 44.

④ 罗伯特·欧文斯,袁振国、谢维和等主编,窦卫霖、温建平等译:《教育组织行为学》,华东师范大学出版社 2001 年版,第 217—220 页。

4. 利克特(R. Likert)

利克特根据组织上中下级关系，把管理系统分为四类：利用权威性系统、友善权威性系统、协商性系统与参与性系统。并对这些系统的内涵进行反复提炼，从而得出对管理系统分类的度量方法，并转化成量表。他的量表包括以下八个变量：领导过程、动机力量、信息交往过程、交互影响过程、决策过程、目标制定、控制过程以及执行目标与训练。利克特在此基础上设计了调查学校氛围的问卷 POS①。

5. 其他学者

此外，福汉德(G. A. Forehand)和吉尔默(B. V. H. Gilmer)提出组织气氛测量五个变量：组织规模、组织结构、系统复杂性、领导风格和目标导向。利特温和斯汀格归纳出组织气氛九个因素：结构、责任、风险、温情、支持、标准、冲突、目标和认同。科佩尔曼(Kopelman)、布立夫(Brief)和古佐(Guzzo)提出目标指向、手段指向、奖励指向、任务支持和社会情绪支持等五要素②。

（二）国内学校组织气氛的研究

国内学者大多采用把国外量表翻译、修订成适合在国内施测的量表，用来对学校组织气氛进行测量。也有少数研究者进行了自编问卷，如潘孝富、孙银莲（2002）编制了"初中学校组织气氛量表"③；葛明贵、余益兵（2002）编制了"学校气氛问卷（初中生版）"④；马云献编制了"高校组织气氛问卷"⑤等。

---

① 熊川武：《管理心理学》，广东高等教育出版社 2003 年版，第 346—349 页。

② 潘孝富，孙银莲：《中小学组织气氛量表的编制》，《湖南师范大学教育科学学报》2002 年第 12 期，第 123—126 页。

③ 潘孝富，孙银莲：《中小学组织气氛量表的编制》，《湖南师范大学教育科学学报》2002 年第 12 期，第 123—126 页。

④ 葛明贵，余益兵：《学校气氛问卷（初中生版）的研究报告》，《心理科学》2006 年第 2 期，第 460—464 页。

⑤ 马云献：《高校组织气氛及其与教师工作绩效的关系研究》，河南大学教育科学学院硕士学位论文，2005 年。

### 三、学校组织气氛的相关研究

组织气氛的相关研究主要分为两类：一是研究组织气氛的效应；二是研究其他变量对组织气氛的影响。

众多学者热衷于对组织气氛效应的研究。例如，组织气氛与员工参与知觉的关系（沙杜尔、金茨勒、马克，1999）；主管与非主管对质量管理文化知觉的差异与组织气氛（约翰逊、乔斯琳，2000）；组织气氛与组织无效性（斯黛泽、亚当、摩根生、弗雷·德里克，1997）；组织气氛与质量管理的关系（林、钱可，1999）；组织气氛对团队工作创新的影响（米卡·基威马可等，1997）；对心理气氛及其与工作参与、努力和绩效的新看法（史蒂芬·布朗，1996）；集体气氛的有效性（韦森特·冈萨雷兹·罗马、杰斯·皮耶洛、苏珊娜·略雷特、安娜，1999）等①。以上研究从不同侧面证明了组织气氛作为组织文化的一部分，对员工行为、心理产生着潜移默化的影响，从而进一步影响组织绩效。

第二类是研究其他变量对组织气氛的影响。例如沃特金（Watkin，1968）研究发现，学校气氛类型与学校规模以及教职工人数有关②。利特温和斯汀格（1969）通过控制领导风格来形成不同的组织气氛，从而考察组织气氛与工作动机的关系。佩恩（Payne）和蒲赛（Physey，1971）则通过制定"商业组织气氛量表"来了解组织结构对组织气氛的影响。格罗琴（Grojean）、瑞思科（Resick）、迪克森（Dickson）和史密斯（Smith，2005）经研究发现领导者价值观尤其是组织建立者及早期领导者的价值观影响了组织不同气氛形成的结论③。乔治（George）和毕夏普（Bishop，1971）在研究组织结构、教师人格特质与组织气氛的关系时，发现小规模的学校具有更加开放和信任的气氛倾向。游进年（1990）的研究显示，学校气氛及其开放程度，不存在规模及地域上的差异，而陈文瑜（1996）的研究结果则与此相反。鲍威尔

① 陈丽娅：《绩效管理与组织气氛的相关研究》，苏州大学教育学院硕士学位论文，2002年。

② 马云献：《高校组织气氛及其与教师绩效的关系研究》，河南大学教育科学学院硕士学位论文，2002年。

③ 范丽群，石金涛等：《国外组织气氛研究综述》，华东经济管理2006年版，第100—103页。

（Powell，1977）的研究证明气氛知觉存在性别差异。哈里斯（Harris，1978）进一步证实了气氛知觉的性别差异：女性教师与男性教师相比，在感受组织气氛方面更为积极。其他人口变量比如年龄、任教年限与教育程度等与组织气氛的关系研究，至今仍无一致结论①。

经过过去几十年的研究，气氛的概念和组织气氛的研究焦点一直在不断发展之中。早期的研究者们把组织气氛定义为组织成员知觉到的持续的组织特征或环境特征，当时对组织气氛的测量也集中于组织成员对客观的组织环境的知觉。然而在随后的研究中，重点逐步转移到个体的知觉，而不再是组织环境特征。直到最近，组织环境特征对组织成员的意义或组织成员如何理解组织环境成为了组织气氛研究的核心内容。

总的来看，国外对学校组织气氛做了大量的研究，主要是以下三个方面：一是客观描述和测量学校组织气氛；二是探讨学校组织气氛与组织目标效果之间的关系；三是预测和控制学校组织气氛。特别是学校组织气氛与组织效能是众多学者关注的。而我国有关学校组织气氛的研究不多，至今尚无专著②。

### 四、教师工作满意度的定义

工作满意度的研究最初是以商业组织为对象，直到 1935 年霍波克（Hoppock）首先将工作满意度的概念运用于教育界。由于学者对工作满意度研究所持的理论及研究方法不同，因此对工作满意度的定义有所差异。

波特（Porter）和劳勒（Lawler，1968）认为满足的程度视一个人实得的报酬与他应得的报酬间的差距而定。在一工作情景中，一个人实得与应得报酬间的差距越小，其满意程度越高。③

史密斯（Smith）、肯德尔（Kendall）和胡林（Hulin，1969）认为，工作满意

---

① 马云献：《高校组织气氛及其与教师绩效的关系研究》，河南大学教育科学学院硕士学位论文，2002 年。

② 潘孝富，孙银莲：《中小学组织气氛量表的编制》，《湖南师范大学教育科学学报》2002 年第 12 期，第 123—126 页。

③ 黄建达．员工激励偏好、工作满足与离职倾向调查[EB/OL]. http://www.ncu.edu.tw/~hr/new/conferences/05th/1-1.htm. 2007-12-20。

是工作者对工作的感受或反应,亦即个人对其工作所持的态度,尤其是指对工作本身、上司、薪资报酬、升迁状况和同事等五个层面的感受。当工作者预期获得的工作报酬,与其实际获得的工作报酬间,差距越小时工作满意的程度就越高;二者间的差距越大时,工作满意的程度就越低。①

邓恩(Dunn)和斯蒂芬斯(Stephens,1972)认为工作满足应视为工人对整个工作情景反应的一种感受,且这种感受来自于个人希望从工作中获得与实际所经验两者之间的差距。②

洛克(Lock,1976)认为,工作满意度来源于组织成员对其工作或工作经历评估的一种积极的情绪状态。也就是说工作满意度是组织成员所拥有的对其工作的一种特殊类型的态度和对工作的一种情感反应。③

台湾学者徐光中(1977)将工作满意度的定义分为三大类,基本包括了众多学者对工作满意度的观点:

(1)综合性定义(*overall satisfaction*)。其重点在于个人对其工作及有关环境所持有的一种态度,其特征在于将工作满意度视为单一概念,并不涉及工作满意的方面、形成的原因及过程。

(2)期望差距定义(*expectation discrepancy*)。其认为工作满意度是个人满足的程度,是其在特定的工作环境中所预期应获得价值与实际获得价值的差距。

(3)参考框架定义(*frame of reference*)。参考框架定义认为工作满意度是指个体根据参考框架对于工作的特性加以解释后所得到的结果。重点在于个人对工作参考维度的情感反应。④

有许多学者专门研究了教师的工作满意度,并对教师的工作满意度进

---

① 曹艳琼:《澳门小学学校组织气氛与教师工作满意度之研究》,华南师范大学教育科学学院硕士学位论文,2002 年。

② 黄建达. 员工激励偏好、工作满足与离职倾向调查[EB/OL]. http://www.ncu.edu.tw/~hr/new/conferences/05th/1-1.htm. 2007-12-20。

③ 斯蒂芬·罗宾斯,孙建敏、李原等译:《组织行为学(第七版)》,中国人民大学出版社 1997 年版,第 23 页。

④ 黄建达. 员工激励偏好、工作满足与离职倾向调查[EB/OL]. http://www.ncu.edu.tw/~hr/new/conferences/05th/1-1.htm. 2007-12-20。

行了专门定义。

兰蒂(Landy,1989)认为,教师工作满意度是指教师对其所从事的职业,以及工作条件与状况的一种总体的、带有情绪色彩的感受与看法。[①]

翟常秀(2006)对教师工作满意度的概念总结如下:教师工作满意度指教师对其工作及工作经历评估的一种态度反映。[②]

朱从书(2006)认为,教师工作满意度是指教师对自己的工作及工作条件与状况的一种带有情绪色彩的体验和认识。[③]

本研究参考史密斯、肯德尔和胡林(1969)对工作满意度的定义,认为教师工作满意度是教师对工作的感受或反应,亦即教师对其工作所持的态度,尤其是指对工作本身、上司、薪资报酬、升迁状况和同事等五个层面的感受。


# 第二节　组织气氛与满意度关系的研究设计和实施


## 一、研究目的

本研究主要有四个具体目的:

(1) 以霍伊等的"学校组织气氛描述问卷"(修订版)(*Organizational Climate Description Questionnaire for middle schools*,简称 OCDQ-RM)为蓝本,翻译、整理成为适合在中国学校施测的中文版本。

---

① Landy F J. Psychology of work behavior (4th. Ed.). New York:Wadsworth Inc, 1989. 转引自翟常秀:《高校组织文化与教师工作满意度关系的研究》,贵州师范大学教育科学学院硕士学位论文,2006 年。

② 翟常秀:《高校组织文化与教师工作满意度关系的研究》,贵州师范大学教育科学学院硕士学位论文,2006 年。

③ 朱从书:《中小学教师的工作满意度及其影响因素分析》,《教育探索》2006 年第 12 期,第 116—117 页。

（2）通过问卷调查来了解不同的教师个人背景因素对学校组织气氛的知觉、教师工作满意度的知觉分别造成的差异。

（3）通过问卷调查来了解超大规模高中组织气氛与教师工作满意度之间的相关关系。

（4）帮助学校进行组织诊断，提供相应的管理参考。

## 二、研究假设

根据相关的理论和文献，对于本研究的研究问题，提出下列假设：

假设一：超大规模高中教师对学校组织气氛各层面的知觉存在显著差异。

假设二：超大规模高中教师对各工作层面的满意程度的知觉存在显著差异。

假设三：学校组织气氛的知觉在教师个人背景因素上存在显著差异。

假设四：教师工作满意度的知觉在教师个人背景因素上存在显著差异。

假设五：超大规模高中组织气氛和教师工作满意度有显著相关。

## 三、研究对象

本研究调查了广东省两个超大规模高中的 290 名高中教师，其中有效样本分别来自肇庆市德庆县香山中学和佛山市佛山三中。其中，香山中学共发放问卷 240 份，回收问卷 194 份，有效问卷 172 份，回收率为 81%，可用率为 72%。佛山三中共发放问卷 250 份，回收问卷 128 份，有效问卷 118 份，回收率为 51%，可用率为 47%。

有关本问卷被试的基本人口资料见表 3—1：

表 3—1 样本的基本人口资料统计表

| 类别 | 样本分布 | 样本数 | 百分比 |
| --- | --- | --- | --- |
| 性别 | 男 | 125 | 43.1 |
| | 女 | 165 | 56.9 |
| | 缺失值 | 0 | 0 |

（续表）

| 类别 | 样本分布 | 样本数 | 百分比 |
|---|---|---|---|
| 是否班主任 | 是 | 108 | 37.2 |
| | 否 | 178 | 61.4 |
| | 缺失值 | 4 | 1.4 |
| 婚姻状况 | 已婚 | 164 | 56.6 |
| | 单身 | 126 | 43.4 |
| | 缺失值 | 0 | 0 |
| 从教年级 | 一年级 | 106 | 36.6 |
| | 二年级 | 85 | 29.3 |
| | 三年级 | 95 | 32.8 |
| | 缺失值 | 4 | 1.4 |
| 从教科目 | 主科 | 158 | 54.5 |
| | 副科 | 125 | 43.1 |
| | 缺失值 | 7 | 2.4 |
| 年龄 | 21—25 岁 | 73 | 25.2 |
| | 26—30 岁 | 105 | 36.2 |
| | 31—40 岁 | 73 | 25.2 |
| | 41—50 岁 | 28 | 9.7 |
| | 51 岁以上 | 7 | 2.4 |
| | 缺失值 | 4 | 1.4 |
| 职称 | 中学三级教师 | 31 | 10.7 |
| | 中学二级教师 | 112 | 38.6 |
| | 中学一级教师 | 79 | 27.2 |
| | 中学高级教师 | 47 | 16.2 |
| | 中学特级教师 | 0 | 0 |
| | 无职称 | 17 | 5.9 |
| | 缺失值 | 4 | 1.4 |

（续表）

| 类别 | 样本分布 | 样本数 | 百分比 |
|---|---|---|---|
| 教龄 | 5 年以下 | 136 | 46.9 |
| | 6—10 年 | 58 | 20 |
| | 11—15 年 | 38 | 13.1 |
| | 16—20 年 | 29 | 10 |
| | 21—25 年 | 15 | 5.2 |
| | 26—30 年 | 6 | 2.1 |
| | 31 年以上 | 5 | 1.7 |
| | 缺失值 | 3 | 1 |
| 每周承担课时 | 10 节以下 | 38 | 13.1 |
| | 10—15 节 | 187 | 64.5 |
| | 16—20 节 | 58 | 20 |
| | 21—25 节 | 5 | 1.7 |
| | 缺失值 | 2 | 0.7 |
| 学历 | 师范院校本科学历 | 257 | 88.6 |
| | 师范院校研究生学历 | 10 | 3.4 |
| | 非师范院校本科学历 | 14 | 4.8 |
| | 非师范院校研究生学历 | 3 | 1 |
| | 其他 | 6 | 2.1 |
| | 缺失值 | 0 | 0 |

## 四、数据处理

本研究对所收集的数据运用 SPSS 12.0 统计软件进行处理、分析。首先对数据进行编码。具体赋值方法为：

性别："男"为 1，"女"为 2；

是否班主任：班主任为 1，非班主任为 2；

婚姻状况：已婚为 1，单身为 2；

从教年级：一年级为 1，二年级为 2，三年级为 3；

从教科目:语文、数学与英语三门主科为 1,其他副科为 2;

年龄:21—25 岁为 1,26—30 岁为 2,31—40 岁为 3,41—50 岁为 4,51 岁以上为 5;

职称:中学三级教师为 1,中学二级教师为 2,中学一级教师为 3,中学高级教师为 4,中学特级教师为 5,无职称为 6;

教龄:5 年以下为 1,6—10 年为 2,11—15 年为 3,16—20 年为 4,21—25 年为 5,26—30 年为 6,31 年以上为 7;

每周承担课时:10 节以下为 1,10—15 节为 2,16—20 节为 3,21—25 节为 4,26—30 节为 5;

最高学历:师范院校本科学历为 1,师范院校研究生学历为 2,非师范院校本科学历为 3,非师范院校研究生学历为 4,其他为 5。

对学校组织气氛问卷和教师工作满意度问卷分别进行探索性因素分析。其中对学校组织气氛问卷的因素分析主要是考虑到问卷是由国外翻译而来,具有一定的文化差异。而对教师工作满意度问卷进行因素分析,是因为原问卷是以澳门小学教师为样本,可能会因样本的变化而与原来的因素抽取的结果略有差异。对学校组织气氛部分的因素分析主要是确定、命名各维度。

## 五、研究工具

本研究主要以问卷的方式进行。问卷分为两部分:第一部分为学校组织气氛描述问卷,是以霍伊、塔特和罗伯特·科特堪布的"学校组织气氛描述问卷(修订版)"(*Organizational Climate Description Questionnaire for sencondary schools*,简称 OCDQ-RM)为蓝本,根据广东的实际情况修订而成。初步完成预测试卷的内容共 34 个项目。第二部分为教师工作满意度问卷,参照曹艳琼硕士学位论文中根据史密斯、肯德尔和胡林所编制的"工作描述指标"(*Job Descriptive Index*)为蓝本编制而成。预测问卷的内容共有 40 个项目,均用 5 点量表测量。

### (一)学校组织气氛问卷

预测问卷编制完成后,为了了解问卷的可用性,并作为修订题目使其成为正式问卷的依据，对问卷进行了预测。预测对象为广东试验中学、中山市第一中学，每校选取 25 名教师接受问卷调查，共发出 60 份问卷，可使用率达 80%。

经项目分析后，淘汰 5 个区分度不高的问题，最后拟定 29 个问题为正式问卷。

1. 效度

本研究采用探索性因素分析来考察问卷的结构效度。在因素分析之前，先对学校组织气氛问卷的 29 个问题进行 Bartlett 球形检验，Bartlett 值为 5 766.332，$p < 0.001$。同时，其取样适当性度量值 KMO＝0.955，说明采用因素分析是恰当的。然后，采用主成分分析法进行探索性因素分析，主要考察问卷的结构效度，正交旋转后获得 5 个因素，共可解释总变异的68.185。按照贡献率大小即各因子影响程度的深浅排序，得到组织气氛问卷的基本因素，见表 3－2。

表 3－2　学校组织气氛的因素分析

| 项目 | 因素 1 | 因素 2 | 因素 3 | 因素 4 | 因素 5 |
|---|---|---|---|---|---|
| QF0026 | 0.854 | | | | |
| QF0005 | 0.818 | | | | |
| QF0025 | 0.817 | | | | |
| QF0021 | 0.816 | | | | |
| QF0019 | 0.808 | | | | |
| QF0004 | 0.767 | | | | |
| QF0024 | 0.760 | | | | |
| QF0020 | 0.746 | | | | |
| QF0003 | 0.720 | | | | |
| QF0016 | 0.689 | | | | |
| QF0013 | 0.556 | | | | |
| QF0002 | 0.490 | | | | |

（续表）

| 项目 | 因素1 | 因素2 | 因素3 | 因素4 | 因素5 |
|------|-------|-------|-------|-------|-------|
| QF0027 | | 0.785 | | | |
| QF0015 | | 0.736 | | | |
| QF0010 | | 0.586 | | | |
| QF0006 | | 0.519 | | | |
| QF0018 | | | 0.808 | | |
| QF0012 | | | 0.806 | | |
| QF0007 | | | 0.797 | | |
| QF0001 | | | 0.615 | | |
| QF0017 | | | | 0.682 | |
| QF0022 | | | | 0.675 | |
| QF0029 | | | | 0.595 | |
| QF0011 | | | | 0.498 | |
| QF0023 | | | | 0.443 | |
| QF0028 | | | | | 0.702 |
| QF0014 | | | | | 0.613 |
| QF0008 | | | | | 0.483 |
| QF0009 | | | | | 0.432 |

从表3-2可以看出，第一个因素所聚集的问题是关于校长和教师对工作的投入，因此将该因素命名为"投入行为"。

第二个因素所聚集的问题主要是校长严格监督、考核教师，校长掌控教职工代表大会等监管行为，因此将该因素命名为"监管行为"。

第三个因素所聚集的问题主要是教师的非教学工作繁重，甚至影响教师正常的教学等，因此将该因素命名为"受挫行为"。

第四个因素所聚集的问题主要是教师之间关系亲密，如教师间定期进行交流、尊重彼此的专业、最信赖本校教师等，因此将该因素命名为"亲密行为"。

第五个因素所聚集的问题主要是教师充分信任学生、支持学生等方面，如教师相信学生能理性地解决自己的问题、教师相信学生能够有序活动而无需监督、教师对学生态度很友好等,因此将该因素命名为"支持行为"。

综上所述,经过问题分析,淘汰 5 个区分度不高的题目,最后拟定 29 个问题为正式问卷。经过探索性因素分析,共获得 5 个因子(见表 3-3):

表 3-3　学校组织气氛问卷各层面题目分配表

| 层面 | 问题数 | 题目 |
| --- | --- | --- |
| 投入行为 | 12 | 2,3,4,5,13,16,19,20,21,24,25,26 |
| 监管行为 | 4 | 6,10,15,27 |
| 受挫行为 | 4 | 1,7,12,18 |
| 亲密行为 | 5 | 11,17,22,23,29 |
| 支持行为 | 4 | 8,9,14,28 |

2. 信度

本研究采用 Cronbach 的 α 系数来考察问卷的内部一致性,结果见表 3-4。

表 3-4　学校组织气氛问卷的信度系数

| 量表名称 | 问题数 | α 系数 |
| --- | --- | --- |
| 分量表 1(投入行为) | 12 | 0.951 3 |
| 分量表 2(监管行为) | 4 | 0.878 5 |
| 分量表 3(受挫行为) | 4 | 0.836 1 |
| 分量表 4(亲密行为) | 5 | 0.796 2 |
| 分量表 5(支持行为) | 4 | 0.671 6 |
| 总量表 | 29 | 0.807 7 |

结果表明,各个维度的 α 系数都在 0.6 至 0.9 之间,总量表的 α 系数是 0.807 7。综合 Cronbach 的 α 系数,表明量表各个维度内部和总量表一致性均较高,说明问卷存在较高的信度。

(二) 教师工作满意度问卷

经由学校组织气氛相同的程序,教师工作满意度问卷经问题分析后,淘汰 5 个区分度不高的题目,最后拟定 35 个问题为正式问卷。

1. 效度

在因素分析之前,先对教师工作满意度问卷的 35 个问题进行 Bartlett 球形检验,Bartlett 值为 3 580.935,p<0.001。同时,其取样适当性度量值 KMO=0.864,说明采用因素分析是恰当的。然后,采用主成分分析法进行探索性因素分析,主要考察问卷的结构效度,正交旋转后获得 6 个因素,共可解释总变异的 54.14。按照贡献率大小即各因子影响程度的深浅排序,得到教师工作满意度问卷的基本因素,见表 3—5。

表 3—5　教师工作满意度问卷的因素分析

| 项目 | 因素 1 | 因素 2 | 因素 3 | 因素 4 | 因素 5 | 因素 6 |
|---|---|---|---|---|---|---|
| MYD0008 | 0.772 | | | | | |
| MYD0003 | 0.714 | | | | | |
| MYD0024 | 0.703 | | | | | |
| MYD0033 | 0.678 | | | | | |
| MYD0013 | 0.674 | | | | | |
| MYD0018 | 0.642 | | | | | |
| MYD0029 | 0.624 | | | | | |
| MYD0007 | 0.457 | | | | | |
| MYD0030 | | 0.669 | | | | |
| MYD0004 | | 0.628 | | | | |
| MYD0025 | | 0.604 | | | | |
| MYD0034 | | 0.600 | | | | |
| MYD0014 | | 0.593 | | | | |
| MYD0019 | | 0.573 | | | | |
| MYD0028 | | | 0.680 | | | |
| MYD0022 | | | 0.673 | | | |
| MYD0006 | | | 0.623 | | | |
| MYD0011 | | | 0.455 | | | |
| MYD0002 | | | 0.433 | | | |
| MYD0021 | | | | 0.707 | | |

（续表）

| 项目 | 因素 1 | 因素 2 | 因素 3 | 因素 4 | 因素 5 | 因素 6 |
|------|--------|--------|--------|--------|--------|--------|
| MYD0017 | | | | 0.607 | | |
| MYD0001 | | | | 0.605 | | |
| MYD0027 | | | | 0.595 | | |
| MYD0032 | | | | 0.434 | | |
| MYD0016 | | | | 0.417 | | |
| MYD0031 | | | | | 0.727 | |
| MYD0020 | | | | | 0.620 | |
| MYD0026 | | | | | 0.597 | |
| MYD0009 | | | | | 0.587 | |
| MYD0005 | | | | | 0.524 | |
| MYD0015 | | | | | 0.503 | |
| MYD0035 | | | | | 0.465 | |
| MYD0010 | | | | | | −0.619 |
| MYD0023 | | | | | | −0.607 |
| MYD0012 | | | | | | 0.518 |

从表 3—5 可以看出,第一个因素所聚集的问题主要涉及学校领导自身素质、处事作风等,因此将该因素命名为"上司"。

第二个因素所聚集的问题主要涉及教师间的同事关系,因此将该因素命名为"同事"。

第三个因素所聚集的问题主要涉及教师的福利、待遇等相关问题,因此将该因素命名为"工作报酬"。

第四个因素所聚集的问题主要涉及教学工作方面的相关问题,如工作是否与专业相符合、是否有助于能力的提升、工作本身的趣味性等,因此将该因素命名为"教学工作"。

第五个因素所聚集的问题主要涉及学生的学习能力、学生的课堂秩序、教师与学生的关系等,因此将该因素命名为"学生"。

第六个因素所聚集的问题主要涉及教师的升迁机会,因此将该因素命名为"升迁机会"。

综上所述,经过对问题分析,淘汰 5 个区分度不高的问题,最后拟定 35 个问题为正式问卷。经过探索性因素分析,共获得 6 个因子,见表 3—6。

表 3—6　工作满意度问卷各层面题目分配表

| 层面 | 问题数 | 正向题 | 反向题 |
|---|---|---|---|
| 上司 | 8 | 3,7,8,13,18,24,29, | 33 |
| 同事 | 6 | 4,19,25,30,34 | 14 |
| 工作报酬 | 5 | 2,6,11,22,28 | |
| 教学工作 | 6 | 1,16,17,21,27,32 | |
| 学生 | 7 | 5,9,15,26,31,35 | 20 |
| 升迁机会 | 3 | 10,23 | 12 |

## 2. 信度

教师工作满意度问卷各个维度的 α 系数和总量表的 α 系数见表 3—7。

表 3—7　满意度问卷的信度系数

| 量表名称 | 问题数 | α 系数 |
|---|---|---|
| 分量表 1(上司) | 8 | 0.916 0 |
| 分量表 2(同事) | 6 | 0.916 6 |
| 分量表 3(工作报酬) | 5 | 0.803 4 |
| 分量表 4(教学工作) | 6 | 0.791 7 |
| 分量表 5(学生) | 7 | 0.746 0 |
| 分量表 6(升迁机会) | 3 | 0.727 8 |
| 总量表 | 35 | 0.897 6 |

从表 3—7 可得知,教师工作满意度问卷各个维度的 α 系数都在 0.7 至 0.9 之间,总量表的 α 系数是 0.897 6。综合 Cronbach 的 α 系数,表明量表各个维度内部和总量表一致性均较高,说明问卷存在较高的信度。

# 第三节 组织气氛与满意度的关系

## 一、研究结果

（一）差异分析

1. 不同的教师个人背景因素与学校组织气氛的关系

表 3—8 学校组织气氛各层面得分情况表

| 层面 | 样本数 | 均值 | 标准差 |
|---|---|---|---|
| 投入行为 | 273 | 3.269 5 | 0.668 3 |
| 监管行为 | 283 | 3.935 5 | 0.612 0 |
| 受挫行为 | 279 | 3.573 5 | 0.721 3 |
| 亲密行为 | 280 | 2.882 9 | 0.562 1 |
| 支持行为 | 281 | 2.974 2 | 0.587 4 |

从表 3—8 的统计结果可得知：超大规模高中教师在学校组织气氛各层面中，对"监管行为"知觉得分最高，其次为"受挫行为"、"投入行为"与"支持行为"，而对"亲密行为"知觉得分最低。

（1）性别差异

表 3—9 学校组织气氛的性别差异检验

| 层面 | 性别 | 均值 | 标准差 | T | P |
|---|---|---|---|---|---|
| 投入行为 | 男 | 3.235 9 | 0.725 4 | −0.726 | 0.469 |
| | 女 | 3.295 2 | 0.622 5 | | |
| 监管行为 | 男 | 3.797 1 | 0.651 1 | −3.371 | 0.001 |
| | 女 | 4.040 4 | 0.560 3 | | |

（续表）

| 层面 | 性别 | 均值 | 标准差 | T | P |
|---|---|---|---|---|---|
| 受挫行为 | 男 | 3.614 4 | 0.699 2 | 0.811 | 0.418 |
| | 女 | 3.543 5 | 0.737 7 | | |
| 亲密行为 | 男 | 2.803 3 | 0.606 8 | −2.094 | 0.037 |
| | 女 | 2.944 3 | 0.518 6 | | |
| 支持行为 | 男 | 3.030 2 | 0.650 7 | 1.424 | 0.156 |
| | 女 | 2.929 9 | 0.530 2 | | |

从表3—9的统计结果可得知：不同性别的教师在学校组织气氛的"监管行为"层面知觉差异达到显著水平。女教师在这个层面的得分（M＝4.040 4）明显高于男教师（M＝3.797 1）。在"亲密行为"层面的知觉也达到显著水平，女教师在这个层面的得分（M＝2.944 3）明显高于男教师（M＝2.803 3）。

在"投入行为"、"受挫行为"与"支持行为"层面虽有差异，但未达到显著性水平。

（2）是否班主任差异

表3—10　学校组织气氛的是否班主任差异检验

| 层面 | 是否班主任 | 均值 | 标准差 | T | P |
|---|---|---|---|---|---|
| 投入行为 | 是 | 3.225 6 | 0.636 8 | −0.810 | 0.419 |
| | 否 | 3.294 3 | 0.691 8 | | |
| 监管行为 | 是 | 3.896 6 | 0.530 2 | −0.881 | 0.379 |
| | 否 | 3.963 1 | 0.652 0 | | |
| 受挫行为 | 是 | 3.620 2 | 0.671 0 | 0.869 | 0.386 |
| | 否 | 3.542 2 | 0.752 7 | | |

| 层面 | 是否班主任 | 均值 | 标准差 | T | P |
|---|---|---|---|---|---|
| 亲密行为 | 是 | 2.862 9 | 0.530 8 | −0.534 | 0.594 |
| | 否 | 2.900 0 | 0.579 8 | | |
| 支持行为 | 是 | 2.988 0 | 0.594 7 | 0.271 | 0.786 |
| | 否 | 2.968 2 | 0.582 9 | | |

从表3—10的统计结果可得知：在学校组织气氛的"受挫行为"和"支持行为"层面，班主任的得分高于非班主任的得分，但未达到显著水平。

在"投入行为"、"监管行为"与"亲密行为"层面，非班主任的得分高于班主任的得分，但也没有达到显著性水平。

（3）婚姻状况差异

表3—11　教师学校组织气氛的婚姻状况差异检验

| 层面 | 婚姻状况 | 均值 | 标准差 | T | P |
|---|---|---|---|---|---|
| 投入行为 | 已婚 | 3.312 2 | 0.669 2 | 1.202 | 0.230 |
| | 单身 | 3.214 3 | 0.665 8 | | |
| 监管行为 | 已婚 | 3.881 3 | 0.610 2 | −1.680 | 0.094 |
| | 单身 | 4.004 0 | 0.609 9 | | |
| 受挫行为 | 已婚 | 3.750 0 | 0.676 0 | 4.744 | 0.000 |
| | 单身 | 3.352 8 | 0.717 8 | | |
| 亲密行为 | 已婚 | 2.826 9 | 0.547 2 | −1.876 | 0.062 |
| | 单身 | 2.953 2 | 0.574 9 | | |
| 支持行为 | 已婚 | 3.011 1 | 0.598 1 | 1.194 | 0.234 |
| | 单身 | 2.926 8 | 0.572 4 | | |

从表3—11的统计结果可得知：不同婚姻状况的教师在学校组织气氛的"受挫行为"层面知觉差异达到显著水平。已婚教师的得分（M＝4.004 0）明显高于单身教师（M＝3.750 0）。

不同婚姻状况的教师在"投入行为"、"监管行为"、"受挫行为"、"亲密行为"与"支持行为"层面有差异,但未达到显著性水平。

（4）从教年级差异

表 3－12　学校组织气氛的从教年级差异检验

| 层面 | 从教年级 | 均值 | 标准差 | F | P |
|------|---------|------|--------|---|---|
| 投入行为 | 一年级 | 3.370 9 | 0.646 2 | 2.00 0 | 0.137 |
| | 二年级 | 3.172 9 | 0.726 0 | | |
| | 三年级 | 3.265 3 | 0.632 4 | | |
| 监管行为 | 一年级 | 3.992 8 | 0.557 9 | 0.987 | 0.374 |
| | 二年级 | 3.867 5 | 0.705 3 | | |
| | 三年级 | 3.921 2 | 0.581 2 | | |
| 受挫行为 | 一年级 | 3.541 7 | 0.735 5 | 2.051 | 0.131 |
| | 二年级 | 3.468 8 | 0.727 4 | | |
| | 三年级 | 3.685 5 | 0.704 1 | | |
| 亲密行为 | 一年级 | 2.955 8 | 0.538 2 | 1.474 | 0.231 |
| | 二年级 | 2.816 7 | 0.573 5 | | |
| | 三年级 | 2.870 5 | 0.578 6 | | |
| 支持行为 | 一年级 | 2.822 8 | 0.548 7 | 5.302 | 0.006 |
| | 二年级 | 3.006 2 | 0.550 5 | | |
| | 三年级 | 3.083 3 | 0.625 9 | | |

从表 3－12 的统计结果可得知:不同从教年级的教师在学校组织气氛的"支持行为"层面知觉有显著差异。再经 Tukey HSD 法事后比较发现,三年级教师的得分（M＝3.083 3）明显高于一年级教师（M＝2.822 8）,P＝0.004。

在"投入行为"、"监管行为"、"受挫行为"与"亲密行为"层面没有显著差异。

（5）从教科目差异

表3－13 学校组织气氛的从教科目差异检验

| 层面 | 从教科目 | 均值 | 标准差 | T | P |
|------|---------|------|--------|-----|-----|
| 投入行为 | 主科 | 3.370 9 | 0.646 2 | 1.943 | 0.054 |
| | 副科 | 3.172 9 | 0.726 0 | | |
| 监管行为 | 主科 | 3.992 8 | 0.557 9 | 1.357 | 0.176 |
| | 副科 | 3.867 5 | 0.705 3 | | |
| 受挫行为 | 主科 | 3.541 7 | 0.735 5 | 0.667 | 0.506 |
| | 副科 | 3.468 8 | 0.727 4 | | |
| 亲密行为 | 主科 | 2.955 8 | 0.538 2 | 1.711 | 0.089 |
| | 副科 | 2.816 7 | 0.573 5 | | |
| 支持行为 | 主科 | 2.822 8 | 0.548 7 | −2.247 | 0.026 |
| | 副科 | 3.006 2 | 0.550 5 | | |

从表3－13的统计结果可得知：不同从教科目的教师在学校组织气氛的"支持行为"层面知觉有显著差异。副科教师的得分（M＝3.006 2）明显高于主科教师（M＝2.822 8）。

在"投入行为"、"监管行为"、"受挫行为"与"亲密行为"层面没有显著差异。

（6）年龄差异

表3－14 学校组织气氛的年龄差异检验

| 层面 | 年龄 | 均值 | 标准差 | F | P |
|------|------|------|--------|-----|-----|
| 投入行为 | 21—25 岁 | 3.259 5 | 0.665 7 | 2.987 | 0.019 |
| | 26—30 岁 | 3.169 2 | 0.611 7 | | |
| | 31—40 岁 | 3.464 6 | 0.623 1 | | |
| | 41—50 岁 | 3.163 5 | 0.887 1 | | |
| | 51 岁以上 | 3.714 3 | 0.569 0 | | |

（续表）

| 层面 | 年龄 | 均值 | 标准差 | F | P |
|------|------|------|--------|---|---|
| 监管行为 | 21—25 岁 | 4.013 7 | 0.646 7 | 1.138 | 0.339 |
|  | 26—30 岁 | 3.955 4 | 0.541 3 |  |  |
|  | 31—40 岁 | 3.894 4 | 0.586 5 |  |  |
|  | 41—50 岁 | 3.851 9 | 0.815 3 |  |  |
|  | 51 岁以上 | 3.571 4 | 0.702 9 |  |  |
| 受挫行为 | 21—25 岁 | 3.222 2 | 0.712 8 | 9.125 | 0.000 |
|  | 26—30 岁 | 3.536 1 | 0.675 0 |  |  |
|  | 31—40 岁 | 3.814 3 | 0.672 6 |  |  |
|  | 41—50 岁 | 3.978 3 | 0.682 2 |  |  |
|  | 51 岁以上 | 3.708 3 | 0.430 6 |  |  |
| 亲密行为 | 21—25 岁 | 2.989 0 | 0.540 5 | 2.869 | 0.024 |
|  | 26—30 岁 | 2.941 7 | 0.554 2 |  |  |
|  | 31—40 岁 | 2.805 8 | 0.568 8 |  |  |
|  | 41—50 岁 | 2.632 0 | 0.579 3 |  |  |
|  | 51 岁以上 | 2.633 3 | 0.463 3 |  |  |
| 支持行为 | 21—25 岁 | 2.792 9 | 0.517 7 | 3.127 | 0.015 |
|  | 26—30 岁 | 2.973 0 | 0.607 2 |  |  |
|  | 31—40 岁 | 3.059 9 | 0.564 5 |  |  |
|  | 41—50 岁 | 3.169 6 | 0.673 8 |  |  |
|  | 51 岁以上 | 2.750 0 | 0.273 9 |  |  |

　　从表 3—14 的统计结果可得知：不同年龄段的教师在学校组织气氛的"投入行为"、"受挫行为"、"亲密行为"与"支持行为"层面知觉均有显著差异。再经 Tukey HSD 法事后比较发现：在"投入行为"层面，31—40 岁教师的得分（M＝3.464 6）明显高于 26—30 岁教师（M＝3.169 2），P＝0.038。在"受挫行为"层面，26—30 岁教师的得分（M＝3.536 1）明显高于 21—25 岁教师（M＝3.222 2），P＝0.022；31—40 岁教师的得分（M＝3.814 3）明显高于

21—25 岁教师(M＝3.222 2),P＝0.000;41—50 岁教师的得分(M＝3.978 3)明显高于 21--25 岁教师(M＝3.222 2),P＝0.000。在"亲密行为"层面,21—25 岁教师的得分(M＝2.989 0)明显高于 41—50 岁教师(M＝2.632 0),P＝0.044。在"支持行为"层面,31—40 岁教师的得分(M＝3.059 9)明显高于 21—25 岁教师(M＝2.792 9),P＝0.048;41—50 岁教师的得分(M＝3.169 6)明显高于 21—25 岁教师(M＝2.792 9),P＝0.042 9。

不同年龄段的教师在学校组织气氛的"监管行为"层面知觉有差异,但未达到显著性水平。

（7）职称差异

表 3—15　学校组织气氛的职称差异检验

| 层面 | 职称 | 均值 | 标准差 | F | P |
|---|---|---|---|---|---|
| 投入行为 | 中学三级教师 | 3.154 8 | 0.452 3 | 1.662 | 0.159 |
| | 中学二级教师 | 3.193 9 | 0.654 0 | | |
| | 中学一级教师 | 3.295 0 | 0.693 1 | | |
| | 中学高级教师 | 3.453 5 | 0.671 9 | | |
| | 无职称 | 3.431 4 | 0.835 5 | | |
| 监管行为 | 中学三级教师 | 4.066 7 | 0.445 0 | 2.807 | 0.026 |
| | 中学二级教师 | 3.974 8 | 0.595 1 | | |
| | 中学一级教师 | 3.801 3 | 0.615 5 | | |
| | 中学高级教师 | 3.866 7 | 0.720 2 | | |
| | 无职称 | 4.264 7 | 0.569 2 | | |
| 受挫行为 | 中学三级教师 | 3.112 9 | 0.523 8 | 11.589 | 0.000 |
| | 中学二级教师 | 3.402 3 | 0.724 8 | | |
| | 中学一级教师 | 3.769 5 | 0.631 9 | | |
| | 中学高级教师 | 4.006 3 | 0.587 0 | | |
| | 无职称 | 3.426 5 | 0.813 8 | | |

（续表）

| 层面 | 职称 | 均值 | 标准差 | F | P |
|------|------|------|--------|---|---|
| 亲密行为 | 中学三级教师 | 3.064 5 | 0.433 2 | 3.125 | 0.015 |
| | 中学二级教师 | 2.974 8 | 0.558 0 | | |
| | 中学一级教师 | 2.776 0 | 0.610 7 | | |
| | 中学高级教师 | 2.728 6 | 0.483 5 | | |
| | 无职称 | 2.847 1 | 0.618 6 | | |
| 支持行为 | 中学三级教师 | 2.966 7 | 0.567 6 | 1.284 | 0.277 |
| | 中学二级教师 | 2.889 9 | 0.601 3 | | |
| | 中学一级教师 | 3.019 5 | 0.594 3 | | |
| | 中学高级教师 | 3.105 6 | 0.577 7 | | |
| | 无职称 | 2.921 9 | 0.435 1 | | |

从表 3-15 的统计结果可得知：不同职称的教师在学校组织气氛的"监管行为"和"受挫行为"层面知觉均有显著差异。再经 Tukey HSD 法事后比较发现：在"监管行为"层面，无职称教师的得分（M＝4.264 7）明显高于中学一级教师（M＝3.801 3），P＝0.035。在"受挫行为"层面，中学一级教师的得分（M＝3.769 5）明显高于中学二级教师（M＝3.402 3），P＝0.002；中学一级教师的得分（M＝3.769 5）明显高于中学三级教师（M＝3.112 9），P＝0.000；中学高级教师的得分（M＝4.006 3）明显高于中学三级教师（M＝3.112 9），P＝0.000。

在"亲密行为"层面有显著差异，但再经 Tukey HSD 法事后比较发现：不同职称组之间的差异没有达到显著水平。亦即教师对"亲密行为"层面的知觉因职称不同而有显著差异。不同职称组之间在平均数上亦有不同，但在统计上未达到显著差异。

不同职称的教师在学校组织气氛的"投入行为"和"支持行为"层面知觉有差异，但未达到显著水平。

（8）教龄差异

表 3-16 学校组织气氛的教龄差异检验

| 层面 | 教龄 | 均值 | 标准差 | F | P |
|---|---|---|---|---|---|
| 投入行为 | 5 年以下 | 3.227 4 | 0.651 6 | 1.749 | 0.110 |
| | 6—10 年 | 3.215 8 | 0.665 9 | | |
| | 11—15 年 | 3.441 9 | 0.604 7 | | |
| | 16—20 年 | 3.309 5 | 0.651 4 | | |
| | 21—25 年 | 3.467 9 | 0.979 9 | | |
| | 26—30 年 | 2.805 6 | 0.400 2 | | |
| | 31 年以上 | 3.800 0 | 0.649 8 | | |
| 监管行为 | 5 年以下 | 3.994 4 | 0.583 4 | 0.914 | 0.486 |
| | 6—10 年 | 3.852 7 | 0.600 7 | | |
| | 11—15 年 | 3.881 6 | 0.580 5 | | |
| | 16—20 年 | 4.026 8 | 0.681 6 | | |
| | 21—25 年 | 3.732 1 | 0.787 3 | | |
| | 26—30 年 | 3.875 0 | 0.702 7 | | |
| | 31 年以上 | 3.700 0 | 0.798 4 | | |
| 受挫行为 | 5 年以下 | 3.274 1 | 0.691 0 | 9.661 | 0.000 |
| | 6—10 年 | 3.750 0 | 0.592 0 | | |
| | 11—15 年 | 3.812 5 | 0.697 9 | | |
| | 16—20 年 | 4.086 5 | 0.591 4 | | |
| | 21—25 年 | 4.000 0 | 0.677 0 | | |
| | 26—30 年 | 3.700 0 | 0.693 7 | | |
| | 31 年以上 | 3.687 5 | 0.375 0 | | |

（续表）

| 层面 | 教龄 | 均值 | 标准差 | F | P |
|---|---|---|---|---|---|
| 亲密行为 | 5 年以下 | 2.982 4 | 0.531 4 | 2.384 | 0.029 |
| | 6—10 年 | 2.883 6 | 0.592 2 | | |
| | 11—15 年 | 2.822 2 | 0.579 2 | | |
| | 16—20 年 | 2.614 3 | 0.586 1 | | |
| | 21—25 年 | 2.723 1 | 0.580 5 | | |
| | 26—30 年 | 2.560 0 | 0.433 6 | | |
| | 31 年以上 | 2.750 0 | 0.443 5 | | |
| 支持行为 | 5 年以下 | 2.893 9 | 0.557 8 | 1.223 | 0.294 |
| | 6—10 年 | 2.986 6 | 0.656 1 | | |
| | 11—15 年 | 3.040 5 | 0.599 5 | | |
| | 16—20 年 | 3.160 7 | 0.462 6 | | |
| | 21—25 年 | 3.116 7 | 0.772 7 | | |
| | 26—30 年 | 3.041 7 | 0.534 2 | | |
| | 31 年以上 | 2.750 0 | 0.353 6 | | |

从表 3—16 的统计结果可得知：不同教龄的教师在学校组织气氛的"受挫行为"和"亲密行为"层面知觉均有显著差异。再经 Tukey HSD 法事后比较发现：在"受挫行为"层面，从教 6—10 年的教师的得分（M＝3.750 0）明显高于从教 5 年以下的教师的得分（M＝3.274 1），P＝0.000；从教 11—15 年的教师的得分（M＝3.812 5）明显高于从教 5 年以下的教师的得分（M＝3.274 1），P＝0.000；从教 16—20 年的教师的得分（M＝4.086 5）明显高于从教 5 年以下的教师的得分（M＝3.274 1），P＝0.000；从教 21—25 年的教师的得分（M＝4.000 0）明显高于从教 5 年以下的教师的得分（M＝3.274 1），P＝0.003。在"亲密行为"层面，从教 5 年以下的教师的得分（M＝2.982 4）明显

高于从教 16—20 年的教师的得分(M＝2.883 6),P＝0.024。

不同教龄的教师在学校组织气氛的"投入行为"、"监管行为"与"支持行为"层面知觉有差异,但未达到显著水平。

(9) 每周承担课时差异

表 3—17　学校组织气氛的每周承担课时差异检验

| 层面 | 课时 | 均值 | 标准差 | F | P |
| --- | --- | --- | --- | --- | --- |
| 投入行为 | 10 节以下 | 3.439 8 | 0.625 4 | 3.026 | 0.030 |
| | 10—15 节 | 3.303 0 | 0.695 0 | | |
| | 16—20 节 | 3.114 2 | 0.503 5 | | |
| | 21—25 节 | 2.733 3 | 0.159 8 | | |
| 监督行为 | 10 节以下 | 3.736 8 | 0.529 4 | 3.185 | 0.024 |
| | 10—15 节 | 3.991 8 | 0.634 5 | | |
| | 16—20 节 | 3.946 4 | 0.557 4 | | |
| | 21—25 节 | 3.400 0 | 0.627 5 | | |
| 受挫行为 | 10 节以下 | 3.655 4 | 0.524 9 | 0.620 | 0.603 |
| | 10—15 节 | 3.590 4 | 0.772 1 | | |
| | 16—20 节 | 3.465 5 | 0.671 2 | | |
| | 21—25 节 | 3.600 0 | 0.876 8 | | |
| 亲密行为 | 10 节以下 | 2.947 4 | 0.549 6 | 3.688 | 0.012 |
| | 10—15 节 | 2.912 8 | 0.554 9 | | |
| | 16—20 节 | 2.807 0 | 0.558 0 | | |
| | 21—25 节 | 2.050 0 | 0.660 8 | | |

（续表）

| 层面 | 课时 | 均值 | 标准差 | F | P |
|------|------|------|--------|-----|-----|
| 支持行为 | 10 节以下 | 2.875 0 | 0.559 0 | 0.775 | 0.509 |
| | 10—15 节 | 2.959 7 | 0.578 5 | | |
| | 16—20 节 | 3.056 0 | 0.640 5 | | |
| | 21—25 节 | 3.050 0 | 0.512 3 | | |

从表 3—17 的统计结果可得知：每周承担课时不同的教师在学校组织气氛的"亲密行为"层面知觉有显著差异。再经 Tukey HSD 法事后比较发现：在"亲密行为"层面，每周上课 10 节以下的教师的得分（M＝2.947 4）明显高于每周上课 21—25 节的教师的得分（M＝2.050 0），P＝0.011；每周上课 10—15 节的教师的得分（M＝2.912 8）明显高于每周上课 21—25 节的教师的得分（M＝2.050 0），P＝0.012；每周上课 16—20 节以下的教师的得分（M＝2.807 0）明显高于每周上课 21—25 节的教师的得分（M＝2.050 0），P＝0.042。

在"投入行为"和"监管行为"层面知觉有显著差异。但再经 Tukey HSD 法事后比较发现：每周承担课时不同的组之间的差异没有达到显著水平。亦即教师对"投入行为"和"监管行为"层面的知觉，因每周承担课时不同而有显著差异。不同的每周承担课时组之间在平均数上亦有不同，但在统计上未达到显著差异。

每周承担课时不同的教师在学校组织气氛的"受挫行为"和"支持行为"层面知觉有差异，但未达到显著水平。

（10）学历差异

表 3－18　学校组织气氛的学历差异检验

| 层面 | 学历 | 均值 | 标准差 | F | P |
|------|------|------|--------|---|---|
| 投入行为 | 师范院校本科学历 | 3.279 9 | 0.677 0 | 1.252 | 0.289 |
| | 师范院校研究生学历 | 3.558 3 | 0.344 8 | | |
| | 非师范院校本科学历 | 3.077 4 | 0.604 9 | | |
| | 非师范院校研究生学历 | 2.861 1 | 0.427 6 | | |
| | 其他 | 3.027 8 | 0.836 1 | | |
| 监管行为 | 师范院校本科学历 | 3.962 0 | 0.606 7 | 1.670 | 0.157 |
| | 师范院校研究生学历 | 3.925 0 | 0.565 8 | | |
| | 非师范院校本科学历 | 3.571 4 | 0.615 7 | | |
| | 非师范院校研究生学历 | 4.000 0 | 0.500 0 | | |
| | 其他 | 3.666 7 | 0.801 0 | | |
| 受挫行为 | 师范院校本科学历 | 3.548 4 | 0.708 3 | 2.369 | 0.053 |
| | 师范院校研究生学历 | 3.805 6 | 0.715 6 | | |
| | 非师范院校本科学历 | 3.625 0 | 0.801 1 | | |
| | 非师范院校研究生学历 | 4.750 0 | 0.250 0 | | |
| | 其他 | 3.550 0 | 0.908 3 | | |
| 亲密行为 | 师范院校本科学历 | 2.902 0 | 0.558 5 | 2.341 | 0.055 |
| | 师范院校研究生学历 | 3.066 7 | 0.519 6 | | |
| | 非师范院校本科学历 | 2.557 1 | 0.471 8 | | |
| | 非师范院校研究生学历 | 3.000 0 | 0.346 4 | | |
| | 其他 | 2.440 0 | 0.805 0 | | |
| 支持行为 | 师范院校本科学历 | 2.965 7 | 0.589 5 | 1.329 | 0.259 |
| | 师范院校研究生学历 | 3.150 0 | 0.579 8 | | |
| | 非师范院校本科学历 | 2.785 7 | 0.517 5 | | |
| | 非师范院校研究生学历 | 3.250 0 | 0.500 0 | | |
| | 其他 | 3.333 3 | 0.625 8 | | |

从表3－18的统计结果可得知：不同学历的教师在学校组织气氛的"投入行为"、"监管行为"、"受挫行为"、"亲密行为"与"支持行为"层面知觉都有差异，但均未达到显著水平。

2. 不同的教师个人背景因素与教师工作满意度的关系

表3－19　教师工作满意度各层面得分情况表

| 层面 | 样本数 | 均值 | 标准差 |
|------|--------|------|--------|
| 上司 | 275 | 3.033 6 | 0.794 8 |
| 同事 | 281 | 3.800 1 | 0.596 5 |
| 工作报酬 | 274 | 2.646 7 | 0.754 9 |
| 教学工作 | 278 | 3.416 1 | 0.737 3 |
| 学生 | 280 | 3.581 6 | 0.585 4 |
| 升迁机会 | 284 | 3.186 6 | 0.613 9 |

从表3－19的统计结果可得知：超大规模高中教师对目前的工作最满意的是"同事"，其次是"学生"、"教学工作"、"升迁机会"与"上司"，最不满意的是"工作报酬"。

（1）性别差异

表3－20　教师工作满意度的性别差异检验

| 层面 | 性别 | 均值 | 标准差 | T | P |
|------|------|------|--------|---|---|
| 上司 | 男 | 2.960 4 | 0.879 1 | -1.313 | 0.191 |
| | 女 | 3.090 3 | 0.720 7 | | |
| 同事 | 男 | 3.736 9 | 0.639 6 | -1.548 | 0.123 |
| | 女 | 3.847 9 | 0.559 0 | | |
| 工作报酬 | 男 | 2.546 7 | 0.809 1 | -1.913 | 0.057 |
| | 女 | 2.724 7 | 0.702 6 | | |
| 学生 | 男 | 3.350 9 | 0.844 1 | -1.273 | 0.204 |
| | 女 | 3.467 7 | 0.638 2 | | |
| 教学工作 | 男 | 3.562 0 | 0.607 7 | -0.489 | 0.625 |
| | 女 | 3.596 6 | 0.569 3 | | |
| 升迁机会 | 男 | 3.174 9 | 0.703 2 | -0.270 | 0.788 |
| | 女 | 3.195 5 | 0.539 2 | | |

从表3-20的统计结果可得知：不同性别的教师在教师工作满意度的"上司"、"同事"、"工作报酬"、"学生"、"教学工作"与"升迁机会"层面，女教师的得分都高于男教师的得分，但未达到显著性水平。

（2）是否班主任差异

表3-21　教师工作满意度的是否班主任差异检验

| 层面 | 是否班主任 | 均值 | 标准差 | T | P |
|---|---|---|---|---|---|
| 上司 | 是 | 3.104 4 | 0.786 1 | 1.226 | 0.221 |
| | 否 | 2.982 2 | 0.803 1 | | |
| 同事 | 是 | 3.771 8 | 0.591 3 | -0.594 | 0.553 |
| | 否 | 3.816 1 | 0.604 5 | | |
| 工作报酬 | 是 | 2.680 8 | 0.753 3 | 0.470 | 0.639 |
| | 否 | 2.636 1 | 0.763 2 | | |
| 学生 | 是 | 3.448 6 | 0.705 8 | 0.602 | 0.548 |
| | 否 | 3.393 2 | 0.766 0 | | |
| 教学工作 | 是 | 3.567 3 | 0.575 4 | -0.317 | 0.752 |
| | 否 | 3.590 4 | 0.594 0 | | |
| 升迁机会 | 是 | 3.146 0 | 0.484 6 | -0.774 | 0.440 |
| | 否 | 3.200 0 | 0.678 1 | | |

从表3-21的统计结果可得知：在教师工作满意度的"上司"、"工作报酬"与"学生"层面，班主任的得分均高于非班主任的得分，但未达到显著水平。在"同事"、"教学工作"与"升迁机会"层面，非班主任的得分均高于班主任的得分，但未达到显著性水平。

（3）婚姻状况差异

表3-22　教师工作满意度的婚姻状况差异检验

| 层面 | 婚姻状况 | 均值 | 标准差 | T | P |
|---|---|---|---|---|---|
| 上司 | 已婚 | 2.989 8 | 0.824 5 | -1.072 | 0.285 |
| | 单身 | 3.093 8 | 0.751 6 | | |

（续表）

| 层面 | 婚姻状况 | 均值 | 标准差 | T | P |
|------|----------|------|--------|-----|-----|
| 同事 | 已婚 | 3.732 3 | 0.622 0 | −2.207 | 0.028 |
|      | 单身 | 3.889 8 | 0.550 9 | | |
| 工作报酬 | 已婚 | 2.683 5 | 0.740 2 | 0.942 | 0.347 |
|          | 单身 | 2.596 6 | 0.774 8 | | |
| 学生 | 已婚 | 3.356 8 | 0.800 2 | −1.559 | 0.120 |
|      | 单身 | 3.491 8 | 0.643 5 | | |
| 教学工作 | 已婚 | 3.611 2 | 0.598 9 | 0.962 | 0.337 |
|          | 单身 | 3.543 3 | 0.567 5 | | |
| 升迁机会 | 已婚 | 3.186 1 | 0.607 6 | −0.017 | 0.987 |
|          | 单身 | 3.187 3 | 0.624 9 | | |

从表 3－22 的统计结果可得知：不同婚姻状况的教师在教师工作满意度的"同事"层面有显著差异。单身教师的得分（M＝3.889 8）明显高于已婚教师（M＝3.732 3）。

在"上司"、"工作报酬"、"学生"、"教学工作"与"升迁机会"层面没有显著差异。

（4）从教年级差异

表 3－23　教师工作满意度的从教年级差异检验

| 层面 | 从教年级 | 均值 | 标准差 | F | P |
|------|----------|------|--------|-----|-----|
| 上司 | 一年级 | 3.136 5 | 0.684 7 | 1.073 | 0.344 |
|      | 二年级 | 2.972 6 | 0.921 5 | | |
|      | 三年级 | 3.012 4 | 0.774 8 | | |
| 同事 | 一年级 | 3.315 1 | 0.641 7 | 5.303 | 0.006 |
|      | 二年级 | 3.143 3 | 0.886 5 | | |
|      | 三年级 | 3.167 6 | 0.689 0 | | |
| 工作报酬 | 一年级 | 2.723 7 | 0.719 6 | 0.968 | 0.381 |
|          | 二年级 | 2.664 2 | 0.716 8 | | |
|          | 三年级 | 2.571 7 | 0.820 4 | | |

（续表）

| 层面 | 从教年级 | 均值 | 标准差 | F | P |
|---|---|---|---|---|---|
| 教学工作 | 一年级 | 3.445 5 | 0.725 0 | 0.087 | 0.917 |
| | 二年级 | 3.425 0 | 0.683 8 | | |
| | 三年级 | 3.401 4 | 0.794 1 | | |
| 学生 | 一年级 | 3.488 2 | 0.590 9 | 3.154 | 0.044 |
| | 二年级 | 3.580 4 | 0.630 1 | | |
| | 三年级 | 3.697 4 | 0.528 6 | | |
| 升迁机会 | 一年级 | 3.111 1 | 0.550 2 | 1.273 | 0.282 |
| | 二年级 | 3.252 0 | 0.724 9 | | |
| | 三年级 | 3.193 5 | 0.554 6 | | |

从表 3—23 的统计结果可得知：不同从教年级的教师在教师工作满意度的"同事"和"学生"层面有显著差异。再经 Tukey HSD 法事后比较发现：在"同事"层面，一年级教师的得分（M＝3.315 1）明显高于二年级教师（M＝3.143 3），P＝0.005。在"学生"层面，三年级教师的得分（M＝3.697 4）明显高于一年级教师（M＝3.488 2），P＝0.032。

在"上司"、"工作报酬"、"教学工作"与"升迁机会"层面，没有显著性差异。

（5）从教科目差异

表 3—24　教师工作满意度的从教科目差异检验

| 层面 | 从教科目 | 均值 | 标准差 | T | P |
|---|---|---|---|---|---|
| 上司 | 主科 | 3.125 8 | 0.794 0 | 1.721 | 0.086 |
| | 副科 | 2.960 5 | 0.766 5 | | |
| 同事 | 主科 | 3.871 2 | 0.560 3 | 2.347 | 0.020 |
| | 副科 | 3.702 5 | 0.629 6 | | |
| 工作报酬 | 主科 | 2.727 2 | 0.749 6 | 1.621 | 0.106 |
| | 副科 | 2.577 6 | 0.744 5 | | |

（续表）

| 层面 | 从教科目 | 均值 | 标准差 | T | P |
|------|---------|------|--------|-----|-----|
| 教学工作 | 主科 | 3.491 1 | 0.712 3 | 1.491 | 0.137 |
| | 副科 | 3.357 9 | 0.753 8 | | |
| 学生 | 主科 | 3.655 3 | 0.606 3 | 2.246 | 0.025 |
| | 副科 | 3.495 2 | 0.552 1 | | |
| 升迁机会 | 主科 | 3.194 8 | 0.562 3 | 0.474 | 0.636 |
| | 副科 | 3.159 9 | 0.664 4 | | |

从表 3-24 的统计结果可得知：不同从教科目的教师在教师工作满意度的"同事"层面有显著差异，主科教师的得分（M＝3.871 2）明显高于副科教师（M＝3.702 5）。在"学生"层面有显著差异，主科教师的得分（M＝3.655 3）明显高于副科教师（M＝3.495 2）。

在"上司"、"工作报酬"、"教学工作"与"升迁机会"层面有差异，但未达到显著性水平。

（6）年龄差异

表 3-25　教师工作满意度的年龄差异检验

| 层面 | 年龄 | 均值 | 标准差 | F | P |
|------|------|------|--------|-----|-----|
| 上司 | 21—25 岁 | 3.201 5 | 0.709 4 | 2.402 | 0.048 |
| | 26—30 岁 | 2.933 8 | 0.803 3 | | |
| | 31—40 岁 | 3.125 0 | 0.758 1 | | |
| | 41—50 岁 | 2.787 0 | 0.989 6 | | |
| | 51 岁以上 | 3.375 0 | 0.338 5 | | |
| 同事 | 21—25 岁 | 3.913 1 | 0.633 0 | 3.205 | 0.014 |
| | 26—30 岁 | 3.796 7 | 0.539 5 | | |
| | 31—40 岁 | 3.833 3 | 0.525 6 | | |
| | 41—50 岁 | 3.452 4 | 0.768 3 | | |
| | 51 岁以上 | 3.881 0 | 0.524 5 | | |

（续表）

| 层面 | 年龄 | 均值 | 标准差 | F | P |
|------|------|------|--------|---|---|
| 工作报酬 | 21—25 岁 | 2.695 5 | 0.742 9 | 1.595 | 0.176 |
| | 26—30 岁 | 2.560 4 | 0.764 7 | | |
| | 31—40 岁 | 2.743 7 | 0.700 4 | | |
| | 41—50 岁 | 2.560 0 | 0.867 9 | | |
| | 51 岁以上 | 3.200 0 | 0.521 5 | | |
| 教学工作 | 21—25 岁 | 3.574 6 | 0.676 2 | 3.051 | 0.018 |
| | 26—30 岁 | 3.451 5 | 0.647 0 | | |
| | 31—40 岁 | 3.422 5 | 0.767 3 | | |
| | 41—50 岁 | 3.006 2 | 0.969 1 | | |
| | 51 岁以上 | 3.333 3 | 0.567 6 | | |
| 学生 | 21—25 岁 | 3.522 4 | 0.630 4 | 0.508 | 0.730 |
| | 26—30 岁 | 3.601 9 | 0.496 3 | | |
| | 31—40 岁 | 3.648 0 | 0.577 5 | | |
| | 41—50 岁 | 3.587 3 | 0.820 0 | | |
| | 51 岁以上 | 3.449 0 | 0.462 4 | | |
| 升迁机会 | 21—25 岁 | 3.178 7 | 0.497 0 | 1.505 | 0.201 |
| | 26—30 岁 | 3.128 2 | 0.593 6 | | |
| | 31—40 岁 | 3.178 1 | 0.606 2 | | |
| | 41—50 岁 | 3.404 8 | 0.833 2 | | |
| | 51 岁以上 | 2.888 9 | 0.655 5 | | |

从表 3—25 的统计结果可得知：不同年龄的教师在教师工作满意度的"同事"和"教学工作"层面有显著差异。再经 Tukey HSD 法事后比较发现：在"同事"层面，21—25 岁的教师的得分（M＝3.913 1）明显高于 41—50 岁的教师（M＝3.452 4），P＝0.004；26—30 岁的教师的得分（M＝3.796 7）明显高于 41—50 岁的教师（M＝3.452 4），P＝0.029。在"教学工作"层面，21—25 岁的教师的得分（M＝3.574 6）明显高于 41—50 岁的教师（M＝

3.006 2),P＝0.005；26—30 岁的教师的得分(M＝3.451 5)明显高于 41—50 岁的教师(M＝3.006 2),P＝0.035。

在"上司"层面有显著差异,但再经 Tukey HSD 法事后比较发现:不同年龄组之间的差异没有达到显著水平。亦即教师对"上司"层面的满意程度,因年龄不同而有显著差异,不同年龄组之间在平均数上亦有不同,但在统计上未达到显著差异。

在"工作报酬"、"学生"与"升迁机会"层面没有显著性差异。

（7）职称差异

表 3－26　教师工作满意度的职称差异检验

| 层面 | 职称 | 均值 | 标准差 | F | P |
|------|------|------|--------|------|------|
| 上司 | 中学三级教师 | 3.209 8 | 0.483 6 | 0.720 | 0.579 |
| | 中学二级教师 | 3.002 4 | 0.840 5 | | |
| | 中学一级教师 | 2.973 7 | 0.862 0 | | |
| | 中学高级教师 | 3.070 7 | 0.690 5 | | |
| | 无职称 | 3.210 9 | 0.787 6 | | |
| 同事 | 中学三级教师 | 4.033 3 | 0.549 1 | 1.980 | 0.098 |
| | 中学二级教师 | 3.779 3 | 0.579 5 | | |
| | 中学一级教师 | 3.751 1 | 0.577 1 | | |
| | 中学高级教师 | 3.705 7 | 0.666 9 | | |
| | 无职称 | 3.979 2 | 0.626 2 | | |
| 工作报酬 | 中学三级教师 | 2.540 7 | 0.617 2 | 0.970 | 0.424 |
| | 中学二级教师 | 2.609 3 | 0.789 8 | | |
| | 中学一级教师 | 2.649 4 | 0.767 2 | | |
| | 中学高级教师 | 2.846 5 | 0.685 7 | | |
| | 无职称 | 2.700 0 | 0.772 9 | | |

（续表）

| 层面 | 职称 | 均值 | 标准差 | F | P |
|------|------|------|--------|---|---|
| 教学工作 | 中学三级教师 | 3.361 1 | 0.707 2 | 2.261 | 0.063 |
| | 中学二级教师 | 3.586 5 | 0.644 2 | | |
| | 中学一级教师 | 3.342 1 | 0.743 3 | | |
| | 中学高级教师 | 3.251 9 | 0.911 2 | | |
| | 无职称 | 3.402 0 | 0.595 3 | | |
| 学生 | 中学三级教师 | 3.619 0 | 0.679 8 | 0.362 | 0.835 |
| | 中学二级教师 | 3.595 2 | 0.542 5 | | |
| | 中学一级教师 | 3.616 0 | 0.599 5 | | |
| | 中学高级教师 | 3.539 0 | 0.671 4 | | |
| | 无职称 | 3.453 8 | 0.429 3 | | |
| 升迁机会 | 中学三级教师 | 3.215 1 | 0.435 0 | 0.399 | 0.809 |
| | 中学二级教师 | 3.137 1 | 0.595 1 | | |
| | 中学一级教师 | 3.227 8 | 0.650 5 | | |
| | 中学高级教师 | 3.166 7 | 0.662 0 | | |
| | 无职称 | 3.078 4 | 0.546 8 | | |

从表3－26的统计结果可得知：不同职称的教师在教师工作满意度的"上司"、"同事"、"工作报酬"、"教学工作"、"学生"与"升迁机会"层面都有差异，但均未达到显著水平。

（8）教龄差异

表 3－27　教师工作满意度的教龄差异检验

| 层面 | 教龄 | 均值 | 标准差 | F | P |
|---|---|---|---|---|---|
| 上司 | 5 年以下 | 3.135 0 | 0.722 4 | 1.994 | 0.038 |
| | 6—10 年 | 2.892 5 | 0.845 0 | | |
| | 11—15 年 | 3.090 3 | 0.877 6 | | |
| | 16—20 年 | 2.844 8 | 0.702 1 | | |
| | 21—25 年 | 3.178 6 | 1.002 1 | | |
| | 26—30 年 | 2.416 7 | 0.864 8 | | |
| | 31 年以上 | 3.525 0 | 0.271 0 | | |
| 同事 | 5 年以下 | 3.862 4 | 0.591 3 | 1.450 | 0.196 |
| | 6—10 年 | 3.793 2 | 0.557 9 | | |
| | 11—15 年 | 3.780 7 | 0.550 9 | | |
| | 16—20 年 | 3.726 2 | 0.588 3 | | |
| | 21—25 年 | 3.577 8 | 0.927 7 | | |
| | 26—30 年 | 3.305 6 | 0.356 2 | | |
| | 31 年以上 | 4.000 0 | 0.424 9 | | |
| 工作报酬 | 5 年以下 | 2.634 9 | 0.767 8 | 0.848 | 0.534 |
| | 6—10 年 | 2.603 4 | 0.758 1 | | |
| | 11—15 年 | 2.713 5 | 0.752 1 | | |
| | 16—20 年 | 2.688 9 | 0.711 1 | | |
| | 21—25 年 | 2.676 9 | 0.723 6 | | |
| | 26—30 年 | 2.333 3 | 0.900 4 | | |
| | 31 年以上 | 3.350 0 | 0.597 2 | | |

（续表）

| 层面 | 教龄 | 均值 | 标准差 | F | P |
|---|---|---|---|---|---|
| 教学工作 | 5 年以下 | 3.528 4 | 0.642 8 | 1.917 | 0.078 |
| | 6—10 年 | 3.440 5 | 0.688 6 | | |
| | 11—15 年 | 3.274 8 | 0.881 2 | | |
| | 16—20 年 | 3.327 6 | 0.862 0 | | |
| | 21—25 年 | 3.011 9 | 0.968 4 | | |
| | 26—30 年 | 2.972 2 | 0.551 9 | | |
| | 31 年以上 | 3.500 0 | 0.638 3 | | |
| 学生 | 5 年以下 | 3.568 2 | 0.573 5 | 0.108 | 0.995 |
| | 6—10 年 | 3.599 0 | 0.497 4 | | |
| | 11—15 年 | 3.626 1 | 0.572 5 | | |
| | 16—20 年 | 3.625 6 | 0.733 8 | | |
| | 21—25 年 | 3.520 4 | 0.817 0 | | |
| | 26—30 年 | 3.547 6 | 0.708 1 | | |
| | 31 年以上 | 3.542 9 | 0.528 8 | | |
| 升迁机会 | 5 年以下 | 3.114 5 | 0.584 4 | 1.470 | 0.189 |
| | 6—10 年 | 3.287 4 | 0.545 9 | | |
| | 11—15 年 | 3.149 1 | 0.632 9 | | |
| | 16—20 年 | 3.321 8 | 0.607 4 | | |
| | 21—25 年 | 3.311 1 | 0.979 7 | | |
| | 26—30 年 | 3.333 3 | 0.421 6 | | |
| | 31 年以上 | 2.666 7 | 0.720 1 | | |

从表 3—27 的统计结果可得知：在"上司"层面有显著差异，但再经 Tukey HSD 法事后比较发现，不同教龄组之间的差异没有达到显著水平。亦即教师对"上司"层面的满意程度，因教龄不同而有显著差异，不同教龄组之间在平均数上亦有不同，但在统计上未达到显著差异。

教龄不同的教师在教师工作满意度的"同事"、"工作报酬"、"教学工作"、"学生"与"升迁机会"层面没有显著差异。

（9）每周承担课时差异

表 3—28　教师工作满意度的每周承担课时差异检验

| 层面 | 课时 | 均值 | 标准差 | F | P |
|------|------|------|--------|---|---|
| 上司 | 10 节以下 | 0.628 0 | 0.103 2 | 1.451 | 0.228 |
| | 10—15 节 | 0.846 7 | 0.063 8 | | |
| | 16—20 节 | 0.716 3 | 0.095 7 | | |
| | 21—25 节 | 0.903 6 | 0.451 8 | | |
| 同事 | 10 节以下 | 3.661 6 | 0.598 7 | 1.534 | 0.206 |
| | 10—15 节 | 3.846 9 | 0.604 0 | | |
| | 16—20 节 | 3.771 9 | 0.563 1 | | |
| | 21—25 节 | 3.466 7 | 0.649 8 | | |
| 工作报酬 | 10 节以下 | 2.870 3 | 0.694 8 | 7.414 | 0.000 |
| | 10—15 节 | 2.717 2 | 0.750 5 | | |
| | 16—20 节 | 2.375 0 | 0.682 3 | | |
| | 21—25 节 | 1.640 0 | 0.887 7 | | |
| 教学工作 | 10 节以下 | 3.439 8 | 0.698 2 | 0.257 | 0.856 |
| | 10—15 节 | 3.417 1 | 0.720 6 | | |
| | 16—20 节 | 3.425 3 | 0.796 7 | | |
| | 21—25 节 | 3.133 3 | 1.151 1 | | |

（续表）

| 层面 | 课时 | 均值 | 标准差 | F | P |
|---|---|---|---|---|---|
| 学生 | 10 节以下 | 3.399 2 | 0.590 4 | 1.568 | 0.197 |
| | 10—15 节 | 3.588 0 | 0.594 8 | | |
| | 16—20 节 | 3.652 7 | 0.561 4 | | |
| | 21—25 节 | 3.771 4 | 0.447 2 | | |
| 升迁机会 | 10 节以下 | 3.000 0 | 0.582 7 | 1.855 | 0.137 |
| | 10—15 节 | 3.224 6 | 0.606 8 | | |
| | 16—20 节 | 3.208 3 | 0.465 2 | | |
| | 21—25 节 | 2.866 7 | 1.804 3 | | |

从表 3—28 的统计结果可得知：每周承担课时不同的教师在教师工作满意度的"工作报酬"层面有显著差异。再经 Tukey HSD 法事后比较发现：每周上课 10 节以下的教师的得分（M＝2.870 3）明显高于每周上课 16—20 节的教师的得分（M＝2.375 0），P＝0.008；每周上课 10 节以下的教师的得分（M＝2.870 3）明显高于每周上课 21—25 节的教师（M＝1.640 0），P＝0.002；每周上课 10—15 节的教师的得分（M＝2.717 2）明显高于每周上课 16—20 节的教师（M＝2.375 0），P＝0.013；每周上课 10—15 节的教师的得分（M＝2.717 2）明显高于每周上课 21—25 节的教师（M＝1.640 0），P＝0.006。

每周承担课时不同的教师在教师工作满意度的"上司"、"同事"、"教学工作"、"学生"与"升迁机会"层面没有显著差异。

（10）学历差异

表 3－29　教师工作满意度的学历差异检验

| 层面 | 学历 | 均值 | 标准差 | F | P |
|------|------|------|--------|---|---|
| 上司 | 师范院校本科学历 | 3.071 5 | 0.769 4 | 2.434 | 0.048 |
|      | 师范院校研究生学历 | 2.972 2 | 0.780 1 | | |
|      | 非师范院校本科学历 | 2.750 0 | 1.052 7 | | |
|      | 非师范院校研究生学历 | 1.833 3 | 0.563 7 | | |
|      | 其他 | 2.854 2 | 0.885 4 | | |
| 同事 | 师范院校本科学历 | 3.847 4 | 0.592 6 | 5.352 | 0.000 |
|      | 师范院校研究生学历 | 3.740 7 | 0.277 8 | | |
|      | 非师范院校本科学历 | 3.273 8 | 0.529 5 | | |
|      | 非师范院校研究生学历 | 2.888 9 | 0.192 5 | | |
|      | 其他 | 3.611 1 | 0.455 4 | | |
| 工作报酬 | 师范院校本科学历 | 2.661 7 | 0.745 9 | 1.127 | 0.344 |
|      | 师范院校研究生学历 | 2.733 3 | 0.748 3 | | |
|      | 非师范院校本科学历 | 2.323 1 | 0.914 8 | | |
|      | 非师范院校研究生学历 | 2.133 3 | 0.503 3 | | |
|      | 其他 | 2.866 7 | 0.816 5 | | |
| 教学工作 | 师范院校本科学历 | 3.439 7 | 0.737 0 | 1.428 | 0.225 |
|      | 师范院校研究生学历 | 3.383 3 | 0.484 6 | | |
|      | 非师范院校本科学历 | 3.250 0 | 0.878 9 | | |
|      | 非师范院校研究生学历 | 2.500 0 | 0.666 7 | | |
|      | 其他 | 3.333 3 | 0.589 3 | | |

（续表）

| 层面 | 学历 | 均值 | 标准差 | F | P |
|------|------|------|--------|---|---|
| 学生 | 师范院校本科学历 | 3.592 2 | 0.582 7 | 1.055 | 0.379 |
| | 师范院校研究生学历 | 3.603 2 | 0.456 1 | | |
| | 非师范院校本科学历 | 3.367 3 | 0.797 8 | | |
| | 非师范院校研究生学历 | 3.190 5 | 0.297 4 | | |
| | 其他 | 3.809 5 | 0.195 2 | | |
| 升迁机会 | 师范院校本科学历 | 3.172 6 | 0.612 0 | 0.842 | 0.499 |
| | 师范院校研究生学历 | 3.100 0 | 0.472 7 | | |
| | 非师范院校本科学历 | 3.357 1 | 0.721 6 | | |
| | 非师范院校研究生学历 | 3.666 7 | 0.881 9 | | |
| | 其他 | 3.277 8 | 0.534 0 | | |

从表 3－29 的统计结果可得知：不同学历的教师在教师工作满意度的"同事"层面有显著差异。再经 Tukey HSD 法事后比较发现：师范院校本科学历教师的得分（M＝3.847 4）明显高于非师范院校本科学历教师（M＝3.273 8），P＝0.003；师范院校本科学历教师的得分（M＝3.847 4）明显高于非师范院校研究生学历教师（M＝2.888 9），P＝0.035。

在"上司"层面有显著差异，但再经 Tukey HSD 法事后比较发现：不同学历之间的差异没有达到显著水平。亦即教师对"上司"层面的满意程度，因学历不同而有显著差异，不同学历之间在平均数上亦有不同，但在统计上未达到显著差异。

不同学历的教师在教师工作满意度的"工作报酬"、"教学工作"、"学生"与"升迁机会"层面有差异，但未达到显著性水平。

（二）相关分析

本小节主要分析学校组织气氛与教师工作满意度的相关情形。为了解其中的关系,本研究以斯皮尔曼相关法(*Spearman Correlation*)求出学校组织气氛各层面与教师工作满意度各层面情况得分的相关情形(见表3—30):

表3—30　学校组织气氛与教师工作满意度的相关分析

|  | 上司 | 同事 | 工作报酬 | 教学工作 | 学生 | 升迁机会 | 总体工作满意 |
|---|---|---|---|---|---|---|---|
| 投入行为 | 0.735** | 0.494** | 0.552** | 0.423** | 0.266** | −0.185** | 0.657* |
| 监管行为 | 0.113 | 0.446** | 0.006 | 0.273** | 0.268** | 0.050 | 0.273* |
| 受挫行为 | −0.381** | −0.141* | −0.225** | −0.253** | −0.197** | 0.201** | −0.391* |
| 亲密行为 | 0.367** | 0.467** | 0.287** | 0.314** | 0.200** | −0.065 | 0.441* |
| 支持行为 | −0.215** | −0.071 | −0.023 | −0.026 | 0.129* | −0.000 | 0.065 |

1. 学校组织气氛与教师对上司满意度的关系

从表3—30第一列的统计结果可以直观地看出:学校组织气氛各层面中,"投入行为"和"亲密行为"与教师对上司的满意度呈强正相关。其中,"投入行为"的得分高达0.735。"受挫行为"与教师对上司的满意度呈强负相关。"支持行为"与教师对上司的满意度呈弱负相关。"监管行为"与教师对上司的满意度呈正相关,但未达到显著水平。

2. 学校组织气氛与教师对同事满意度的关系

从表3—30第二列的统计结果可以直观地看出:在"同事"层面,"投入行为"、"监管行为"和"亲密行为"都与其呈强正相关。"受挫行为"与其呈弱负相关。"支持行为"也与其呈负相关,但未达到显著水平。

3. 学校组织气氛与教师对工作报酬满意度的关系

从表3—30第三列的统计结果可以直观地看出:在"工作报酬"层面,"投入行为"与其呈强正相关,"亲密行为"与其呈弱正相关。"监管行为"与其呈正相关,但未达到显著水平。"受挫行为"与其呈弱正相关。"支持行为"与其呈正相关,但未达到显著水平。

4. 学校组织气氛与教师对教学工作满意度的关系

从表3—30第四列的统计结果可以直观地看出:在"教学工作"层面,"投入行为"和"亲密行为"与其呈强正相关。"监管行为"与其呈弱正相关。"受挫行为"与其呈弱负相关。"监管行为"与其呈负相关,但未达到显著水平。

5. 学校组织气氛与教师对学生满意度的关系

从表3-30第五列的统计结果可以直观地看出:在"学生"层面,"投入行为"、"监管行为"、"亲密行为"和"支持行为"与其呈弱正相关。"受挫行为"与其呈弱负相关。

6. 学校组织气氛与教师对升迁机会满意度的关系

从表3-30第六列的统计结果可以直观地看出:在"升迁机会"层面,"受挫行为"与其呈弱正相关。"监管行为"与其呈正相关,但未达到显著水平。"投入行为"与其呈弱负相关。"亲密行为"和"支持行为"与其呈负相关,但未达到显著水平。

7. 学校组织气氛与教师工作满意度总体评价的关系

从表3-30第七列的统计结果可以直观地看出:学校组织气氛各层面中,"投入行为"和"亲密行为"与教师的总体工作满意度正相关最高,得分分别达到0.657与0.441。"监管行为"与其呈弱正相关。"支持行为"也与其呈正相关,但未达到显著水平。"受挫行为"与其呈强负相关。

## 二、分析讨论

（一）学校组织气氛方面

1. 超大规模高中

超大规模高中教师在学校组织气氛各层面中,对"监管行为"知觉得分最高,其次为"受挫行为"、"投入行为"与"支持行为",而对"亲密行为"知觉得分最低。这表明在超大规模高中中校长对教师的监督、考核很严格。据与香山中学校长的访谈了解到,该校校长认为师资水平是个大问题。他发现,"现在老师的水平比几年前下降了很多,还不如以前我们老牌师专毕业生的水平";教师群体年龄偏小,"我们学校教师的平均年龄才29.6岁"。而这些年轻的教师存在的问题"不是教学水平而是怎么样当好老师这个基本功问题"。因此,他认为要加大对教师的考核力度,"他们(指教师)的成绩比较低,管理上我们要比较严格。不然,如果管理不严格,待遇又低,整个(教师)队伍就散了"。具体来说,在香山中学领导对教师的考核主要有两种:

学校要求老师要实现一个小循环，从高一带到高三。高一到下学期末6月份经过学校考评，老师不能跟学生一起升级的话，继续留在高一。学校就要找他谈话，举黄牌（告诉他，这样不行）。继续给他机会教高一，第二年必须上去。上不去，就亮红牌。对不起，学校会把他报到教育局那里，让教育局给他安排工作。当老师，压力很大。

对于教高三的老师，如果在高考方面，长期严重拖后腿，严重不达标，也要调离香中。因为经过三年的跟踪上去，证明在教高三这一块没能力。虽然高二能教，但高三教不了，香中不要这种老师。

教师在学校组织气氛的"受挫行为"层面上得分也偏高（M＝3.573 5），而"亲密行为"层面的得分最低。这表明在超大规模高中教师的非教学工作繁重，教师之间的关系有待改善。

2. 不同性别

不同性别的教师在学校组织气氛的"监管行为"、"亲密行为"层面的知觉差异达到显著水平，女教师明显高于男教师。男、女教师在学校组织气氛的其他层面上无显著差异。本研究结果可能是因为女教师比男教师心思细腻、敏感，容易察觉到校长对教师进行的监督、评估、考核等活动。女教师也比男教师更容易与学生沟通、与学生拉近距离和与学生相处。

3. 是否班主任

是否班主任不会影响教师对学校组织气氛各层面的知觉程度。可见，如今是班主任的教师和非班主任的教师在学校中能得到同样的对待，在领导的支持、同事的尊重、与学生的亲密关系方面是基本一致的。

4. 不同婚姻状况

不同婚姻状况的教师在学校组织气氛的"受挫行为"层面有显著差异，已婚教师的满意度显著高于单身教师。这可能是因为已婚教师面临着的家庭压力大，有买房、子女读书和就业等很多问题要解决，因此对妨碍正常教学的行政工作比较抵触。

5. 不同从教年级

不同从教年级的教师在学校组织气氛的"支持行为"层面知觉有显著差

异,三年级教师的得分明显高于一年级教师。这可能是因为三年级学生比一年级学生在心智上更加成熟,让教师更放心,更愿意相信学生自己有解决问题的能力。

6.不同从教科目

不同从教科目的教师在学校组织气氛的"支持行为"层面知觉有显著差异,副科教师的得分明显高于主科教师。这可能是因为主科教师比副科教师承担着更多的监管工作,因而对学生管制较多,相应地在支持学生方面就得分低。

7.不同年龄段

不同年龄段的教师在学校组织气氛的"投入行为"、"受挫行为"、"亲密行为"与"支持行为"层面知觉均有显著差异。在"受挫行为"层面,21—25 岁教师的得分最低。这可能是因为年轻教师刚从学校毕业,工作热情高,精力充沛,对教学之外的工作也乐意接受。而具有一定资历的教师往往不愿意承担也敢于拒绝行政方面的文书工作。在"亲密行为"层面,21—25 岁教师的得分最高,且得分明显高于 41—50 岁教师。这可能是因为这些教师刚从学校毕业,还保留了一部分学生的特征,与学生的生理、心理年龄最为接近,容易和学生打成一片。51 岁以上教师在"投入行为"层面得分最高,而在"支持行为"层面得分最低。这表明 51 岁以上的教师积极投入工作,但在信任学生方面还有待加强。

8.不同职称

不同职称的教师在学校组织气氛的"监管行为"和"受挫行为"层面知觉均有显著差异。"监管行为"层面的得分总体偏高,无职称教师的得分明显高于中学一级教师的得分,大致上呈现出职称越高得分越低的趋势。这表明在超大规模高中,领导对教师的监督与考评比较严格,而且对职称越低的教师监督、考核得越严格。在"受挫行为"层面,除了无职称的教师外,大体上职称高的教师的得分明显高于职称低的教师的得分。其中中学高级教师的得分最高,中学三级教师的得分最低,无职称教师的得分居中。这可能是因为职称高的教师资历深、能力强,对工作的期望也高,因此对额外的行政文书工作也容易反感。

9. 不同教龄

不同教龄的教师在学校组织气氛的"受挫行为"和"亲密行为"层面知觉均有显著差异。在"受挫行为"层面，教龄长的教师的得分要明显高于教龄短的教师。在"亲密行为"层面，从教 5 年以下的教师的得分明显高于从教 16—20 年的教师的得分，总体上呈现出得分随着教龄增长而不断下降的趋势。这表明教龄长的教师对教学工作之外的行政文书工作比较反感；教龄短的教师和学生更加亲密。教龄不会影响教师对学校组织气氛的"投入行为"、"监管行为"与"支持行为"层面的知觉。

10. 每周承担课时

每周承担课时不同的教师在学校组织气氛的"亲密行为"层面知觉有显著差异。大体上承担课时少的教师的得分明显高于承担课时多的教师。"投入行为"与"支持行为"层面，承担课时少的教师的得分也高于承担课时多的教师，但未达到显著程度。可见，课时少的教师积极投入工作，工作心态好，与同事、学生的关系融洽。因此，学校应该合理安排教师的课时，尽量减轻教师的教学负担，防止教师过度疲劳。

11. 不同学历

不同学历的教师在学校组织气氛各层面的知觉程度有显著差异。在"投入行为"、"亲密行为"、"支持行为"层面，师范院校毕业生的得分均高于同等学历的非师范院校毕业生，而在"受挫行为"层面则相反。这表明和非师范院校的毕业生相比，师范院校毕业生能获得校长更多的支持与帮助，自身也更积极地投入工作，和学生的关系十分融洽，被安排的非教学工作也相对较少。

综上所述，超大规模高中组织气氛各层面有显著差异。而且，教师会因性别、婚姻状况、从教年级、从教科目、年龄、教龄、每周承担课时的不同而有显著差异，但不会因为是否班主任和学历的不同而有显著差异。因此，本研究假设一和假设三成立。

（二）教师工作满意度方面

### 1. 超大规模高中

超大规模高中教师对目前的工作最满意的是"同事"，其次是"学生"、"教学工作"、"升迁机会"与"上司"，最不满意的是"工作报酬"。该研究结论与李莉萍、黄巧香(2004)的研究结论基本一致。其调查结果是：通过对湖南郴州的中小学教师进行的教师工作满意度问卷调查，发现教师对薪水、工作性质与人际关系相对较满意，而对物理条件、进修晋升与领导管理不太满意[①]。大部分的研究结论也表明，教师满意度较高的因素都主要集中在人际关系、自我实现、社会认可与职业投入等内在方面，而对工资收入、晋升、物理条件、学生素质、教育社会环境与工作压力方面则表现出不满意。

此研究结果表明：在超大规模学校中教师之间有着良好的人际关系；教师与学生关系融洽。教学工作因其稳定和受人尊敬，成为人们喜爱的工作。但我们也应该看到，教师在"升迁机会"层面的得分不高。这也是以往研究所得出的一致结论。另外，教师在"上司"层面的得分也偏低。一方面是因为在超大规模高中中领导加大了对教师的监督、考核力度；另一方面是因为教师与领导关系的疏离。在与香山中学校长的交谈中，我们了解到他已经意识到了这个问题，并且采取了一定的措施，但问题依然存在。

研究者：有个这样的问题，我从其他学校了解到，从普通老师的角度来看这个问题，校长跟老师的具体距离很远。因为这个现象较多，老师敢不敢向你反映："我很少看到你啊"？

校长：有啊，我一般都主动到年级那里，检查工作，经常采取听课方式，并跟他们聊聊天。按照一个总表，每周哪个年级有教研会活动，我就计划，哪个组的学科教研活动还没有去过，那就要去。每个年级每个学科组都有教研会，不去不行。跟他们聊聊，安排他们的教研活动。

教师在教师工作满意度的"工作报酬"层面上得分最低。王祖莉（2003）选取山东省威海市 10 所学校的 1 100 名初中专任教师为调查对象，其结果

---

① 李莉萍，黄巧香：《教师工作满意度与教师激励》，《湖南师范大学教育科学学报》2004 年第 4 期，第 90—93 页。

也显示在影响教师工作满意度的因素中,全体被试对报酬的满意度最低①。这表明教师工作报酬虽然得到了一定的提高,但随着物价的上涨,教师在物质生活上的压力依然存在。尤其是跟广东其他一些高收入行业相比,教师的工资仍然比较低。

### 2. 不同性别

女教师在工作满意度各层面的得分都高于男教师,但都没有达到显著程度。

在性别层面上,不同学者的研究结论有所差异。陈云英、孙绍邦(1994)的调查结果表明女教师的工作满意水平显著高于男教师②。而冯伯麟(1996)的调查结果表明女教师在各个因素上的满意度都略低于男教师③。张忠山(2000)通过研究发现:男教师在收入满意度方面显著高于女教师。在工作满意度的其他层面,男女教师之间没有显著差异④。王祖莉(2003)通过调查发现教师工作总体的满意程度无性别差异,在影响教师工作满意度的因素中,男教师和女教师在领导管理一项上存在差异,而且差异性显著⑤。李莉萍、黄巧香(2004)的调查结果是:男教师在物理条件、薪水、进修提升与领导管理几个方面的满意度比女性略高;而女教师在工作性质和人际关系上满意度比男教师稍高,但差异不显著⑥。范立国、张凡迪(2004)通过对高校教师个人背景变量和工作满意度重要性排序的关系研究后得出:男教师比女教师更注重领导因素和管理方面的公平性,而女教师更注重工作带来的趣味性⑦。袁凌、谢赤与谢发胜(2006)通过研究发现,性别因素对于教师工作满意度各维度存在影响。在薪资待遇、进修提升与领导管理方面的满

---

① 王祖莉:《初中教师工作满意度的调查研究》,《当代教育科学》2003年第10期,第37—39页。

② 陈云英、孙绍邦:《教师工作满意度的测量研究》,《心理科学》1994年第3期,第146—149页。

③ 冯伯麟:《教师工作满意度及其影响因素的研究》,《教育研究》1996年第2期,第42—49,6页。

④ 张忠山:《上海市小学教师工作满意度研究》,《上海教育科研》2000年第3期,第39—42页。

⑤ 王祖莉:《初中教师工作满意度的调查研究》,《当代教育科学》2003年第10期,第37—39页。

⑥ 李莉萍,黄巧香:《教师工作满意度与教师激励》,《湖南师范大学教育科学学报》2004年第4期,第90—93页。

⑦ 范立国,张凡迪:《教师工作满意度影响因素重要性调查与研究》,《沈阳大学学报》2004年第6期,第85—87,100页。

意度男女教师存在显著的差异,而在人际关系、工作性质和工作的环境与条件方面的满意度大致相当①。

本研究结果的原因可能是:一是冯伯麟研究的是普通高中,而本研究的样本是超大规模高中。二是与女性的成就感较低、更能安于现状的传统观念有关。而男性往往具有较强的事业心,承担着传统意义上的养家糊口的责任,对工作的期望值因而也更高。

3. 是否班主任

是否班主任不会影响教师对工作满意度各层面的知觉程度。这可能是因为,和非班主任的教师相比,班主任虽然和学生接触频繁,与学生关系融洽,其工作也受领导的重视,但班主任工作事务繁杂,工作压力大。因此,班主任教师和非班主任的教师在工作满意的程度上相差不多。

4. 不同婚姻状况

不同婚姻状况的教师在工作满意度的"同事"层面有显著差异,单身教师的满意度明显高于已婚教师。但袁凌、谢赤与谢发胜(2006)研究发现婚姻状况因素对于工作满意度各维度上虽有一定的影响,但是差异不显著②。本研究结果可能是因为已婚教师要花时间在个人家庭上,和家人团聚多,和同事活动少。而单身教师则从学校这个大家庭中获得友情与温暖,平时和同事在一起的时间多,因而对同事的满意度也高。

5. 不同从教年级

不同从教年级的教师在教师工作满意度的"同事"和"学生"层面有显著差异。在"同事"层面,一年级教师的得分明显高于二年级教师。在"学生"层面,三年级教师的得分明显高于一年级教师。这可能是因为毕业班的工作比较繁重,教师与学生接触更加频繁,因而与学生的关系更加融洽,教师对学生的满意水平提高。

---

① 袁凌,谢赤等:《高校教师工作满意度的调查与分析》,《湖南师范大学教育科学学报》2006 年第 5 期,第 103—106 页。
② 袁凌,谢赤等:《高校教师工作满意度的调查与分析》,《湖南师范大学教育科学学报》2006 年第 5 期,第 103—106 页。

### 6. 不同从教科目

不同从教科目的教师在教师工作满意度的"同事"和"学生"层面有显著差异,主科教师的得分明显高于副科教师。这可能是因为主科教师容易受到同事的尊重,主科安排的课时多,主科教师与学生的沟通与交流也多,再加上学生一般对主科也比较重视。因此,主科教师与同事、学生的关系也更融洽。

### 7. 不同年龄段

不同年龄段的教师在教师工作满意度的"同事"和"教学工作"层面有显著差异。21—25 岁的教师的得分明显高于 41—50 岁的教师,26—30 岁的教师的得分明显高于 41—50 岁的教师。

在教师工作满意度的年龄层面上,张忠山(2000)通过研究发现:在各层面上,教师工作满意都有随着年龄增长而上升的趋势。除对领导的满意一项外,教师工作满意的其他方面在不同的年龄段之间有显著差异,一般是随着年龄的增大,满意水平提高[1]。王祖莉(2003)通过调查发现年龄越大,工作的满意度也越高[2]。

朱从书(2005)的研究认为年龄与工作满意度是一种"U"型关系。26—35 岁教师满意度最低。35 岁以后,教师的工作满意度呈明显的上升趋势[3]。范立国、张凡迪(2004)研究发现:青年教师对工作趣味性、创造性和挑战性相对重视;业务发展机会和工作的趣味性的重要性都明显随年龄增长而下降,工作成就和领导因素则随年龄而增长[4]。

此外,李莉萍、黄巧香(2004)用单因子方差分析表明,年龄和教龄的差异在教师满意度方面没有显著性差异[5]。袁凌、谢赤与谢发胜(2006)研究发

---

[1] 张忠山:《上海市小学教师工作满意度研究》,《上海教育科研》2000 年第 3 期,第 39—42 页。

[2] 王祖莉:《初中教师工作满意度的调查研究》,《当代教育科学》2003 年第 10 期,第 37—39 页。

[3] 朱从书:《中小学教师的工作满意度及其影响因素分析》,《教育探索》2006 年第 12 期,第 116—117 页。

[4] 范立国,张凡迪:《教师工作满意度影响因素重要性调查与研究》,《沈阳大学学报》2004 年第 6 期,第 85—87 页。

[5] 李莉萍,黄巧香:《教师工作满意度与教师激励》,《湖南师范大学教育科学学报》2004 年第 4 期,第 90—93 页。

现,年龄和教龄因素对于工作满意度各维度上虽有一定的影响,但是差异不显著[①]。

本研究结果的出现可能是因为年轻教师有工作热情,急于建立良好的人际关系,因而对同事和工作都比较满意。

8. 不同职称

职称不会影响教师对工作满意度各层面的知觉程度。这不同于王祖莉(2003)的调查结果:随着职称的升高,工作的满意度也随之提高。这可能是因为职称高的教师虽然工资、待遇高,但往往也面临着更大的工作压力,与同事之间的竞争更加激烈;职称低的教师虽然工资、待遇低,但工作压力相对较小,和同事间的竞争也小。所以,不同职称教师在工作满意度上的感受就相差不大。

9. 不同教龄

教师对"上司"层面的满意程度,因教龄不同而有显著差异。不同教龄组之间在平均数上亦有不同,但在统计上未达到显著差异。在"上司"和"同事"层面,呈现出两头高、中点低的特征。冯伯麟(1998)的研究表明:教龄越长,其自我实现、工资收入与同事关系层面的满意度越高,而工作强度层面的满意度越低[②]。本研究结果可能是因为刚从事教师职业的教师想尽快和上司、同事建立起良好的人际关系,因为资历低,在与他人相处时也能尽量谦让他人。而快要退休的教师已经和上司、同事建立起稳固的关系,再加上这些教师大多在事业上已经取得一定的成绩,受到领导和同事的尊敬,临近退休,心态也比较平和,所以他们对领导和同事的认同度也高。

10. 每周承担课时

每周承担课时不同的教师在教师工作满意度的"工作报酬"层面有显著差异。大体上,承担课时少的教师的得分明显高于承担课时多的教师。与香山中学的个别老师交谈了解到,教师上课多少由领导强制安排,并且课时

---

① 袁凌,谢赤等:《高校教师工作满意度的调查与分析》,《湖南师范大学教育科学学报》2006年第5期,第103—106页。

② 冯伯麟:《教师工作满意度及其影响因素的研究》,《教育研究》1996年第2期,第42—49页。

费很少。所以教师大多希望少安排课时，而有更多的时间用于休息和发展个人爱好等。

## 11．不同学历

不同学历的教师在教师工作满意度的"同事"层面有显著差异，师范院校本科学历教师的得分明显高于非师范院校本科学历教师和非师范院校研究生学历教师，但未达到显著水平。另外，师范院校研究生学历教师的得分也高于非师范院校的毕业生。在其他各层面，师范毕业生的得分也高于非师范院校毕业生的得分。这说明师范院校毕业生对工作各层面的满意要高于非师范院校毕业生。

其他各研究者关于学历在教师工作满意度上的差异大致趋同。冯伯麟（1996）的调查结果表明学历与自我实现因素和同事关系因素有显著相关。在这两个因素上，学历越高越有满意度低的倾向[①]。王祖莉（2003）通过调查发现学历越高，不满意的程度越大[②]。朱从书（2005）的调查表明不同学历的教师工作满意度上存在差异，中专学历教师比本科和大专学历教师的满意度高[③]。

本研究结果可能是因为师范院校毕业生掌握了一些教育、教学技巧，在教学工作上更容易上手，对教学工作充满热情。

综上所述，超大规模高中教师工作满意度各层面有显著差异。而且，教师会因婚姻状况、从教年级、从教科目、年龄、教龄、每周承担课时与学历的不同而有显著差异，但不会因为性别、是否班主任和职称的不同而有显著差异。因此，本研究的假设二和假设四成立。

### （三）学校组织气氛与教师工作满意度的相关

超大规模高中教师对学校组织气氛的"投入行为"、"监管行为"和"亲密行为"层面的知觉与教师工作满意度达到显著正相关；教师对学校组织气氛的"受挫行为"层面的知觉与教师工作满意度达到显著负相关；教师对学校

---

① 冯伯麟：《教师工作满意度及其影响因素的研究》，《教育研究》1996年第2期，第42—49页。
② 王祖莉：《初中教师工作满意度的调查研究》，《当代教育科学》2003年第10期，第37—39页。
③ 朱从书：《中小学教师的工作满意度及其影响因素分析》，《教育探索》2006年第12期，第116—117页。

组织气氛的"支持行为"层面的知觉与教师工作满意度相关不显著。这表明当教师知觉到支持与关心,教师自身也会积极投入到工作,充满工作热情时,教师对工作各方面的满意程度高;当教师知觉到领导为了达到教学目标,提高教学质量,而对教师进行严格的监督与考核,采取严格的管理模式的时候,教师的工作满意度也会提高。该研究结论与曹艳琼(2002)的研究结论相同,即认为校长的监管行为会提高教师的工作满意度①。当教师之间彼此尊重各自的专业,定期进行交流,关系亲密的时候,教师对工作各方面的满意度也高。反之,当教师要承担繁重的非教学工作时,这些教学工作甚至会影响到正常的教学时,教师对工作各方面的满意度就低。

综合以上的研究结果,可以看出超大规模高中组织气氛与教师工作满意度存在显著相关,因此本研究的假设五成立。

# 第四节 研究结论与管理建议

## 一、研究结论

通过发放问卷对两所超大规模高中的290名高中教师进行调查,然后经过统计分析并总结出了超大规模高中组织气氛与教师工作满意度的个体差异以及两者关系的结果。具体结果如下:

(一)学校组织气氛方面

(1)超大规模高中教师在学校组织气氛各层面中,对"监管行为"知觉得分最高,其次为"受挫行为"、"投入行为"和"支持行为",而对"亲密行为"知觉得分最低。

---

① 曹艳琼:《澳门小学学校组织气氛与教师工作满意度之研究》,华南师范大学教育科学学院硕士学位论文,2002年。

（2）教师对学校组织气氛的知觉会因性别、婚姻状况、从教年级、从教科目、年龄、教龄、职称与每周承担课时的不同而有显著差异。

（3）是否班主任和学历的不同不会影响教师对学校组织气氛各层面的知觉程度。

**（二）教师工作满意度方面**

（1）超大规模高中教师对目前的工作最满意的是同事，其次是学生、教学工作、升迁机会、上司，最不满意的是工作报酬。

（2）教师对工作的满意因婚姻状况、从教年级、从教科目、年龄、教龄、每周承担课时与学历的不同而有显著差异。

（3）性别、是否班主任和职称不会影响教师对工作满意度各层面的知觉程度。

**（三）学校组织气氛与教师工作满意度的相关**

超大规模高中教师对学校组织气氛的"投入行为"、"监管行为"与"亲密行为"层面的知觉与教师工作满意度达到显著正相关；教师对学校组织气氛的"受挫行为"层面的知觉与教师工作满意度达到显著负相关；教师对学校组织气氛的"支持行为"层面的知觉与教师工作满意度相关不显著。

## 二、管理建议

从上述研究和分析中可以看出，超大规模高中组织气氛有待改善，教师工作满意度各层面的得分不高。对学校组织气氛的感知、教师工作满意的程度会因不同的教师个人背景因素而产生差异，学校组织气氛与教师工作满意度有显著相关。为了改善超大规模高中组织气氛，提高教师工作满意度，激发教师工作积极性，提高教学质量，完善教学管理，本研究拟提出以下建议：

**（一）建立合理的薪酬制度**

根据研究结果可知，超大规模高中教师在教师工作满意度的各层面中，"工作报酬"层面的得分最低，平均得分仅为 2.6 467，因此，超大规模高中教师对工作报酬最不满意。调查中多地教育局领导和校长都向研究者诉苦说："我们通常讲事业留人，感情留人，待遇留人。我们在事业和感情上都没问题,不走的话我们可以把他们放在刀刃上来用。但是,这里跟珠三角相比,待遇差距太大了。如果待遇差一倍,我们还可以通过感情、事业来留人,但现在相差三四倍,我们就没办法了,再多的感情都没用。"

可见,切实提高教师的工资待遇是稳定教师队伍的重要手段。根据亚当斯的公平理论,工作者会将自己的付出和所得与自己条件相当的人的投入和所得报酬的比值进行比较。如果两者相等,则有公平感;如果不相等,则有不公平感。总之,工作者对工作感到满意与否,主要是由报酬的相对量决定的。因此,只有建立起公平的分配制度,才能提高教师的工作满意度。为确保现有报酬体系的公平合理,可以"在基本工资的基础上,打破职称的局限,施行质量薪酬制,尽量实现高中教师劳动付出与报酬间的平衡"[①];通过公正的评价来进行薪酬分配,进而提高教师"工作报酬"的满意度。研究还发现每周承担课时不同的教师在教师工作满意度的"工作报酬"层面有显著差异,大体上,承担课时少的教师明显高于承担课时多的教师。因此,合理地安排教师的课时也是提高教师对工作报酬满意度的方法之一。

(二)减轻教师的工作负荷

研究结果表明超大规模高中教师在"受挫行为"层面的得分高,而"受挫行为"与教师工作满意度呈显著负相关。因此要尽可能地减少与教学无关的文书工作,让教师从繁杂的事务型工作中轻松下来。这样不但可以减少心理压力、提高工作满意度,还可以让教师有更多精力对学生进行更细致的分层辅导,并在备课、检查等方面落实得更加完善,把主要精力集中到教学工作上去。

研究还表明课时少的教师工作满意度高。因此要尽可能减少教师工作时间,或采用弹性工作时间制,提高教师工作效率。要让教师有更自主灵活的时间来兼顾工作和家庭及满足社会交往的需求,提高教师的工作满意度。

(三)增加培训与晋升机会

根据马斯洛需要层次理论的观点,自我实现的需要是最高层次的需要。

---

① 宫火良:《河重省高中教师工作满意度现状的研究》,河南大学教育科学学院硕士学位论文,2002年。

针对超大规模高中教师对"升迁机会"不满意的状况,可采取如下对策来提高教师在这方面的满意度。

1.通过教师职业培训,提供教师职业发展机会

进一步完善教师进修的制度,鼓励教师定期脱产或在职进修,通过提供更多的职业发展机会让教师充分体验到教师职业的成就感、责任感和被承认感,在工作岗位上实现自己的价值。

2.改革职称评定方法

基层教育行政部门应改革职称评定方法,除了教龄和学历以外,教学业绩的评价不能以学生成绩作为唯一的衡量标准,还可以包括教师的知识水平、课堂教学、教改实验、兴趣小组等。进行职称评定时要接受群众监督,做到公正、公平、公开。

3.增加教师的职业选择机会

封闭的教育人事制度避免了教师的大量流失,但也使得教师队伍内部缺乏流动,无法"吐故纳新"。尝试在教、科、文三大系统内加强职业的流动性,除了业绩突出者可晋升教导主任、校长等职务外,给有志有才的教师提供到各级教育行政机关甚至文化科技部门就职的机会[①]。这都有利于提高教师职业的吸引力和教师的工作满意度。

(四)建立良好的人际氛围

研究结果表明在超大规模高中组织气氛各层面中,"亲密行为"与"支持行为"层面的得分偏低。对于大多数教师来说,他们不但是"经济人",而且还是"社会人"。人们有社会交往的需求,渴望在工作中获得友谊,建立良好的人际关系。校长要给教师自由发表意见的空间,多与教师交流。尤其是在超大规模高中管理层级较多,校长与普通教师的关系更容易疏离,加强沟通就显得尤为重要。教师之间要形成彼此尊重,相互帮助的风气。学校应尽可能举办各种活动,促进同事间关系的融洽,增强群体的凝聚力,提高士气。另外,教师要处理好与学生的关系:尊重学生,对学生给以充分的信任;了解学

---

① 赵凯:《江苏省高中教师工作满意度的现状调查及提高对策——基于江苏省8所高中的实地调研》,南京师范大学教育科学学院硕士学位论文,2003年。

生的所想、所思、所惑和所难;客观公正地评价学生。

（五）加强教师的自我激励

教师的工作满意度评价是一个主观认知的过程,因此,提高教师的工作满意度不仅要靠外部因素的改变,而且需要教师自身心理认知能力的提高。首先,教师要明白什么需要是应该有的,什么需要是不现实的。合理的需要应当给予满足,而不合理的需要则应通过多种方式对其进行弱化,使之最终消失或者转变为另一种合理的需要。强化教师自我完善的需要,实现自我的长远发展。其次,加强教师的职业心理教育,使教师合理排遣工作压力。再次,使教师树立正确的价值导向,提升师德,积极投身教育事业,热爱学生,为人师表。

总之,学校要重视学校组织气氛和教师工作满意度调查,把它作为一项教师管理的常规工作来抓。综合运用多种方法,积极改善学校组织气氛,提高教师工作满意度,发挥教师潜能,提高教学质量,以培养更多的高素质人才。

# 第四章
## 教师课余工作量的人际因素研究

## 第一节　概念界定及理论基础

### 一、教师课余工作量的内涵

在日常生活中，做某一件事，制造某种产品，完成某项任务，完成某项工程等等，都要涉及到工作量、工作效率、工作时间这三个量，它们之间的基本数量关系是：工作量＝工作效率×时间。

当工作效率无法测量或者可以忽略的情况下，我们在研究中一般用工作时间来衡量工作量的大小。

教师工作量是指学校根据教育教学工作的总体安排，在一定时限内对教师应完成的各种工作任务所作的定量化规定。

教师工作量一般可分为教学工作量和非教学工作量；其中，教学工作量又分为课堂工作量和课余工作量。

教师课余工作量是对教师在备课、批改作业和课外辅导学生等方面的工作加以量化所得的结果。

国内学者就教师工作量有一定的探讨(见表4—1)。

**表4—1　教师工作以及教师工作量的内涵探讨**

| 研究者 | 教师劳动(工作量)定义、性质的探讨 |
|---|---|
| 肖鸿曦 | 1. 教师的劳动是一种以脑力劳动为主的精神劳动<br><br>2. 教师以自己具有的社会发展需要的科学知识、思想观点和技术能力,通过教育转化为学生的科学知识、思想观点和技术能力,并使之发展到新的水平(教师的劳动过程,是人类精神文明的信息传递与训练的过程)<br><br>3. 教师的劳动是一种见效缓慢、周期较长、效用持久的劳动;是一种集体协作和世代延续的劳动;是一种既复杂又富于创造性的劳动<br><br>4. 劳动量是衡量一切劳动的尺度。教师劳动作为全社会总体劳动中的必要组成部分,尽管复杂,但同样存在着一个必要的劳动量,即教师工作量<br><br>5. 教师工作量是指在一定的物质技术基础上,在一定的教学组织中,在一定的时限内每位教师应按质按量完成规定的工作量① |
| 艾立 | 1. 教师劳动具有创造性<br><br>2. 教师劳动受国家和民族的科学文化、艺术水平及经济实力的制约<br><br>3. 教师劳动量指教师从事教育及教学工作量<br><br>4. 教师劳动量结构是指教师从事教育及教学工作各部分搭配的形式② |
| 刘尧、冯洁 | 1. 教师的劳动有一定的弹性,可谓软任务,劳动对象是"人",劳动成果"人的和谐发展",它不像工农业生产的对象是"物",物比人所具有的因素简单得多<br><br>2. 教师劳动的周期长、协作性强、可比性差等特点,仅用学生的考试成绩难以评估教师的工作成绩<br><br>3. 工作量应是工作质量和数量的和谐统一,教师的工作量应根据国情和教育方针,在提出比较具体、明确的工作质量要求的前提下,达到工作质量测出的相应工作数量③ |

---

① 肖鸿曦:《关于教师工作量问题的刍议》,《师范教育》1987年第8期,第9—10页。

② 艾立:《教师工作量与结构工资》,《中小学管理》1989年第5期,第2—4页。

③ 刘尧,冯洁:《教师工作量的测评原则和方法初探》,《咸阳师范专科学校学报》1994年第3期,第59—62页。

综上所述,教师工作的特点,既带有历史遗传的色彩,又反映时代变迁的影响。所以,当代中国教师工作的特点主要有:其一,工作的准公共性。其二,工作环境的相对封闭性。其三,工作绩效的模糊性。其四,工作待遇的福利性。

## 二、教师工作量的分类

教师的工作构成相对复杂,而且有时候范围很广。所以在研究的时候,我们有必要对教师的工作进行分类。这种分类除了能让我们更好地理解把握教师工作之外,还有助于把研究范畴缩小到一个很具体的地方。下面是从各种文献中整理出来的比较有代表性的教师工作分类(见表4-2):

表4-2  教师工作量的分类

| 研究者 | 教师工作量分类 | | | 在计量模型中的分类<br>(若不存在模型,在此栏目则填写对教师工作量的补充描述) |
|---|---|---|---|---|
| 肖鸿曦 | 工作量 | 教学任务 | 备课<br>上课<br>辅导<br>批改作业<br>实验实习<br>考试考核<br>课外活动 | 1. 讲课工作量<br>2. 指导实习、社会调查的工作量<br>3. 考试考核工作量<br>4. 其他工作量(如出差、开会等) |
| | | 其他工作 | 科研教研<br>思路工作<br>行政工作 | |
| 吉林省教育科研所 | 工作量 | 教学工作量<br>班主任工作量<br>校内集体活动量<br>课外辅导量<br>校外集体活动量 | | 1. 教学工作量(课时数;作业批改时数;所需备课时数)<br>2. 班主任的总工作时<br>3. 学校活动必须参加量 |

（续表）

| 研究者 | 教师工作量分类 | 在计量模型中的分类<br>（若不存在模型，在此栏目则填写对教师工作量的补充描述） |
|---|---|---|
| 贺玉麟 | 工作量 ⎨ 本职工作量<br>兼职工作量<br>集体活动量<br>听课数量<br>其他工作量 | 由于该研究中的计量的代数模型比较复杂，因此该模型中的分类无法直接表述<br>1. 本职工作量：主要指教学工作量，但由于其他范畴也覆盖一定的教学工作，故称为本职工作量<br>2. 兼职工作量：指非行政的、带有职务称呼的校内兼职或经学校同意的校外兼职的工作量<br>3. 集体活动量：包括政治学习、教研活动（不含听课）、集体备课、集会及其他集体活动与劳动<br>4. 其他工作量：主要指第二课堂活动、学科兴趣小组活动、学科竞赛（含文娱体育）辅导、代课及其他由校长、教导主任指派的与教育教学有关的工作 |
| 李华 | 工作量 ⎨ 课外教育活动 ⎨ 思想教育<br>班主任工作<br>课外小组指导<br>文体活动指导<br>团队活动、社会活动指导<br>课堂教学 ⎨ 备课<br>授课<br>辅导<br>批改作业、试卷 | 该研究不存在计量模型<br>1. 教学工作量，其中包括备课、授课、实验、辅导、批改作业、出题、监考、评卷、制作教具等工作量。如果授课学时称为计划学时，其他称为辅助学时的话（期末考试评卷除外），则教学工作量＝计划学时＋辅助学时<br>2. 班主任工作量<br>3. 思想教育工作量，包括课内外各科教育形式的工作量<br>4. 指导课外科学小组活动工作量 |

（续表）

| 研究者 | 教师工作量分类 | 在计量模型中的分类<br>（若不存在模型，在此栏目则填写对教师工作量的补充描述） |
|---|---|---|
| | | 5. 指导课外文体活动工作量，包括文娱队和体育队活动指导的工作量<br><br>6. 指导学生参加社会活动的工作量<br><br>7. 开展学生参加社会活动的工作量<br><br>8. 有经验教师指导青年教师进修的工作量<br><br>9. 教研组长、年级组长等工作量补助<br><br>10. 有关教育工作的其他方面工作量 |
| 艾立 | 工作量 {固定劳动、可变劳动（课表非教学自习时间、观摩表演性活动、个人成果发表、家长咨询任务）、随机劳动（家庭访问、课外活动、学生监护、集体福利）} | 该研究不存在计量模型<br>1. 固定劳动：教师按照教学计划规定的面授时间和教育教学任务<br>2. 可变劳动：教师在教学任务以外参加学校或社会集体活动的实际劳动，如：地区观摩课、教学活动中的演讲稿、论文、专题研究、辅导报告等的发表等<br>3. 随机劳动：计划外的劳动，这类工作需要的劳动时间随机性极大，如：课外学生劳动监护等 |
| 杜文平 | 工作量 {课前准备、上课、处理作业等、教师培训、教研活动、填写材料、论文、班级管理、教师提高学习、进修} | 该研究不存在计量模型<br>其他补充无 |

（续表）

| 研究者 | 教师工作量分类 | 在计量模型中的分类<br>（若不存在模型，在此栏目则填写对教师工作量的补充描述） |
|---|---|---|
| 刘尧、冯洁 | 工作量：组织领导工作、政治思想工作、业务进修、教改教研科研、指导青年教师、献计献策、其他工作；教学工作：备课、授课、辅导、批改作业 | 由于该研究中的计量的代数模型比较复杂，因此该模型中的分类无法直接表述<br>其他补充无 |
| 杨和稳 | 工作量：备课、上课、批改作业、政治学习、业务学习、课外辅导、家庭访问 | 该研究不存在计量模型<br>其他补充无 |
| 经济合作与发展组织（OECD） | 工作量：教学及相关任务、与同事小组合作、向学生提供个别辅导、接触家长和社区人士、在职进修、行动研究活动、参与学校计划、行政工作 | 该研究不存在计量模型<br>其他补充无 |

### 三、教师工作量的理论基础

#### （一）平衡理论

心理学家海德（Heider）认为，人类普遍地有一种平衡、和谐的需要。一旦人们在认识上有了不平衡，打破了关系中的和谐性，他们就会在心理上产生紧张和焦虑。这些由于外界关系不和谐引起的焦虑状态促使他们的认知结构向平衡及和谐的方向转化。在众多调查研究中得出，人们倾向于喜欢平衡关系，而厌恶和回避不平衡的关系。

为此，当认知主体对一个单元内两个对象看法一致时，其认知体系呈现平衡状态；当对两个对象有相反看法时，就产生不平衡状态。例如，喜欢某人，但对他的工作表现不能赞同。不平衡的结果会引起内心的不愉快和紧张。消除不平衡状态的办法将是，赞同他的工作表现，或不再喜欢此人，这就产生了态度转变的问题。由上可见，不平衡状态会导致认知结构中的各种变化，所以，态度可以凭借这种不平衡的关系形成或改变。

平衡理论的前提是：在社会环境中生活着的人，是同他自身以外的各种事件、人、观念、文化等因素紧密相连的。因此，只要他是一个社会的人，无论他是否意识到这一点，他所体验的是快乐还是不快乐，是喜悦还是悲伤，都取决于他与其自身之外的各种因素的关系的状态。平衡理论的作用是讨论这些关系的状态特点给人带来的种种体验和随之产生的后果，其焦点始终对准生活在社会环境中的个人。

在关联性判断和情感评价之后，就可以确定三角上两个因素之间的关系。若两个因素之间具有关联性，并且情感评价是喜欢，则这两个因素之间的关系是正。就是说，情感评价是在关联性判断的基础上做出的，评价的方向决定因素之间关系的方向。

所谓平衡状态就是：当主体发现自己与所喜欢的人对某一事物有共同的看法，或者是当主体发现自己与所讨厌的人对某一事物有相反的看法，此时主体的心理体验是平衡的，没有冲突感。而不平衡状态就是：当主体意识到自己与所厌恶的人对某一事件有同一看法，或是当主体发现自己与所喜欢的人对某一事件有相反的看法，此时主体体验到心理上的不平衡。

海德指出，当人与他人及事物之间的关系处在不平衡状态时，人体验到不愉快。不愉快的体验可以作为一种动机驱使人将不平衡状态转化成平衡状态。但这种动机的特点是含有较多的社会性成分。海德认为，人在调整不平衡状态时，一般遵守简化原则，即在三角体系中选比较容易改变的关系加以转换，从而建立新的平衡体系。

平衡理论的作用可以体现在不同的方面，它依赖于考察这个理论时所选择的角度。如果考察在 P-O-X 三角中，人是如何根据自己的认识和体验判断自己与他人关系的，便可将此理论看作是说明人际关系的理论。如果考察人如何作用于 P-O-X 三角，将不平衡状态转变为平衡状态，这当中主要问题是理解人如何重新判断自己与他人或与事物之间的关联性及如何对其做出情感评价，这实质上是一个态度的改变或移动过程。从这个角度看，平衡理论是描述态度动态活动的理论。海德十分重视人际关系对态度的影响力[1]。

教师的课余工作行为及态度（统一以工作量作为衡量标准），会受到人际环境的影响（这里主要指同事对其的影响）。同事对课余工作的看法（具体表现为工作行为），影响教师课余工作行为及态度。

依据平衡理论，与教师关系比较密切的同事努力工作，那么教师为了处于平衡的心理状态，很可能也表现出努力工作的行为和态度；反之也成立。

（二）人际关系理论

梅奥（George Elton Mayo）作为人际关系理论的创始人，是行为科学理论阶段中各种层出不穷的理论研究的奠基之人。在研究期间，他进行了为世界所关注的霍桑试验。梅奥的主要代表著作有《组织中的人》和《管理和士气》。

霍桑试验在当时之所以出名，是因为它的研究结果否定了传统管理理论即科学管理理论对于人的假设。它进一步表明了工人不是被动而且孤立的个体，工人的行为不仅仅受工资这一条件的刺激。影响生产效率的最重

---

[1] 陈国海等：《组织行为学》，清华大学出版社 2003 年版，第 87 页。

要因素不是人们普遍认为的待遇和工作条件,反而是工作中的人际关系。根据这个结果,梅奥提出了自己的观点,他认为工人是"社会人",不仅仅是受利益驱使而工作的人。人们的行为并不单纯出自追求金钱的动机,其中还包含了社会方面的、心理方面的需要。这些需要主要有追求人与人之间的友情、安全感、归属感和受人尊敬等。试验证明了后者更为重要。因此,单纯从技术和物质条件上下手的管理是不恰当的。组织与管理必须先从社会心理方面做出合理的考虑。行为科学还要求进一步研究人的行为规律,找出产生不同行为的影响因素[①]。

除了古典管理理论所研究的为了实现企业目标而明确规定各成员相互关系和职责范围的正式组织之外,企业还存在着非正式组织。这种非正式组织的作用在于维护其成员的共同利益,使之免受其内部个别成员的疏忽或外部人员的干涉所造成的损失。为此非正式组织中有自己的核心人物和领袖,有大家共同遵循的观念、价值标准、行为准则和道德规范等。

梅奥指出,非正式组织与正式组织有重大差别。在正式组织中,以效率逻辑为其行为规范;而在非正式组织中,则以感情逻辑为其行为规范。如果管理人员只是根据效率逻辑来管理,而忽略工人的感情逻辑,必然会引起冲突,影响企业生产率的提高和目标的实现。因此,管理当局必须重视非正式组织的作用,注意在正式组织的效率逻辑与非正式组织的感情逻辑之间保持平衡,以便管理人员与工人之间能够充分协作。

学校以一个办公室为地缘,也存在教师的小团体。教师小团体对于课余工作行为的一般看法,也会影响到教师的课余工作量。

假如一个学校办公室里的教师大都作风较为散漫,那么在这个小团体中的教师个体的课余工作量可能相对较小;反之亦然。

---

① 周三多等:《管理学—原理与方法(第四版)》,复旦大学出版社 2003 年版,第 70 页。

### 四、理论假设

教师在工作的时候,普遍地有一种平衡、和谐的需要。一旦他们工作中的同事环境促使其在认识上有了不平衡,他们就会在心理上产生紧张的焦虑。他们的认知结构向平衡和和谐的方向转化,从而影响了他们的工作行为,导致工作量(工作积极性)发生变化。

这种涉及教师本人、其同事及课余工作量之间的三角形关系。例如,用符号 w 来表示教师课余工作量,用符号 m 与 y 分别表示教师本人及其同事。课余工作量它本身性质具有两个层次结构,其中一层是自身的工作量 w0,另一层是他人的工作量 w1。无论是哪一层,教师本人及其同事对 w 的评价都是带有主观色彩的,它们可能是工作量多、适中或者稀少。教师及其同事会对含有双重性质的教师课余工作量产生两个评价,即对自身工作量大小的看法及对他人工作量大小的看法。由于他人对自身工作量的评价,自身无法直接获取,所以在态度关系上,自身会倾向于把自己对他人工作量的评价作为和单方面替代他人对自身工作量的评价。态度对象的关系越密切,其了解彼此态度的机会越大,自身的态度行为对其的影响就越大,所以自身对他人工作量的评价与他人对自身工作量的评价就越接近。

为此,当教师认为自身的课余工作量跟其同事的课余工作量的大小看法一致时,其认知体系呈现平衡状态,也就是说教师不会产生任何积极和消极的状态。如果同事觉得工作量少时,教师本人不会觉得庆幸。如果同事觉得工作量大时,教师的抱怨声音也不会太大。当教师认为自身的课余工作量跟其同事的课余工作量的大小看法不一致时,就产生不平衡状态。例如,教师觉得自己的工作量很大,同事的工作量很少。或者是教师觉得自己工作量很少,同事的工作量很大。不平衡的结果会引起内心的不愉快和紧张。消除不平衡状态的办法将是,改变自己对自身工作量的看法(行为表现为工作积极性的变化,增加或减少自己的工作量),或改变自己对他人工作量的看法(疏远或接近此人、用自己的行为态度影响他人的工作行为),这就产生了态度转变的问题。

现将上述的 m-w-y 的关系列成图解形式,以符号"＋"表示 m 与 y 关系比较密切,还表示认为 w 量大。以符号"－"表示 m 与 y 关系比较疏远,还表示认为 w 量小。那么,共有 8 种情况,它们是平衡与否,出现了若干种假设。判断三角关系是平衡的,还是不平衡的,其根据需要验证各种假设。

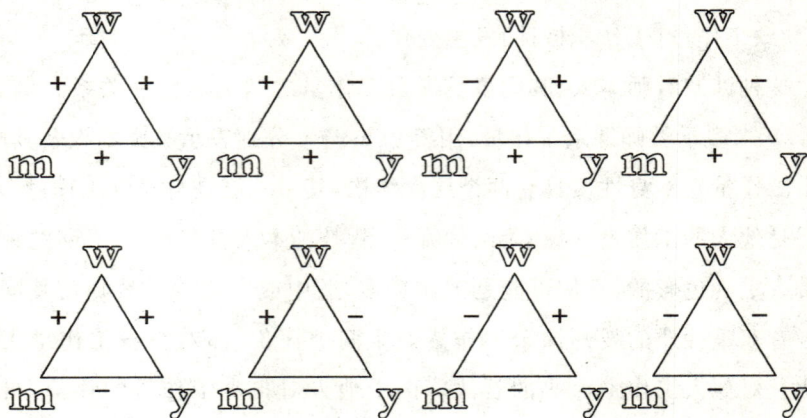

图 4－5　教师课余工作量认知关系假设三角

不平衡状态会导致教师对于课余工作量上的认知结构中的各种变化,所以,他对于工作的态度和行为可以凭借这种不平衡的关系而形成和改变。

在同一环境中工作着的教师,是同他自身以外的各种事件、人、观念、文化等因素紧密相连的。教师是一个社会人,他的工作无时无刻不受到身边其他人的影响,其中造成影响较大的是与其处于同一社会地位的人。所以,他在工作中体验是快乐还是不快乐,是喜悦还是不幸,对工作的态度和相关行为都取决于他与其自身之外的各种因素的关系尤其是对等的人际因素的状态。本研究参考了平衡理论的一些理念和描述方法,尝试讨论这些关系的状态特点给教师带来的种种体验和随之产生的后果,其焦点集中在对其课余工作量的分析上。

1. 理论假设一

m 与 y 之间的关系,影响 wm0 与 wy0 之间关系。其中 wm0 为 m 对 w 的看法,wy0 为 y 对 w 的看法。但站在 m 的角度,实际上这种看法是 m 对 y

的一种猜测,也等同于 m 对与 y 相关的看法 wm1。

假设 m 与 y 关系越密切,那么 wm1 与 wy0 越接近。因为 m 看法往往会受到 y 看法的影响。而最终的结果是 wm0 与 wy0(wm1)趋于一致。

例如某教师经常听到他关系密切的同事抱怨自己的工作量大,往往他也会认同其看法,觉得同事的工作量确实大。久而久之,他也会受到感染觉得自己的工作量也很大。

这个假设可以把同事间的亲疏程度做分类,以人数加权,分析 wm0 与 wm1(wy1)之间的相似程度来做验证。

2. 理论假设二

教师实际课余工作量 w 与教师对自己课余工作量的看法 wm0 之间的关系主要可能出现以下三种情况:

情况一:w 与 wm0 成正相关。教师认为自己课余工作量是大的,其实际课余工作量就大。

这一种关系是双向的,教师实际的课余工作量和对自己课余工作量的看法互为因果。教师的实际课余工作量直接导致了教师对自己课余工作量的认知。教师的认知未直接受到对等性人际因素以及其他因素太大的影响或干扰。相反,教师会因为意识到自己的工作量大,而继续努力工作,导致自身实际的课余工作量比他人大,就算教师的工作量低于认知水平,教师仍会有加大工作量的趋势。如果教师的实际工作量高于认知水平,教师仍然不会降低自己的实际工作量。

情况二:w 与 wm0 成负相关。教师认为自己课余工作量是小的,其实际课余工作量大。教师认为自己课余工作量是大的,其实际课余工作量小。

这是一种不平衡的状态,造成前者的很可能是出于环境因素和教师自身因素的共同作用下,使教师的认知出现偏差,而这种认知不平衡导致了教师实际课余工作量的升降趋势。前者,可能因为环境压力、群体压力、竞争因素等等,导致教师在觉得自己的工作量总是比较少(相对于同事而言)而促进了教师的努力工作行为。后者,可能是因为群体怠惰、同事工作量、公平的要求及不平衡的心理状态等等,导致了教师觉得自己的课余工作量总比自己心理预期多、比别人多,而诱使教师对自己的工作量感到不满,从而消极怠工。

情况三:w 与 wm0 不相关。教师对自己课余工作量的看法与其实际课余工作量的大小无明显关系。

### 3. 理论假设三

教师实际课余工作量 w 与教师对同事课余工作量的看法 wm1 之间的关系主要有以下三种情况。

情况一:w 与 wm1 成正相关。教师认为同事课余工作量是大的,其实际课余工作量就大。

教师实际的课余工作量受到对等性人际因素的影响或干扰。产生影响的根源可能来自于竞争心理、社会促进作用等等。这种影响产生的结果总体来说是积极的。教师的工作积极性由于同事的工作量而提高,而同时又影响了身边的同事,形成了一个良性的循环,但这种影响也会带来一定的负面效果,例如会造成教师之间的恶性竞争或使教师心理精神压力过大。

情况二:w 与 wm1 成负相关。教师认为同事课余工作量是小的,其实际课余工作量就大。

这种情况不符合理论逻辑。如果样本出现这种情况,可能由于数据异常或者某些研究范围之外的因素造成。

情况三:w 与 wm1 不相关。教师对同事课余工作量的看法与其实际课余工作量的大小无明显关系。

### 4. 理论假设四

教师实际课余工作量 w 与教师对自己与同事课余工作量看法差异 wm0－wm1 之间关系主要有六种情况。

情况一:w 与 wm0－wm1 的绝对值成正相关。教师对自己与同事课余工作量看法差异越大,其实际课余工作量就大。

教师实际的课余工作量间接受到对等性人际因素的影响或干扰。这种教师对自己与同事课余工作量看法的差异性等同了本研究假设的理论关系三角形的设定的教师工作心理平衡性。教师对自己与同事课余工作量看法的差异性越小,教师工作心理平衡性越大,不平衡性越小,反之也成立。当教师对自己与同事课余工作量看法的差异性等于零时,教师工作心理达到平衡状态。理论关系三角中,教师工作心理越不平衡,教师的实际课余工作量越高。心理上的人际差异性会导致教师更加努力地工作,减少了教师工作倦怠。人际同等性往往会导致教师工作量减少,抹杀教师的工作动力。

情况二:w 与 wm0－wm1 绝对值成负相关。教师对自己与同事课余工作量看法差异越小,其实际课余工作量就大。

教师实际的课余工作量间接受到对等性人际因素的影响或干扰。这种教师对自己与同事课余工作量看法的差异性等同了本研究假设的理论关系三角形的设定的教师工作心理平衡性。教师对自己与同事课余工作量看法的差异性越小,教师工作心理平衡性越大,不平衡性越小,反之也成立。当教师对自己与同事课余工作量看法的差异性等于零时,教师工作心理达到平衡状态。理论关系三角中,教师工作心理越平衡,教师的实际课余工作量越高。心理上的人际同等性(公平性)会导致教师更加努力地工作。人际差异性往往会导致教师对课余工作产生抵触,导致教师工作量减少,消极怠工,削减教师的工作动力。

情况三:w 与 wm0－wm1 绝对值不相关。教师对自己与同事课余工作量的看法差异与其实际课余工作量的大小无明显的间接关系。

情况四:w 与 wm0－wm1 成正相关。教师认为自己比同事课余工作量越大,其实际课余工作量就大。

教师实际的课余工作量间接受到对等性人际因素的影响或干扰。绝对的平衡性的大小不是影响教师实际课余工作量的主要因素,带有方向性的平衡才是影响教师实际课余工作量的主要因素。所以可以一分为二,正方向的教师工作心理平衡性越低,其实际课余工作量越大;负方向的教师工作心理平衡性越高,其实际课余工作量越大。

情况五:w 与 wm0－wm1 成负相关。教师认为自己比同事课余工作量越小,其实际课余工作量就大。

教师实际的课余工作量间接受到对等性人际因素的影响或干扰。绝对的平衡性的大小不是影响教师实际课余工作量的主要因素,有方向性的平衡才是影响教师实际课余工作量的主要因素。所以可以一分为二,正方向的教师工作心理平衡性越高,其实际课余工作量越大;负方向的教师工作心理平衡性越低,其实际课余工作量越大。

情况六:w 与 wm0－wm1 不相关。教师对自己与同事课余工作量的看法差异与其实际课余工作量的大小无明显的间接关系。

5．理论假设五

非正式团体中的密友团体对于教师对自己课余工作量看法 wm0 的影响关系主要有以下情况。

对于由于情感关系而结成的小团体,研究者称之为密友团体。它是学校里,教师自发结成的最为普遍的一种松散性结构的非正式组织,通常由一位教师和他关系比较亲密的同事们结成。其他同事之间的关系也许没有那么密切,但通过一位共同的朋友把他们联系在一起。理论上认为这种形式的非正式组织对组织内成员的情感判断有较大的影响,其价值观也较为相似。

情况一:教师认为自己所在的密友团体中的同事课余工作量(均值)越大,其认为自己课余工作量越大。

密友团体中同事的平均对课余工作量的看法与教师对自己课余工作量的看法直接相关。根据理论假设,m 与 y 关系越密切,那么 wm1 与 wy0 越接近。因为 m 看法往往会受到 y 看法的影响,而最终的结果是 wm0 与 wy0(wm1)趋于一致。密友团体中对同事课余工作量的看法可以当作密切 y 的集合。

情况二:教师认为自己所在的密友团体中的同事课余工作量(均值)越大,其认为自己课余工作量越小。

密友团体中同事的平均对课余工作量的看法与教师对自己课余工作量的看法直接相关。主体产生的心理不平衡状态,由于群体压力对个体造成的知觉误差扩大化。此种状态下,个体可能会努力工作,尽量缩小心理的认知差距,以求更好地融入群体,得到群体的认同,或者脱离群体。

情况三：教师认为自己所在密友团体中的同事课余工作量（均值）与其对自己课余工作量的看法无显著关系。

6. 理论假设六

非正式团体中的同室团体对于教师对自己课余工作量看法 wm0 的影响关系主要有以下情况。

由于地缘关系发展起来的团体，研究者称之为同室团体。一般情况下，在同一个空间工作，其较为容易结成这一种形式的非正式组织。这种类型的非正式组织有一个明显的特点和优势，就是组织成员之间的沟通交流相当便利，组织中信息传递较快。因此成员之间的相互影响也就比较大。尤其是在工作的时候，成员之间可能会产生正面或负面的影响。但同室团体不一定包括共同空间内的所有人。在同一个工作空间中，也存在独立于或被同室群体排斥在外的个人。

情况一：教师认为自己所在的同室团体中的同事课余工作量（均值）越大，其认为自己课余工作量越大。

同室团体中同事的平均对课余工作量的看法与教师对自己课余工作量的看法直接相关。组织成员之间的沟通交流相当便利，组织中信息传递较快，成员之间的相互影响也就比较大。久而久之，团体成员的想法变得类似、趋同。

情况二：教师认为自己所在的同室团体中的同事课余工作量（均值）越大，其认为自己课余工作量越小。

同室团体中同事的平均对课余工作量的看法与教师对自己课余工作量的看法直接相关。主体产生的心理不平衡状态，由于群体压力对个体造成的知觉误差扩大化。此种状态下，个体可能会努力工作，尽量缩小心理的认知差距，以求更好地融入群体，得到群体的认同，或者孤立于群体之外。

情况三：教师认为自己所在同室团体中的同事课余工作量（均值）与其对自己课余工作量的看法无显著关系。

7. 理论假设七

非正式团体中的密友团体对教师实际课余工作量 w 的影响关系主要有

以下情况。

情况一：教师认为自己所在的密友团体中的同事课余工作量（均值）越大，自己的实际课余工作量越大。

教师实际的课余工作量受到密友团体的影响或干扰。产生影响的根源可能来自于从众心理、社会促进作用等等。这种影响产生的积极效果是，教师的工作积极性由于关系密切同事的工作量的带动而有所提高。其消极效果是，如果所在密友团体工作倦怠、作风散漫，教师的工作积极性也会受到打压。

情况二：教师认为自己所在的密友团体中的同事课余工作量（均值）越小，自己的实际课余工作量越大。

这种情况不符合理论逻辑。如果样本出现这种情况，可能由于数据异常或者某些研究范围之外的因素造成。

情况三：教师认为自己所在密友团体中的同事课余工作量（均值）与其对自己实际课余工作量无显著关系。

8. 理论假设八

非正式团体中的同室团体对教师实际课余工作量 w 的影响关系主要有以下情况。

情况一：教师认为自己所在的同室团体中的同事课余工作量（均值）越大，自己的实际课余工作量越大。

教师实际的课余工作量受到同室的影响或干扰。产生影响的根源可能来自于竞争心理、社会促进作用等等。这种影响产生的结果总体来说是积极的。教师的工作积极性由于同事的工作量而提高，而同时又影响了身边的同事，形成了一个良性的循环。但这种影响也会带来一定的负面效果，例如会造成教师之间的恶性竞争或使教师心理压力过大。

情况二：教师认为自己所在的同室团体中的同事课余工作量（均值）越小，自己的实际课余工作量越大。

这种情况不符合理论逻辑。如果样本出现这种情况，可能由于数据异常或者某些研究范围之外的因素造成。

情况三：教师认为自己所在密友团体中的同事课余工作量（均值）与自己实际课余工作量无显著关系。

# 第二节　人际因素对课余工作量的影响

## 一、问卷发放

本研究采用问卷调查法。调查问卷为自编问卷。由于条件的限制，该问卷无法通过问卷的"前测"检验问卷的信度和效度，只能利用逻辑论证。经过多次修改论证的问卷于 2010 年 12 月 30 日向东莞市 Z 镇中学的任课教师派发。为了给教师预留思考时间和填写时间，问卷隔天再进行回收。尽管问卷的填写要求已有说明，但是由于存在时间紧张等原因，致使有的调查对象在没有看清问卷填写要求时就匆忙填写，有的则漏掉一些重要信息，有的则找不到填写的问卷，结果有相当一部分问卷未收回及问卷中存在一些不符合填写要求的。本研究一共发放问卷 120 份，实际回收问卷 96 份，回收率为 80％。其中剔除了无效问卷 14 份，最后所得有效问卷为 82 份，可用率大约为 85.4％。

该问卷的调查项目包括两大部分。第一部分是实际情况调查；第二部分是教师认知性质的调查。

实际情况调查的部分包含了受调查教师的基本信息（性别、年龄、教龄、任教科目）以及其实际课余工作量（时）w（每天）。实际课余工作量中分别含有项目：总工作量、备课量、批改作业量、辅导学生量。

教师认知性质调查的部分包含两个调查分区。其一为教师对自身课余工作量（总工作量、备课量、批改作业量、辅导学生量）的看法 wm0。选项分 1 到 5，共五个层次。1 代表极少（小），2 代表较少（小），3 代表适中，4 代表较多(大),5 代表极多(大)。其二为教师对同事课余工作量(总工作量、备课量、批改作业量、辅导学生量)的看法 wm1。选项同上。这个分区又按与同事的亲密度(密切、一般、疏远)和是否同一办公室做了交叉的细致分类,在每一类别上附上人数的统计。

## 二、统计工具

本研究利用社会科学统计软件包 spss17.0 中文版进行数据分析和处理,并得出有关结论。本研究数据主要以相关分析为主(使用皮尔逊相关系数检验),对显著性水平的检验,默认为计算双尾概率。本研究配合其他一些辅助性的统计描述,例如均值比较,分类汇总等。数据中除了一些带有分类性质的定类变量之外,实际课余工作量 w(极其细分部分)为定距变量。而对课余工作量的认知(wm0、wm1)本质上是定序变量,但为了研究的便利,研究者把它们当成定距变量做统计分析。

因为若干定序变量相加后(不论是否再求平均数)的结果更接近于定距变量,所以更少受定序变量的限制。这也是社会科学实证研究中大部分人为何将方差、回归等工具用于由定序变量构建的指标。当然,少数为方法的纯粹而奋斗的学者是持有异议的。研究者属于前一派,认为只要所涉及的定序变量的测量方式相同(如全是 5 级或 7 级量表,当然级数越多越好)、而且个数足够多(至少 3、4 个),就可以相加(简单相加或根据某理论或实证依据而加权相加)并当作定距的数据来对待。

## 三、数据分析

### (一)教师样本基本统计描述

研究者对教师样本的基本信息大概进行统计性的描述。其中描述的数据包括教师样本中教师的性别、年龄、教龄、任教科目的,由此分析教师样本中各种分类构造的成分。

教师样本性别统计描述(见表 4—3):

表 4—3 教师样本性别统计描述

|  |  | 人数 | 百分比 | 有效百分比 | 累积百分比 |
|---|---|---|---|---|---|
| 有效 | 男 | 35 | 42.7 | 42.7 | 42.7 |
|  | 女 | 47 | 57.3 | 57.3 | 100.0 |
|  | 合计 | 82 | 100.0 | 100.0 |  |

由表 4—3 可以很直观地看出,样本中男女教师各占整体比例分别为 42.7 和 57.3。由此来看,女教师比男教师稍多,但总的来说还没多出 10 个百分点,所以样本中的男女比例基本平衡。在接下来的分析调查中,性别人数比例不会对总体数据造成太大的影响。

教师样本年龄段统计描述(见表 4—4):

表 4—4 教师样本年龄段统计描述

|  |  | 人数 | 百分比 | 有效百分比 | 累积百分比 |
|---|---|---|---|---|---|
| 有效 | 30 岁以下 | 26 | 31.7 | 31.7 | 31.7 |
|  | 30—50 岁 | 54 | 65.9 | 65.9 | 97.6 |
|  | 50 岁以上 | 2 | 2.4 | 2.4 | 100.0 |
|  | 合计 | 82 | 100.0 | 100.0 |  |

由表 4—4 可以看出,该教师样本中 30—50 岁的中年教师占了样本总体的一半以上,而 50 岁以上的教师只有 2 名。样本基本符合受调查学校教师群体的年龄结构分布。

教师样本教龄段统计描述(见表 4—5):

表 4—5 教师样本教龄段统计描述

|  |  | 频率 | 百分比 | 有效百分比 | 累积百分比 |
|---|---|---|---|---|---|
| 有效 | 10 年以下 | 40 | 48.8 | 48.8 | 48.8 |
|  | 10—20 年 | 34 | 41.5 | 41.5 | 90.2 |
|  | 20 年以上 | 8 | 9.8 | 9.8 | 100.0 |
|  | 合计 | 82 | 100.0 | 100.0 |  |

从表 4-5 清楚地看出,在采集到的教师样本中,教师的教龄一般在 20 年以下。其中以 10 年以下居多,几乎占了样本总体的一半,但与 10—20 年这个段教龄的人数相差不大。

教师样本任教科目统计描述(见表 4-6):

**表 4-6 教师样本任教科目统计描述**

| | | 人数 | 百分比 | 有效百分比 | 累积百分比 |
|---|---|---|---|---|---|
| 有效 | 化学 | 2 | 2.4 | 2.4 | 2.4 |
| | 物理 | 4 | 4.9 | 4.9 | 7.3 |
| | 地理 | 5 | 6.1 | 6.1 | 13.4 |
| | 政治 | 6 | 7.3 | 7.3 | 20.7 |
| | 历史 | 6 | 7.3 | 7.3 | 28.0 |
| | 英语 | 7 | 8.5 | 8.5 | 36.6 |
| | 语文 | 13 | 15.9 | 15.9 | 52.4 |
| | 数学 | 16 | 19.5 | 19.5 | 72.0 |
| | 其他 | 23 | 28.0 | 28.0 | 100.0 |
| | 合计 | 82 | 100.0 | 100.0 | |

在教师样本任教科目统计描述表 4-6 中,除了其他一些科目的合计之外,语文、数学、英语等主要科目所占的样本量最大,问卷中列出的主要调查的科目对象占样本总量的 72%。

**(二)其他因素对教师课余工作量的影响**

为了使研究更为严谨,在这个部分里,研究者将使用同种因素分类求均值的统计方法,简单地描述分析一下其他一些相关因素对教师课余工作量产生的某些影响。并根据具体分析结果决定是否在对等性人际因素的影响分析中把该因素考虑为影响分析结果的干扰因素。

表4—7 性别因素对课余工作量的影响

| 性别 | | w(总工作量)(t) | w(备课)(t) | w(批改作业)(t) | w(辅导学生)(t) |
|---|---|---|---|---|---|
| 女 | 均值 | 6.38 | 2.53 | 2.19 | 1.66 |
| | N | 47 | 47 | 47 | 47 |
| | 标准差 | 1.962 | 0.881 | 1.076 | 0.760 |
| 男 | 均值 | 5.84 | 2.37 | 1.66 | 1.81 |
| | N | 35 | 35 | 35 | 35 |
| | 标准差 | 1.858 | 0.973 | 0.684 | 0.875 |
| 总计 | 均值 | 6.15 | 2.46 | 1.96 | 1.73 |
| | N | 82 | 82 | 82 | 82 |
| | 标准差 | 1.926 | 0.919 | 0.962 | 0.809 |

如表4—7所示，从总体上来说，女性平均的课余总工作量比男性多，但实际上相差不到一个小时。在备课和批改作业的时间上，女性平均花费的时间要比男教师多，女教师备课和批改作业总的来说比男教师要认真。在这两项上，他们之间相差时间也不长。备课相差不到半个小时，批改作业相差不到一个小时。在辅导学生方面，男教师比女教师所占用的时间要长。综合以上统计分析，性别因素对于教师的课余工作量有影响，但影响并非十分明显。而且由于男女样本比例基本平衡，这种影响不会对本研究的主要研究结果产生显著的干扰。

表4—8 年龄因素对课余工作量的影响

| 年龄段 | | w(总工作量)(t) | w(备课)(t) | w(批改作业)(t) | w(辅导学生)(t) |
|---|---|---|---|---|---|
| 30—50岁 | 均值 | 6.08 | 2.39 | 1.91 | 1.79 |
| | N | 54 | 54 | 54 | 54 |
| | 标准差 | 1.737 | 0.878 | 0.807 | 0.822 |
| 30岁以下 | 均值 | 6.27 | 2.62 | 2.08 | 1.58 |
| | N | 26 | 26 | 26 | 26 |
| | 标准差 | 2.255 | 1.023 | 1.230 | 0.758 |

（续表）

| 年龄段 | | w（总工作量）(t) | w（备课）(t) | w（批改作业）(t) | w（辅导学生）(t) |
|---|---|---|---|---|---|
| 50岁以上 | 均值 | 6.50 | 2.50 | 2.00 | 2.00 |
| | N | 2 | 2 | 2 | 2 |
| | 标准差 | 3.536 | 0.707 | 1.414 | 1.414 |
| 总计 | 均值 | 6.15 | 2.46 | 1.96 | 1.73 |
| | N | 82 | 82 | 82 | 82 |
| | 标准差 | 1.926 | 0.919 | 0.962 | 0.809 |

　　课余总工作量与教师年龄并没有十分显著的关系。从表4—8中可以看出,课余平均总工作量最少的是30—50岁年龄段的教师,低于总体样本的课余总工作量均值。50岁以上的教师课余工作量最大,然而由于50岁以上的教师的样本量很小,所以其不具备代表性。备课所花费时间的年龄分布为:备课时间最少的仍是30—50岁年龄段的教师,而30岁以下的教师花在备课上的时间是总体样本里最长的。批改作业的时间分配跟备课时间在教师各年龄段的分布基本一致。批改作业最为认真、费时最久的仍然是30岁以下的教师群体。在课外辅导学生方面,教师课余工作量随着年龄的增长,大致有上升的趋势。越高年龄段的教师辅导学生的时间越长。年龄对教师的课余工作量有影响,但影响波动不明显,总体上也没有出现清晰的规律分布,所以年龄对教师工作量的影响将不会对本研究造成太大的干扰。

表4—9　教龄因素对课余工作量的影响

| 教龄段 | | w（总工作量）(t) | w（备课）(t) | w（批改作业）(t) | w（辅导学生）(t) |
|---|---|---|---|---|---|
| 10—20年 | 均值 | 6.49 | 2.44 | 2.12 | 1.93 |
| | N | 34 | 34 | 34 | 34 |
| | 标准差 | 1.438 | 0.746 | 0.808 | 0.836 |
| 10年以下 | 均值 | 5.80 | 2.37 | 1.83 | 1.60 |
| | N | 40 | 40 | 40 | 40 |
| | 标准差 | 2.139 | 0.952 | 1.083 | 0.744 |

（续表）

| 教龄段 | | w(总工作量)(t) | w(备课)(t) | w(批改作业)(t) | w(辅导学生)(t) |
|---|---|---|---|---|---|
| 20年以上 | 均值 | 6.50 | 3.00 | 2.00 | 1.50 |
| | N | 8 | 8 | 8 | 8 |
| | 标准差 | 2.507 | 1.309 | 0.926 | 0.926 |
| 总计 | 均值 | 6.15 | 2.46 | 1.96 | 1.73 |
| | N | 82 | 82 | 82 | 82 |
| | 标准差 | 1.926 | 0.919 | 0.962 | 0.809 |

　　如表4－9所示,样本中教师所处的教龄段越低,其课余总工作量越大。20年以上教龄的教师群体实际课余总工作量位居三个教龄段之首。备课这个部分的课余工作,它的大小在教龄段的分布趋势跟课余总工作量保持一致。至于批改作业,样本中的教师在10—20年教龄段的群体所花费的时间最长,10年以下教龄的教师每日用在批改作业的时间平均最短。辅导学生方面,10—20年教龄的教师每日分配的时间最多,相反,20年教龄以上的教师在该方面用时最少。教龄对教师的课余工作量有影响,但影响波动不明显,总体上也没有出现清晰的规律分布,所以教龄对教师工作量的影响将不会对本研究造成太大的干扰。

表4－10　任教科目因素对课余工作量的影响

| 科目 | | w(总工作量)(t) | w(备课)(t) | w(批改作业)(t) | w(辅导学生)(t) |
|---|---|---|---|---|---|
| 语文 | 均值 | 6.92 | 2.54 | 2.38 | 2.00 |
| | N | 13 | 13 | 13 | 13 |
| | 标准差 | 2.060 | 0.776 | 0.961 | 0.816 |
| 数学 | 均值 | 6.69 | 2.50 | 2.25 | 1.94 |
| | N | 16 | 16 | 16 | 16 |
| | 标准差 | 1.852 | 1.155 | 0.683 | 0.854 |
| 英语 | 均值 | 6.29 | 2.29 | 2.29 | 1.71 |
| | N | 7 | 7 | 7 | 7 |
| | 标准差 | 2.498 | 1.113 | 1.113 | 0.951 |

（续表）

| 科目 | | w(总工作量)(t) | w(备课)(t) | w(批改作业)(t) | w(辅导学生)(t) |
|---|---|---|---|---|---|
| | 均值 | 7.00 | 3.00 | 2.50 | 1.50 |
| 政治 | N | 6 | 6 | 6 | 6 |
| | 标准差 | 1.897 | 0.894 | 1.225 | 0.548 |
| | 均值 | 5.13 | 2.50 | 1.75 | 0.88 |
| 物理 | N | 4 | 4 | 4 | 4 |
| | 标准差 | 1.315 | 0.577 | 0.957 | 0.250 |
| | 均值 | 4.00 | 2.00 | 1.00 | 1.00 |
| 化学 | N | 2 | 2 | 2 | 2 |
| | 标准差 | 0.000 | 0.000 | 0.000 | 0.000 |
| | 均值 | 5.50 | 2.00 | 1.83 | 1.67 |
| 历史 | N | 6 | 6 | 6 | 6 |
| | 标准差 | 1.049 | 1.095 | 0.408 | 0.516 |
| | 均值 | 6.00 | 2.80 | 2.00 | 1.20 |
| 地理 | N | 5 | 5 | 5 | 5 |
| | 标准差 | 1.871 | 0.837 | 1.225 | 0.447 |
| | 均值 | 5.65 | 2.39 | 1.43 | 1.83 |
| 其他 | N | 23 | 23 | 23 | 23 |
| | 标准差 | 1.898 | 0.839 | 0.896 | 0.887 |
| | 均值 | 6.15 | 2.46 | 1.96 | 1.73 |
| 总计 | N | 82 | 82 | 82 | 82 |
| | 标准差 | 1.926 | 0.919 | 0.962 | 0.809 |

　　教师的任教科目因素对教师实际课余工作量的影响是相当明显的。从课余总工作量的方面去看,平均课余总工作量最大的任教科目与平均课余总工作量最小的任教科目之间,其平均课余总工作量相差三个小时。各个科目的教师在备课的时间上差距不明显。在批改作业方面,平均批改作业量最大的科目与平均批改作业量最小的任教科目之间,其平均批改作业时

间相差一个多小时。在辅导学生方面,平均每日辅导学生时间最多的科目与平均辅导学生用时最少的科目之间,其用时差距为一个小时。虽然科目的因素对教师课余工作量的影响较大,但由于造成差异的样本只占样本总量的很少一部分,大部分样本的均值都比较接近。这样小量样本的差异不会对本研究的主要研究结果造成了太大和过于明显的干扰。

(三)假设验证的数据分析

1. 理论假设一的验证

理论假设一认为,教师对自身课余工作量大小的看法与对同事课余工作量大小的看法相关。教师与同事的关系越密切,就会对自身课余工作量大小的看法与对同事课余工作量大小看法的相关性越高。

教师对自身课余工作量大小的认知(wm0 总工作量)与对同事平均课余工作量(wm1j)大小的认知相关分析数据(见表 4—11):

表 4—11　教师对自身与同事的课余总工作量认知的相关性

| | | wm0(总工作量) | wm1j |
|---|---|---|---|
| | Pearson 相关性 | 1 | 0.853** |
| wm0(总工作量) | 显著性(双侧) | | 0.000 |
| | N | 82 | 82 |
| | Pearson 相关性 | 0.853** | 1 |
| wm1j | 显著性(双侧) | 0.000 | |
| | N | 82 | 82 |

从表 4—11 分析数据可得:教师对自身课余工作量大小的认知(wm0 总工作量)与对同事平均课余工作量(wm1j)大小的认知在 0.01 上极其显著相关。由于相关系数为 0.853,所以从表 4—11 分析数据可得:教师对自身课余总工作量大小的认知(wm0 总工作量)与对同事平均课余总工作量(wm1j)大小的认知属于高度正相关。

教师对自身备课量大小的认知(wm0 备课)与对同事平均备课量(wm1bj)大小的认知相关分析数据(见表 4—12):

表4－12　教师对自身与同事的备课量认知的相关性

| | | wm0（备课） | wm1bj |
|---|---|---|---|
| wm0（备课） | Pearson 相关性 | 1 | 0.437** |
| | 显著性（双侧） | | 0.000 |
| | N | 82 | 82 |
| wm1bj | Pearson 相关性 | 0.437** | 1 |
| | 显著性（双侧） | 0.000 | |
| | N | 82 | 82 |

从表4－12分析数据可得：教师对自身备课量大小的认知（wm0 备课）与对同事平均备课量（wm1bj）大小的认知在0.01上极其显著相关。由于相关系数为0.437，所以从表4－12分析数据可得：教师对自身备课量大小的认知（wm0 备课）与对同事平均备课量（wm1bj）大小的认知属于中度相关，而且它们之间为正相关。

教师对自身批改作业量大小的认知（wm0 批改作业）与对同事平均批改作业量（wm1pj）大小的认知相关分析数据（见表4－13）：

表4－13　教师对自身与同事的批改作业量认知相关性

| | | wm0（批改作业） | wm1pj |
|---|---|---|---|
| wm0（批改作业） | Pearson 相关性 | 1 | 0.248* |
| | 显著性（双侧） | | 0.025 |
| | N | 82 | 82 |
| wm1pj | Pearson 相关性 | 0.248* | 1 |
| | 显著性（双侧） | 0.025 | |
| | N | 82 | 82 |

从表4－13分析数据可得：教师对自身批改作业量大小的认知（wm0 批改作业）与对同事平均改作业量（wm1pj）大小的认知在0.05上显著相关。由于相关系数为0.248，所以从表4－13分析数据可得：教师对自身批改作业量大小的认知（wm0 批改作业）与对同事平均改作业量（wm1pj）大小的认

知属于低度相关,而且它们之间为正相关。

教师对自身辅导学生量大小的认知(wm0 辅导学生)与对同事平均辅导学生量(wm1fj)大小的认知相关分析数据(见表 4—14):

表 4—14 教师对自身与同事的辅导学生量认知相关性

| | | wm0(辅导学生) | wm1fj |
|---|---|---|---|
| wm0(辅导学生) | Pearson 相关性 | 1 | 0.528** |
| | 显著性(双侧) | | 0.000 |
| | N | 82 | 82 |
| wm1fj | Pearson 相关性 | 0.528** | 1 |
| | 显著性(双侧) | 0.000 | |
| | N | 82 | 82 |

从表 4—14 分析数据可得:教师对自身辅导学生量大小的认知(wm0 辅导学生)与对同事平均辅导学生量(wm1fj)大小认知在 0.01 上极其显著相关。由于相关系数为 0.528,所以从表 4—14 分析数据可得:教师对自身辅导学生量大小的认知(wm0 辅导学生)与对同事平均辅导学生量(wm1fj)大小的认知属于中度相关,而且它们之间为正相关。

本研究主要分别从教师对自身与同事的课余总工作量认知;教师对自身与同事的备课量认知;教师对自身与同事的批改作业量认知;教师对自身与同事的辅导学生量认知这几对数据进行相关分析。除了在批改作业方面的认知较低相关性之外,其他几项都是中度以上的显著相关。尤其是课余总工作量上,更是极其显著的高度相关。综上所述,理论假设一中,教师对自身课余工作量大小的看法与对同事课余工作量大小看法相关得到验证。

按照与同事关系的密切程度分类的教师对自身课余总工作量大小的认知(wm0 总工作量)与对同事平均课余总工作量大小的认知相关分析数据(见表 4—15、4—16、4—17):

表 4－15　教师对自身与同事的课余总工作量认知的相关性(密切)

| | | wm0(总工作量) | wm1j0 |
|---|---|---|---|
| wm0(总工作量) | Pearson 相关性 | 1 | 0.847** |
| | 显著性(双侧) | | 0.000 |
| | N | 82 | 82 |
| wm1j0 | Pearson 相关性 | 0.847** | 1 |
| | 显著性(双侧) | 0.000 | |
| | N | 82 | 82 |

表 4－16　教师对自身与同事的课余总工作量认知的相关性(普通)

| | | wm0(总工作量) | wm1j1 |
|---|---|---|---|
| wm0(总工作量) | Pearson 相关性 | 1 | 0.707** |
| | 显著性(双侧) | | 0.000 |
| | N | 82 | 80 |
| wm1j1 | Pearson 相关性 | 0.707** | 1 |
| | 显著性(双侧) | 0.000 | |
| | N | 80 | 80 |

表 4－17　教师对自身与同事的课余总工作量认知的相关性(疏远)

| | | wm0(总工作量) | wm1j2 |
|---|---|---|---|
| wm0(总工作量) | Pearson 相关性 | 1 | 0.563** |
| | 显著性(双侧) | | 0.000 |
| | N | 82 | 72 |
| wm1j2 | Pearson 相关性 | 0.563** | 1 |
| | 显著性(双侧) | 0.000 | |
| | N | 72 | 72 |

　　对比表 4－15、4－16、4－17 所呈现的数据可以得知:在 0.01 水平上,教师对自身与同事的课余总工作量认知的相关性(密切)的相关系数为 0.847(高度相关);教师对自身与同事的课余总工作量认知的相关性(普通)的相

关系数为 0.707(高度相关);教师对自身与同事的课余总工作量认知的相关性(疏远)的相关系数为 0.563(中度相关)。根据 0.847＞0.707＞0.563,可以从中推断出在教师对自身与同事的课余总工作量认知上,关系密切者之间的相关度依次大于关系普通者和关系疏远者。教师与同事的关系越密切,就会对自身课余总工作量大小的看法与对同事课余总工作量大小看法的相关性越高。

按照与同事关系的密切程度分类的教师对自身备课量大小的认知(wm0 备课)与对同事平均备课量大小的认知相关分析数据(见表 4－18、4－19、4－20):

**表 4－18　教师对自身与同事的备课量认知的相关性(密切)**

| | | wm0(备课) | wm1bj0 |
|---|---|---|---|
| | Pearson 相关性 | 1 | 0.494 ** |
| wm0(备课) | 显著性(双侧) | | 0.000 |
| | N | 82 | 82 |
| | Pearson 相关性 | 0.494 ** | 1 |
| wm1bj0 | 显著性(双侧) | 0.000 | |
| | N | 82 | 82 |

**表 4－19　教师对自身与同事的备课量认知的相关性(普通)**

| | | wm0(备课) | wm1bj1 |
|---|---|---|---|
| | Pearson 相关性 | 1 | 0.354 ** |
| wm0(备课) | 显著性(双侧) | | 0.001 |
| | N | 82 | 80 |
| | Pearson 相关性 | 0.354 ** | 1 |
| wm1bj1 | 显著性(双侧) | 0.001 | |
| | N | 80 | 80 |

表 4-20　教师对自身与同事的备课量认知的相关性（疏远）

| | | wm0（备课） | wm1bj2 |
|---|---|---|---|
| wm0（备课） | Pearson 相关性 | 1 | 0.361** |
| | 显著性（双侧） | | 0.002 |
| | N | 82 | 72 |
| wm1bj2 | Pearson 相关性 | 0.361** | 1 |
| | 显著性（双侧） | 0.002 | |
| | N | 72 | 72 |

对比表 4-18、4-19、4-20 所呈现的数据可以得知：综合来说，教师对自身与同事的备课量认知的相关性（密切）的相关程度最高，而其他两组相关的相关程度都较低，虽然没有呈现依次分布，但在普通关系和疏远关系中存在样本的缺失。样本缺失表明了在某些样本里，普通关系和疏远关系的同事不存在或者对样本主体没有造成任何影响。总体来说，其大致上也是服从教师与同事的关系越密切，就会对自身课余工作量大小的看法与对同事课余工作量大小看法的相关性越高的假设判断。

按照与同事关系的密切程度分类的教师对自身批改作业量大小的认知（wm0 批改作业）与对同事平均批改作业量大小的认知相关分析数据（见表4-21、4-22、4-23）：

表 4-21　教师对自身与同事的批改作业量认知相关性（密切）

| | | wm0（批改作业） | wm1pj0 |
|---|---|---|---|
| wm0（批改作业） | Pearson 相关性 | 1 | 0.281* |
| | 显著性（双侧） | | 0.010 |
| | N | 82 | 82 |
| wm1pj0 | Pearson 相关性 | 0.281* | 1 |
| | 显著性（双侧） | 0.010 | |
| | N | 82 | 82 |

表 4-22 教师对自身与同事的批改作业量认知相关性(普通)

| | | wm0(批改作业) | wm1pj1 |
|---|---|---|---|
| wm0(批改作业) | Pearson 相关性 | 1 | 0.205 |
| | 显著性(双侧) | | 0.068 |
| | N | 82 | 80 |
| wm1pj1 | Pearson 相关性 | 0.205 | 1 |
| | 显著性(双侧) | 0.068 | |
| | N | 80 | 80 |

表 4-23 教师对自身与同事的批改作业量认知相关性(疏远)

| | | wm0(批改作业) | wm1pj2 |
|---|---|---|---|
| wm0(批改作业) | Pearson 相关性 | 1 | 0.175 |
| | 显著性(双侧) | | 0.142 |
| | N | 82 | 72 |
| wm1pj2 | Pearson 相关性 | 0.175 | 1 |
| | 显著性(双侧) | 0.142 | |
| | N | 72 | 72 |

分析表 4-21、4-22、4-23 所呈现的数据可以得知:除了关系密切的同事之外,其他教师对自身与同事的批改作业量认知相关性并没有出现显著关系。而且就算是关系密切的同事类别,也仅在 0.05 的基础上,显著相关。因此,批改作业量的认知受对同事工作量认知的影响不太大,总的来说也是服从教师与同事的关系越密切,就会对自身课余工作量大小的看法与对同事课余工作量大小看法的相关性越高的理论假设。

按照与同事关系的密切程度分类的教师对自身辅导学生量大小的认知(wm0 辅导学生)与对同事平均辅导学生量大小的认知相关分析数据(见表 4-24、4-25、4-26):

表 4-24　教师对自身与同事的辅导学生量认知相关性(密切)

| | | wm0(辅导学生) | wm1fj0 |
|---|---|---|---|
| wm0(辅导学生) | Pearson 相关性 | 1 | 0.435** |
| | 显著性(双侧) | | 0.000 |
| | N | 82 | 82 |
| wm1fj0 | Pearson 相关性 | 0.435** | 1 |
| | 显著性(双侧) | 0.000 | |
| | N | 82 | 82 |

表 4-25　教师对自身与同事的辅导学生量认知相关性(普通)

| | | wm0(辅导学生) | wm1fj1 |
|---|---|---|---|
| wm0(辅导学生) | Pearson 相关性 | 1 | 0.426** |
| | 显著性(双侧) | | 0.000 |
| | N | 82 | 80 |
| wm1fj1 | Pearson 相关性 | 0.426** | 1 |
| | 显著性(双侧) | 0.000 | |
| | N | 80 | 80 |

表 4-26　教师对自身与同事的辅导学生量认知相关性(疏远)

| | | wm0(辅导学生) | wm1fj2 |
|---|---|---|---|
| wm0(辅导学生) | Pearson 相关性 | 1 | 0.269* |
| | 显著性(双侧) | | 0.022 |
| | N | 82 | 72 |
| wm1fj2 | Pearson 相关性 | 0.269* | 1 |
| | 显著性(双侧) | 0.022 | |
| | N | 72 | 72 |

　　对比表 4-24、4-25、4-26 所呈现的数据可以得知:在 0.01 水平上,教师对自身与同事的辅导学生量认知相关性(密切)的相关系数为 0.435;教师对自身与同事的辅导学生量认知相关性(普通)的相关系数为 0.426,在 0.05

水平上,教师对自身与同事的课余总工作量认知的相关性(疏远)的相关系数为 0.269。据此可以从中推断出在教师对自身与同事的辅导学生量认知上,关系密切者之间的相关度依次大于关系普通者和关系疏远者,并且远大于关系疏远者。教师与同事的关系越密切,就会对自身辅导学生量大小的看法与对同事辅导学生量大小看法的相关性越高。

综上所述,理论假设一:教师对自身课余工作量大小的看法与对同事课余工作量大小的看法相关。教师与同事的关系越密切,就会对自身课余工作量大小的看法与对同事课余工作量大小看法的相关性越高得到验证。

2. 理论假设二的验证

理论假设二认为:教师实际课余工作量 w 与教师对自己课余工作量的看法 wm0 之间的关系中,w 与 wm0 成正相关。教师认为自己课余工作量大的,其实际课余工作量就大。

表 4-27 (课余工作量)w 与 wm0 的相关性

| | | w(总工作量)(t) | wm0(总工作量) |
|---|---|---|---|
| w(总工作量)(t) | Pearson 相关性 | 1 | 0.338** |
| | 显著性(双侧) | | 0.002 |
| | N | 82 | 82 |
| wm0(总工作量) | Pearson 相关性 | 0.338** | 1 |
| | 显著性(双侧) | 0.002 | |
| | N | 82 | 82 |

表 4-28 (备课)w 与 wm0 相关性

| | | w(备课)(t) | wm0(备课) |
|---|---|---|---|
| w(备课)(t) | Pearson 相关性 | 1 | 0.369** |
| | 显著性(双侧) | | 0.001 |
| | N | 82 | 82 |
| wm0(备课) | Pearson 相关性 | 0.369** | 1 |
| | 显著性(双侧) | 0.001 | |
| | N | 82 | 82 |

表 4—29　（批改作业）w 与 wm0 相关性

| | | w（批改作业）（t） | wm0（批改作业） |
|---|---|---|---|
| | Pearson 相关性 | 1 | 0.293** |
| w（批改作业）（t） | 显著性（双侧） | | 0.007 |
| | N | 82 | 82 |
| | Pearson 相关性 | 0.293** | 1 |
| wm0（批改作业） | 显著性（双侧） | 0.007 | |
| | N | 82 | 82 |

表 4—30　（辅导学生）w 与 wm0 相关性

| | | w（辅导学生）（t） | wm0（辅导学生） |
|---|---|---|---|
| | Pearson 相关性 | 1 | 0.367** |
| w（辅导学生）（t） | 显著性（双侧） | | 0.001 |
| | N | 82 | 82 |
| | Pearson 相关性 | 0.367** | 1 |
| wm0（辅导学生） | 显著性（双侧） | 0.001 | |
| | N | 82 | 82 |

表 4—27、4—28、4—29、4—30 分别从教师课余总工作量及其包含的几个细类（备课、批改作业、辅导学生）方面分析了教师实际课余工作量 w 与教师对自己课余工作量的看法 wm0 之间的相关性。从结果上看，在 0.01 水平上呈现显著的低度正相关。

综上所述，理论假设二：教师实际课余工作量 w 与教师对自己课余工作量的看法 wm0 成正相关。教师认为自己课余工作量大的，其实际课余工作量就大。假设得到验证。

3. 理论假设三的验证

理论假设三认为，教师实际课余工作量 w 与教师对同事课余工作量的看法 wm1 之间的关系中，w 与 wm1 成正相关。教师认为同事课余工作量大的，其实际课余工作量就大。

表 4－31　（课余工作量）w 与 wm1（均值）相关性

| | | w（总工作量）（t） | wm1j |
|---|---|---|---|
| w（总工作量）（t） | Pearson 相关性 | 1 | 0.392** |
| | 显著性（双侧） | | 0.000 |
| | N | 82 | 82 |
| wm1j | Pearson 相关性 | 0.392** | 1 |
| | 显著性（双侧） | 0.000 | |
| | N | 82 | 82 |

表 4－32　（备课）w 与 wm1（均值）相关性

| | | w（备课）（t） | wm1bj |
|---|---|---|---|
| w（备课）（t） | Pearson 相关性 | 1 | 0.534** |
| | 显著性（双侧） | | 0.000 |
| | N | 82 | 82 |
| wm1bj | Pearson 相关性 | 0.534** | 1 |
| | 显著性（双侧） | 0.000 | |
| | N | 82 | 82 |

表 4－33　（批改作业）w 与 wm1（均值）相关性

| | | w（批改作业）（t） | wm1pj |
|---|---|---|---|
| w（批改作业）（t） | Pearson 相关性 | 1 | 0.094 |
| | 显著性（双侧） | | 0.401 |
| | N | 82 | 82 |
| wm1pj | Pearson 相关性 | 0.094 | 1 |
| | 显著性（双侧） | 0.401 | |
| | N | 82 | 82 |

表 4—34 （辅导学生）w 与 wm1（均值）相关性

| | | w（辅导学生）(t) | wm1fj |
|---|---|---|---|
| w（辅导学生）(t) | Pearson 相关性 | 1 | 0.249* |
| | 显著性（双侧） | | 0.024 |
| | N | 82 | 82 |
| wm1fj | Pearson 相关性 | 0.249* | 1 |
| | 显著性（双侧） | 0.024 | |
| | N | 82 | 82 |

表 4—31、4—32、4—33、4—34 分别从教师课余总工作量及其包含的几个细类（备课、批改作业、辅导学生）方面分析了教师实际课余工作量 w 与教师对同事课余工作量的看法 wm1 的相关性。从结果上看，只有课余总工作量方面和备课量方面在 0.01 水平上呈现显著的正相关。其中课余总工作量方面是低度相关，备课量是中度相关。辅导学生方面的数据组只在 0.05 的水平，低度正相关。而它们在批改作业上却检测不出显著相关。

综上所述，理论假设三：教师实际课余工作量 w 与教师对同事课余工作量的看法 wm1 成正相关。教师认为同事课余工作量大的，其实际课余工作量就大，被部分验证。总体来说，假设得到验证。

4. 理论假设四的验证

理论假设四认为：w 与 wm0－wm1 绝对值成负相关。教师对自己与同事课余工作量看法差异越小，其实际课余工作量就大。

表 4—35 w 与 wm0－wm1（cy）的相关性

| | | w（总工作量）(t) | cy |
|---|---|---|---|
| w（总工作量）(t) | Pearson 相关性 | 1 | －0.133 |
| | 显著性（双侧） | | 0.234 |
| | N | 82 | 82 |
| cy | Pearson 相关性 | －0.133 | 1 |
| | 显著性（双侧） | 0.234 | |
| | N | 82 | 82 |

表 4－36 w 与 wm0－wm1 绝对值(cyA)的相关性

|  |  | w(总工作量)(t) | cyA |
|---|---|---|---|
| w(总工作量)(t) | Pearson 相关性 | 1 | $-0.226^{*}$ |
|  | 显著性(双侧) |  | 0.041 |
|  | N | 82 | 82 |
| cyA | Pearson 相关性 | $-0.226^{*}$ | 1 |
|  | 显著性(双侧) | 0.041 |  |
|  | N | 82 | 82 |

由表 4－35 的分析数据可得:w 与 wm0－wm1 相关不显著。教师对自己对同事课余工作量的看法差异值的大小与其实际课余工作量的大小无明显的直接关系。研究样本的教师群体中,没有明显体现教师实际课余工作量与教师对自己与同事课余工作量的看法差异的显著关系。

由表 4－36 的分析结果可以得出:在 0.05 的水平上 w 与 wm0－wm1 绝对值呈现显著负相关。理论假设四:教师对自己与同事课余工作量看法差异越小,其实际课余工作量就大。假设得到验证。

5. 理论假设五的验证

理论假设五认为:非正式团体中的密友团体对于教师对自己课余工作量看法 wm0 的影响是教师认为自己所在的密友团体中的同事课余工作量(均值)越大,其认为自己课余工作量越大。

如表 4－15 所示,在 0.01 水平上,教师对自身与密友团体中同事的课余总工作量认知的相关性的相关系数为 0.847,高度正相关。因此理论假设五这一个零假设被本研究验证。

6. 理论假设六的验证

理论假设六:教师认为自己所在的同室团体中的同事课余工作量(均值)越大,其认为自己课余工作量越大。同室团体中同事的平均对课余工作量的看法与教师对自己课余工作量的看法直接相关。

表 4－37　教师对自身与同室团体同事的课余总工作量认知(wm1a)的相关性

| | | wm0(总工作量) | wm1a |
|---|---|---|---|
| wm0(总工作量) | Pearson 相关性 | 1 | 0.833** |
| | 显著性(双侧) | | 0.000 |
| | N | 82 | 82 |
| wm1a | Pearson 相关性 | 0.833** | 1 |
| | 显著性(双侧) | 0.000 | |
| | N | 82 | 82 |

如表 4－37 所示,在 0.01 水平上,教师对自身与密友团体中同事的课余总工作量认知的相关性的相关系数为 0.833,高度正相关。因此理论假设六的这一个零假设被本研究验证。

7. 理论假设七的验证

理论假设七:教师认为自己所在的密友团体中的同事课余工作量(均值)越大,自己的实际课余工作量越大。教师实际的课余工作量受到密友团体的影响或干扰。

表 4－38　(课余工作量)w 与对密友团中同事工作量认知(wm1j0)的相关性

| | | w(总工作量)(t) | wm1j0 |
|---|---|---|---|
| w(总工作量)(t) | Pearson 相关性 | 1 | 0.459** |
| | 显著性(双侧) | | 0.000 |
| | N | 82 | 82 |
| wm1j0 | Pearson 相关性 | 0.459** | 1 |
| | 显著性(双侧) | 0.000 | |
| | N | 82 | 82 |

如表 4－38 所示,在 0.01 水平上,(课余工作量)w 与对密友团中同事工作量认知(wm1j0)的相关系数为 0.459,中度正相关。因此理论假设七的这一个零假设被本研究验证。

8. 理论假设八的验证

理论假设八：教师认为自己所在的同室团体中的同事课余工作量（均值）越大，自己的实际课余工作量越大。教师实际的课余工作量受到同室团体的影响或干扰。

表 4—39 （课余工作量）w 与对同室团中同事工作量认知（wm1a）的相关性

| | | w（总工作量）（t） | wm1a |
|---|---|---|---|
| w（总工作量）（t） | Pearson 相关性 | 1 | 0.388** |
| | 显著性（双侧） | | 0.000 |
| | N | 82 | 82 |
| wm1a | Pearson 相关性 | 0.388** | 1 |
| | 显著性（双侧） | 0.000 | |
| | N | 82 | 82 |

如表 4—39 所示，在 0.01 水平上，课余工作量 w 与对同事团中同事工作量认知 wm1a 的相关系数为 0.388，低度正相关。因此理论假设八的这一个零假设被本研究验证。

# 第三节　研究结论与学校管理建议

## 一、研究结论

在该教师样本里，对等人际因素于教师课余工作量有影响。具体包括以下方面：

第一，对同事课余工作量大小的认知，直接影响教师对自身课余工作量的认知。与同事的关系越密切，这种认知上的影响就越大。

第二，对同事课余工作量大小的认知，间接影响教师的实际课余工作量。由于教师的实际课余工作量与教师对自身课余工作量的判断直接相关,同时,对同事课余工作量大小的认知直接影响教师对自身课余工作量的认知,因此,对同事课余工作量大小的认知间接影响到教师的实际课余工作量,从逻辑推导到实际验证上都成立。

第三,教师对自己课余工作量和同事课余工作量大小的认知差异,影响教师的实际课余工作量。当这种差异越小的时候,教师课余实际工作量越大,反之也成立。也就是说,当教师的课余工作心理平衡性越高,其工作更为积极。

第四,非正式组织里的对等性人际因素,也对教师对工作量大小的认知以及实际工作量造成影响。这种影响是正相关的。相比之下,密友团体对教师工作量的认知及实际课余工作量的影响大于同室团体的影响。

第五,根据课余工作的各个细分项目的分别研究,研究者发现:并非全部项目都显著受到对等性人际因素的影响。例如,批改作业方面,它的实际工作量往往与对同事该项目工作量大小的认知不呈现出显著相关性。对同事课余批改量大小的认知,不太影响教师对自身批改作业量的认知。而在备课上,教师课余工作量的认知和实际情况,都大大地受到对等人际因素的影响。

## 二、学校管理建议

由于教师的课余工作量及其相关的工作积极性受到对等性人际因素的影响,所以学校管理者在调动教师工作积极性,减少其职业倦怠时,必须把对等性人际因素的影响考虑进去。

利用公平感调动教师的课余工作积极性。即利用教师的心理平衡来激发其课余工作的动力。教师在课余工作中,行为体验往往受到其他同事课余工作情况影响。他们会在不知不觉间产生心理认同而形成心理相容,造成心理平衡感。这种平衡感就会正向强化其行为,如果这种平衡感被打破,教师则会产生逆反心理,行为就会发生逆转。因此,学校管理者必须重视运用公平驱动法来平衡教师心理,激发其工作内动力。

首先,学校应在教师的硬性工作量分配上做到合理公平。不要让教师形成自己的工作负担比别人大，报酬却与他人差不多，或者自己工作量比别人少，产生不受重视的心理不平衡感。如果由于教师的内外各种因素使得这样的分配无法实现的话，那么学校可以在物质待遇等方面尽量做到公平合理、一视同仁。与此同时，校方应当建立起合理的奖金评定和晋级制度，使教师的工作所得与其工作成果相联系，工作奖励与其课余工作花费的时间精力挂钩。

其次，在教师里面培养热心工作的榜样。榜样在教师群体中的融入通过对等性因素的影响起作用，积极倡导奉献精神。长久之下，能够成为榜样的同事越来越多，整个教师群体就形成了工作积极向上的良好氛围。

再次，学校管理者应当引导教师进行正确对比。不把平均主义当成公平，不把在同等工资水平下，课余工作量大小的差别看成是"不公"。与此同时，帮助教师对劳动成果进行客观的自我评价和归因。冷静公正的自我评价，可以排除客观上由于多种复杂因素出现评价偏差而产生的心理失衡，减少外部环境中不稳定因素的干扰，保证教师持久的工作动力；帮助教师从个人动力、个人能力、任务难度及机遇四方面做出正确归因，将有利教师恢复心理平衡状态，并找到继续努力的正确方向[①]。

最后，恰当引入竞争机制。虽然教师在课余工作量上，工作心理越平衡，其工作的积极性越强。认知差异、竞争引入都会导致不平衡的出现，但这不意味着要避免教师工作上的竞争和相互攀比。在整个群体积极工作的氛围里，工作心理的平衡仅仅把教师的工作积极性维持在一个较高的状态，它不一定会促使教师工作热情的再度提高。对于那些陷入低迷状态教师工作环境里的绝大多数人员，平衡的心理只会使得陷入其中的教师继续消极怠工以维持这种平衡。相反，引入合适的竞争机制，打破教师工作心理的平衡性，有利于激发整个教师群体的工作活力。恰如其分地运用求荣、成就心理，以及对等性人际因素的影响，有利于教师打破旧的心理平衡，形成合理积极的新平衡。

---

① 邵军：《简论教师内驱力的激发》，《中国成人教育》1998 年第 10 期，第 37 页。

此外，在竞争条件下，对等性人际因素会对教师产生更大的影响，尤其是心理上造成压力感和紧迫感。对比、参照之下使教师的自尊需要和自我实现的需要更为强烈。这样无疑就会在无形中调动起教师的内在活力，有力地促使其自发在这些为教学质量服务的教学辅助性工作中投放更多的精力和时间。这种良性竞争能有力推动整个师资队伍素质的提高。

# 第五章

# 教师参与绩效工资改革研究

## 第一节　问题与研究工具的选择

### 一、问题的缘起

为深化教育人事制度改革,推进义务教育学校绩效工资制度顺利实施,加强教师队伍建设,国家教育部于 2008 年 12 月发布《教育部关于做好义务教育学校教师绩效考核工作的指导意见》(教人〔2008〕15 号),规定"自 2009 年 1 月 1 日起,首先在义务教育学校实施绩效工资分配政策"。文件还要求"各级教育行政部门和义务教育学校采取切实有效措施,建立健全科学完善的教师绩效考核指标体系,充分发挥校长、教师和学校在绩效考核中的作用,坚持公平公正、公开透明,充分发扬民主,增强绩效考核工作的透明度和考核结果的公信力"。

学校组织是个典型的双重系统,既具有松散结合特征,又不失科层组织特征。学校不同于一般企业组织那样机械化和程序化,其所有工作都要落在"培养人"这一核心上。在工厂企业中广泛应用并取得良好效果的绩效工资制,应用到学校教师的工资分配中时需要慎重。学校的绩效工资改革首先需要取得教师对分配方案的认同和接受,这必然要求学校推进民主化管理,教师参与是学校管理民主化的一个重要体现。

绩效工资改革关系到每一位教师的切身利益,教师们希望对自己福利、津贴的分配享有更多的话语权,其参与意愿较高;另一方面,基于一些实际层面的问题,在绩效工资改革的过程中,学校管理层又不太可能完全满足每一名教师的要求。学校领导如何引导教师参与,如何制定出让教师满意的绩效工资分配方案,是绩效工资改革在基层落实的关键环节。

## 二、目的与意义

实践上,绩效工资改革从 2009 年开始在全国中小学中铺展开来,现阶段大部分地区的中小学对绩效工资制的实施尚处在摸索阶段。本研究以广州市越秀区中小学为研究对象,该区曾作为全国绩效工资改革的试点地区,在2004 年就已经开始在中小学校实施类似于绩效工资的浮动工资奖励制,经过了 6 年多的尝试,绩效工资制在该地区已趋成熟。研究分析该地区绩效工资改革的现状,总结该地区改革的经验,以期为其他地区中小学校实施教师绩效工资改革提供参考借鉴。

理论上,现有对教师参与学校管理决策的研究,均是将学校管理事务作为一个整体或划分为几大块进行讨论,针对性不强,目前尚未有研究专门针对某一管理事务的参与进行探讨。诸多学者的研究表明:教师对学校不同管理事务的期望参与程度以及理想的参与方式是存在明显差异的。绩效工资改革中分配方案的制定关系到教师的切身利益,教师广泛关注,群体参与意愿高[1]。本研究着重关注教师在学校绩效工资分配方案制定过程中的参与情况,探讨在这一过程教师的理想参与模式,对教师参与学校管理事务的理论进行深化和具体化。

---

[1] 李永生:《教师民主参与管理的调查与分析》,《教育研究与实验》2002 年第 2 期;刘兴春:《普通中小学教师参与学校决策的调查》,《江西教育科研》2004 年第 7 期;朱珠:《高校教师民主参与学校决策的研究——基于广西高校的调查》,广西大学硕士学位论文,2008 年;孙小丽:《关于教师参与学校决策的问题——基于一所中学的实地研究》,南京师范大学硕士学位论文,2006 年。

### 三、核心概念界定

**（一）教师**

根据《中华人民共和国教师法》第一章《总则》第三条和第九章《附则》第三条，中小学教师是指在幼儿园、特殊教育机构、普通中小学、成人初等中等教育机构、职业中学以及其他教育机构任职的教育教学专业人员。本研究的研究对象是广州市越秀区的区属小学、初中和高中的学科专任教师，文中简称为"教师"，以区分校长和学校其他行政管理人员。

**（二）绩效工资**

绩效工资，又称绩效加薪、奖励工资或与评估挂钩的工资，是以职工被聘上岗的工作岗位为主，通过岗位分析确定岗位技术含量、责任大小、劳动强度和环境优劣，以企业经济效益和劳动力价值确定工资总额，以职工的劳动成果为依据支付劳动报酬，是劳动制度、人事制度与工资制度密切结合的工资制度[①]。

**（三）参与**

在管理学中，按照《简明国际教育百科全书·教育管理》一书，参与是指"与正式职位上的人从某种程度上分享决策权"[②]，这一定义意味着参与是主动地分享决策权，而不是被动包括在管理活动中。罗伯特·欧文斯（Robert G. Owens）给"参与"的定义是："个人思想和感情都投入到一种鼓励个人为团队目标做出贡献、分担责任的团队环境之中；参与是思想和感情的投入，是名副其实的投入，而不仅仅是在决策中摆样子和走过场。这样的投入极大地激励了参与者，从而发挥他们的主动性、创造性和积极性。"[③]这一解释强调了参与者的积极主动性和参与过程的投入程度，与"形式上的参与"做出了区分。

**（四）决策**

西蒙（H. A. Simon）认为："管理就是决策"，"计划、组织、指挥、协调和控

---

① 徐锋：《绩效工资考核实施面临的难题》，《经营管理者》2009 年第 20 期，第 161 页。

② 中央教育科学研究所比较教育研究室编译：《简明国际教育百科全书·教育管理》，教育科学出版社 1992 年版，第 400 页。

③ 罗伯特·欧文斯：《教育组织行为学》，华东师范大学出版社 2001 年版，第 350、374 页。

制等管理职能都是做出决策的过程"，"组织就是一个决策系统"，并指出，应把决策理解为"对行动目标与手段的探索、判断、评价直至最后选择的过程"。他提出了"有限理性说"，强调了个人的理性有限，难以客观决策①。

随着管理学研究的深入，同时为了把管理与决策区分开来，有些学者对决策进行了更加具体的定义。他们认为，"决策只是指从多个备选方案中选择最优的方案的活动。其过程包括：识别决策问题；开发备选方案；分析备选方案；选择最优方案"②。

本研究中选择后者对决策的理解，即所谓决策就是一定社会组织的管理者，为解决面临的问题，从实际出发，运用科学的理论和方法，开发若干个解决问题的方案，从中选择最优方案的活动过程③。

对于学校决策，目前学术界还没有一个明确的界定。不过本研究认为它作为众多决策类型中的一种，可以根据对决策含义的分析而演绎，即学校的管理者在学校的管理活动中为解决面临的问题，实现学校的管理目标，从学校的实际出发，运用科学的方法开发出若干个行动方案，从中选择最优方案的活动④。

## 四、学校绩效工资改革

### （一）绩效工资的特征

绩效工资的基本特征是将雇员的薪酬收入与个人业绩挂钩。与传统工资制相比，绩效工资制的主要特点：一是有利于雇员工资与可量化的业绩挂钩，将激励机制融于企业目标和个人业绩的联系之中；二是有利于工资向业绩优秀者倾斜，提高企业效率和节省工资成本；三是有利于突出团队精神和企业形象，增大激励力度和雇员的凝聚力。绩效工资体系的不完善之处和负面影响主要是：绩效工资容易导致"对绩优者的奖励有方，对绩劣者约束欠缺"的现象，而且在对绩优者奖励幅度过大的情况下，容易造成一些雇员

---

① 赫伯特·西蒙：《管理行为》，机械工业出版社 2004 年版。
② 史蒂芬·P·罗宾斯：《管理学》，中国人民大学出版社 2004 年版。
③ 李国书：《论我国公立中小学决策中的教师参与》，华南师范大学硕士学位论文，2002 年。
④ 李国书：《论我国公立中小学决策中的教师参与》，华南师范大学硕士学位论文，2002 年。

瞒报业绩的行为①。

在中小学实施的绩效工资常分为基础性和奖励性两部分。基础性绩效工资主要体现地区经济发展水平、物价水平、岗位职责等因素，占绩效工资总量的 70％；奖励性绩效工资主要体现工作量和实际贡献等因素，占 30％。其中，奖励性绩效工资是在考核的基础上，由学校确定奖励性绩效工资的分配方式和办法。

（二）学校绩效工资改革的意义

绩效工资改革实行以前，教师的工资制度采用陈腐的"论资排辈"、"大锅饭"理念，难以发挥激励效果，导致人浮于事，教育服务效益低下。学校教师往往以公务员工资福利待遇为参照，对待遇产生明显的不公平感。义务教育学校绩效工资改革是针对我国现有的学校工资体制陈旧，教师普遍工作积极性不高的不良现状而提出的，实施绩效工资改革对提高教师的工资待遇、增进教师的工作积极性、促进教育均衡发展具有重要的意义。

1. 提高教师的工资待遇

《中华人民共和国教师法》和《中华人民共和国义务教育法》明确规定"教师平均工资水平不低于当地公务员的平均工资水平"，但在绩效工资改革之前，这一规定只是停留在文字，提高教师的工资待遇是这次改革的主要目标之一。绩效工资改革的实施对于依法保障教师收入水平，吸引和鼓励优秀人才长期、终身从教具有里程碑的意义。

2. 增进教师工作的积极性

绩效工资改革并不是单纯地给教师提高工资，更重要的是在原有的以职称为唯一标准的工资制度中引入绩效奖励，打破了传统的"大锅饭"、"铁饭碗"，在工资分配中坚持多劳多得、优绩优酬，重点向一线教师、骨干教师和作出突出成绩的其他工作人员倾斜。这一分配制度的有效落实，将教师间的竞争从功利回到业绩，教学而非后勤将成为教师工作的首选，学校教学工作的中心地位将得到加强，教师的积极性将得到提高。

---

① 徐锋：《绩效工资考核实施面临的难题》，《经营管理者》2009 年第 20 期，第 161 页。

### 3. 促进教育的均衡发展

促进教育公平也是教师工资制度改革的一个重要政策目标。教育公平是社会公平的基础。由于社会经济的不均衡发展,我国教育区域间和校际间发展不均衡,教师群体中存在着明显的内部分化。此次"绩效工资向不发达地区和弱势群体倾斜"的政策,将使改革重点向农村教师、非重点学校教师和西部地区教师倾斜,向教师群体中的弱势群体倾斜,对优化教育教学资源配制,促进国家基础教育的均衡发展有着积极的意义。

### 4. 拉开事业单位改革的帷幕

绩效工资改革拉开了酝酿已久的事业单位改革的帷幕。政府是"通过薪酬改革来推动事业单位改革,通过薪酬改革的办法把事业单位改革这块最后的硬骨头啃下来"①。事业单位绩效工资改革不只是其从业人员工资单上的一项改变,它的内在目标是推进事业单位的分类和改革,最终让纳税人为有绩效的公共服务付酬。这一改革确立了"分三步走、四个原则"的方案,其中第一步就是从 2009 年 1 月 1 日起在义务教育学校实施绩效工资制,然后依次实现在基层医疗卫生事业单位实施绩效工资制,并最终完成所有事业单位的绩效工资改革。由此可见,义务教育学校的绩效工资改革获得的经验将对其他公益性事业部门的工资乃至整个体制上的改革均具有借鉴作用。

### (三)学校绩效工资改革的政策分析

在政策科学或公共政策研究中,人们习惯上将政策过程分为政策制定(规划)、政策执行和政策评估等阶段。其中,政策执行是指"政策执行者将政策观念形态的内容转化为实际效果,从而实现既定的政策目标的活动过程"②。一项政策能否真正被落实,涉及到多方面的因素。下面分别从政策问题、政策目标团体的性质和政策本身的规制力等三方面,对影响学校绩效工资改革执行的因素进行分析。

### 1. 绩效工资改革的政策问题

政策要调整的问题越复杂,执行的难度就越大。政策执行中触动的权

---

① 《绩效工资:变相的增收?》,《商业周刊》2009 年 9 月 14 日,第 12—13 页。
② 陈振明编著:《公共政策学——政策分析的理论、方法和技术》,中国人民大学出版社 2004年。

力关系越多,涉及的机构和人员越多,政策的目标越宏大,要调整的利益关系幅度越大,规范的技术操作等级越高,政策执行的难度也就越大。

（1）政策目标与现状的差距大

教师原有的工资水平较低,与"教师平均工资不低于当地公务员的平均工资水平"的规定差距较大,加之教师群体数量巨大且存在严重分化,要达到这一政策目标有较大难度。

1994年1月1日实施的《教师法》第25条规定"教师的平均工资水平应当不低于或者高于国家公务员的平均工资水平,并逐步提高。"但这一规定一直没有相应的政策措施,教育部2008年发布的《国家教育督导报告》显示,2006年全国普通小学、普通中学（包括初中与高中）教职工人均年工资收入为17 729元和20 979元,分别比国家机关职工人均年工资收入低5 198元和1 948元。此外,一些地方不仅教师的经济地位、社会地位没得到提升,甚至拖欠教师工资的现象还发生。中央和地方针对绩效工资改革给中小学的财政拨款,能否填补教师与公务员收入之间的鸿沟,是一个有待探究的问题。

（2）改革挑战原有的工资分配方式

长期以来,教龄、学历和职称是确定公立学校教师工资的标准。在以职称定薪酬的制度下,教师只要工作达到一定年限,没有出现重大失误,都可以按部就班地提职称,一旦职称评定之后,教师工作表现好坏在工资报酬中几乎得不到体现。这一工资制度存在平均主义的倾向,无法调动教师的工作积极性,阻碍了教学质量的提高。

实施绩效工资,把绩效纳入工资标准,打破了传统的"大锅饭、铁饭碗",学校按需定员,教师按劳取酬。这对教师的原有观念是一种冲击,尤其对于一些既得利益者,如职称较高却年龄偏大的教师和一些原来创收能力较强、津贴补贴较高的学校。

（3）涉及整个事业单位的工资改革

学校绩效工资改革不但关系到广大教师切身利益的分配和调整,而且还是事业单位绩效工资改革的开端。按照事业单位绩效工资改革方案"分三步走"的战略,义务教育学校的绩效工资改革在事业单位改革中首当其冲,这更增大了中小学教师绩效工资改革的涉及面和影响范围。

2. 绩效工资改革的政策问题

（1）目标群体人数众多

一般说来，一项政策所针对的目标团体人数越少、越明确，政策执行就越容易越有效，反之，政策执行就越困难越无效。

我国是一个人口大国，从事义务教育工作的人员众多，义务教育阶段的公立学校的教职员工就多达 1 200 万，还有后勤行政人员、退休人员和代课老师等，涉及人员将近 3 000 万。一旦义务教育学校的教师工资进行改革，必然会带动幼儿园、高中和高等教育等非义务教育的教师的工资改革，进而是整个事业单位人员的工资改革。巨大的目标群体让绩效工资改革变得不容易。

（2）目标群体严重分化

目标团体的行为种类越多，就越难以制定清楚明确的规则用以约束政策对象的行为，难以制定正确、统一的规则和标准作为监督和检查的依据，这必然会加大政策执行的难度。提高教师的福利与待遇，让教师的辛勤劳动得到合理的经济回报，是广大教师的共同利益诉求。但是教师群体内部存在着巨大的分化，不同的教师群体有着各自的行为模式和利益诉求，这加大了对教师进行绩效工资改革的难度。

我国城乡之间、东西部之间经济和社会环境的差异巨大，以地方为主的教育财政政策导致教育发展水平受当地经济发展以及地方政府对教育的重视程度的制约。2008 年发布的《国家教育督导报告》显示教师工资收入水平的城乡差距依然较大：全国农村小学、初中教职工人均年工资收入分别仅相当于城市教职工的 68.8% 和 69.2%。此外，该报告对我国的 7 个省区进行的实地调研发现，同一省区内教师工资收入的校际差距也较大，其中广东省小学、初中农村教职工人均年工资收入仅为城市教职工的 48.2% 和 55.2%。2006 年与 2005 年相比，分别有 13 个省、自治区、直辖市农村小学、初中城乡教职工工资收入差距有所扩大。

教师群体除了在区域间、校际间存在差异，同一学校内部的老师也存在不同的利益诉求。其中，学校领导与一线教师之间的矛盾最为突出。由于教师的特殊性，对教师的绩效评价存在更多的人为性，而校长通常掌握了评价权,因此绩效工资提升了校长的权力,而今我国的绝大多数学校中民主管理体系尚未建立,校长权力缺乏有效的监督,在绩效评价中学校领导既是"裁判员"又是"运动员",绩效工资改革实施中一些本该向一线教师倾斜的政策变成向领导倾斜,与国家开展绩效工资改革的初衷背道而驰[①],"校长绩效工资过高,中层也会跟着'沾光',容易助长学校内部的'官本位'风气"[②]。

绩效工资改革明确要向一线教师倾斜,而在原有的工资制度中一线教师和后勤人员的绩效工资几乎没有差距,改革可能损害行政、后勤人员的利益,引发其不满。此外,改革要求向班主任倾向,这对肯定班主任工作的价值、增强班主任工作积极性、提高班级管理质量具有积极作用,但承担班主任工作的教师主要是会考科目教师,一些音乐、美术、体育等非会考科目的教师因为没有机会当班主任而感到不公。

（3）目标群体边界不清

《教育部关于做好义务教育学校教师绩效考核工作的指导意见》中对改革的目标界定是"按国家规定执行事业单位岗位绩效工资制度的义务教育学校正式工作人员"。在执行中,这一规定引发了一些相关团体的不满。

高中教师不属于义务教育阶段的教师,不被纳入这一改革之中。但我国部分地区目前还存在一些完全中学,初中和高中教师是混编的,这些教师大多交叉带课,很难界定他们是义务教育阶段的教师,还是高中阶段的教师。而且在高考的指挥棒下,高中老师是最累的老师,如果将高中教师排除在改革之外,可能造成高中教师工资低于初中教师的不公平现象,这样影响到高中教师的情绪和学校的工作;但如果高中教师纳入改革,由于没有相关规定,学校可能难以得到政府财政的资助,而仅通过学校自筹资金或学费又难以保障改革经费。

这一改革没有将其他教育机构的义务教育教师纳入。《中华人民共和国教师法》第九章第四十条明确规定:"其他教育机构是指少年宫以及地方教研室、电化教育机构等。"这些机构的教师主要服务于义务教育,待遇却可

---

① 潘从武:《一线教师质疑绩效工资分配方案有失公允》,《法制日报》2010 年 1 月 19 日。
② 刘家喜:《从"丰田管理"说校长的绩效工资》,《中小学管理》2009 年第 9 期,第 25 页。

能在改革后与义务教育学校的教师形成差距。

此外,民办教育也是我国教育的重要组成部分,在部分地区有着举足轻重的地位,公办学校教师的收入提高了,民办学校的教师的收入也应得到国家相应的扶持。

由于教师工资直接来自当地的财政,如果把一个地方的公共财政看做一块蛋糕,给教师群体提高工资,根据"帕累托最优"理论,就必然会影响到公务员群体的利益,即使有省级或中央政府的转移支付,在整体上也会削弱公务员的原有优势[1]。因此公务员、其他事业单位的利益,在一定程度上会受到影响。

3. 绩效工资改革的政策规制能力

(1)政策本身的正确性

政策的正确性是政策有效执行的根本前提。政策的正确性,首先要求的是内容的正确、符合客观规律;其次要求政策制定具有科学的理论基础、严密的逻辑关系和科学的规划程序。

根据个人绩效发放工资是一种类似于市场干预的激励机制,绩效工资制在工业部门已实行多年,操作得非常成功,人们认为公立学校也应该能毫无困难地运用这些方案,"对教师的奖励,会激发强烈的竞争反应,如同用金钱奖励推销员"[2]。在学校实施绩效工资分配制度的目的是要依法保障教师收入水平,激励广大教师积极投身教书育人事业,吸引和鼓励优秀人才长期从教、终身从教。

但是在教育领域中引入竞争机制,多劳多得、优绩优酬,以绩效考核结果作为教师绩效工资的分配依据,给教得好的教师以金钱的奖励,这种听起来合理的做法,实践却证明给予个人绩效奖励并不是激发教师动力和提高教师绩效的理想方法。

以最早对基础教育教师实施绩效工资制的美国为例,"美国学校绩效工

---

① 孙广杰:《落实教师绩效工资中的公平与效益问题》,《特别关注》2009 年第 6 期,第 12—13 页。

② 罗伯特·W·麦克米金著,伍向荣译:《教育发展的激励理论》,北京师范大学出版社 2008 年版,第 45 页。

资改革发展到今天已有近百年的历史,大部分绩效奖励机制没有存活几年,在现存的案例中,绩效奖励机制已经演变得不像是真正的绩效工资,而变成诸如加班费或给所有老师提高薪金"①。

（2）政策指令的明确性

政策指令的明确性是政策有效执行的关键所在,是政策执行者行动的依据,也是对政策执行进行评估和控制的基础。一项政策要能够顺利执行,从操作和技术上来说,必须具体明确,即政策方案和目标具体明确、政策措施和行动步骤明确、政策目标切合实际并可以达到。

绩效评价与考核是实施绩效工资的基础,也是绩效工资分配的主要依据。按照教育部出台的《关于做好义务教育学校教师绩效考核工作的指导意见》,提出"以德为先,注重实绩"、"客观公正,简便易行"、"坚持实事求是、民主公开,科学合理、程序规范,讲求实效、力戒繁琐"等实施原则,并对教师的绩效考核从师德、教育教学和从事班主任工作等方面进行了原则性的规定。应该说,这些原则性的指示目标很明确,就是要向在实际工作中作出贡献的骨干教师、一线教师倾斜,向为学生身心全面发展考虑的教师倾斜,而不是像之前那样往往凭学生考试成绩、升学率论英雄。但问题是,这些规定在执行中如何落实? 如何保证客观公正? 如何保证学校在分配方式和方法标准的确定上不会"暗箱操作"? 出了问题谁来监督,如何监督? 这些都需要确立可操作的细则。

（3）财政资源的充分性

无论政策制定的多么具体明确,如果负责执行政策的机构和人员缺乏必要的、充足的用于政策执行的资源,那么执行的结果也不能达到预期的政策目标。一般来说,政策资源主要有经费资源、人力资源、信息资源和权威资源,其中经费资源和权威资源是一项政策措施能否得到有效落实的基础。

"巧妇难为无米之炊",任何政策的执行都需要投入一定的人力、物力和财力。教育相比于企业的特殊性之一是其经费来源是国家税收,而教育只不过

---

① 钱磊:《美国教师绩效工资制度的分析与反思》,《教师教育研究》2008 年第 4 期,第 72—75 页。

是国家承担的各种各样的义务中的一种,财政支出要受到政治和预算压力的约束。国家规定绩效工资改革所需资金"要按照管理以县为主、经费省级统筹、中央适当支持的原则,确保实施绩效工资所需资金落实到位"。这在财政状况好的地方较好解决,在欠发达的地方则有难度。以位于西部地区的云南省为例,中央财政投入 120 亿元,按照平均分给 1 200 万中小学教师的算法,每个教师每年得到 1 000 元,但是教师绩效工资要比照公务员的水平,按照每人每年 1 万元的低标准算,地方财政给教师每人补上 9 000 元。云南有 55 万名中小学教师,这意味着地方财政要增加大约 50 亿元的投入①。因此,中央如何向财力薄弱地区的义务教育学校倾斜? 如何把省级财政应该承担的资金落实到位、强化"省级统筹"的责任? 这些都是有待解决的问题。

政策执行活动的基本特点是需要很多人共同活动,而共同活动的首要条件是要有一个能处理一切所管辖问题的起支配作用的意志,这个意志就是权威。建立政策的权威就是要使政策成为国家的意志,迫使每一个执行者服从它,否则政策就无法执行,或在执行中走样。当前,我国政策执行过程中不同程度地存在"上有政策,下有对策"的现象,就是政策权威性不够的一种表现。② 在教师绩效工资改革的落实过程中,中央和省级财政资金划拨到县级财政后,在"以县为主"的管理制度下,能否真正做到专款专用,如何对中央和省"戴帽下拨"的教育经费使用情况进行有效监督以及谁来进行这种监督,目前这一机制尚还缺乏。据《瞭望》新闻周刊披露,湖南省隆回县就曾发生当地政府部门挪用上级财政转移支付资金 701 万元用于当地公路建设的事情③。国家审计署 2008 年 7 月 4 日在其官方网站发布公告称,在对全国 16 个省(区、市)的 54 个县(市、旗)2006 年 1 月至 2007 年 6 月农村义务教育经费的审计调查时发现,其中有 6 个省份的财政、教育部门共滞留中央"两免一补"专项经费 1.89 亿元;54 个县中,有超过半数的县的财政和教育部门共滞留了 45% 的资金。

---

① 张晓震:《十五年浮出水面的绩效工资》,《教育旬刊》2009 年第 5 期(上),第 19—22 页。
② 毕婷:《教师应纳入公务员体系——劳凯声谈义务教育学校落实绩效工资》,《教育旬刊》2009 年第 5 期(上),第 25 页。
③ 张晓震:《十五年浮出水面的绩效工资》,《教育旬刊》2009 年第 5 期(上),第 19—22 页。

### 五、教师参与

（一）教师参与的意义

1. 理论研究

杜威（Deway）在很早的时候就指出，民主的原则要求教师参与到形成他所在学校的管理目的、方法和内容的过程中去。如果教师不参与，就会导致缺乏责任心、积极性；如果不动员教师以一种能够对学校政策具有影响的方式来交流他们成功的方法和结果，就会大大地增加浪费①。

欧文斯认为，提高决策参与度、给予组织中各个层次的相关人员为提高决策质量出谋划策的权力，从而提高组织活力是一个健康组织的主要特点。参与决策对员工来说是一种高度的激励，能促进组织成员的成长和发展；参与决策能为决策提供所需的知识和有见地的想法，利于做出更好的决定②。

我国研究者认为：吸收教师广泛参与，有利于充分发挥教师的专长和解决问题的能力，获取更多的意见和建议，从而促进决策优化；参与决策为交换思想和信息提供渠道，有助于群体关系的和谐；教师参与制定决策可以消除对决策的抵制心理便于决策有效地贯彻执行③。教师参与能激发教师的积极性，最大限度地发挥其才能和潜力；教师参与管理实践本身就是一种学习，可以促进教师实践和创造能力的增长④。

综合上述研究者的观点，教师参与学校决策的意义可以归纳为四个方面：第一，提高决策的合理性；第二，增强决策的执行力；第三，激发教师的学习动力；第四，提高学校的凝聚力；第五，培养学校的民主氛围。

2. 实证研究

20 世纪初，美国哥伦比亚大学就开始了有关决策的调查研究。随后，哈伍德公司的科奇（L. Coch）和弗伦奇（J. French）等人又进行了相关的实验研究。研究表明：让教师参与学校的政策制定和决策，有助于提高教师的士

---

① 陈如平：《美国教育管理思想史》，海南出版社 2000 年版，第 136—137 页。
② 罗伯特·G·欧文斯：《教育组织行为学》，华东师范大学出版社 2001 年版，第 350、374 页。
③ 李春玲：《对教师参与学校决策的深层次思考》，《教学与管理》2000 年第 5 期，第 6—7 页。
④ 刘兴春：《学校管理中教师参与初探》，《辽宁教育研究》2002 年第 12 期，第 29—31 页。

气、工作热情和对自己职业的满意度;同时,教师也更欣赏那些能让自己参与决策的管理人员①。

我国研究者李如海等人在华东师范大学松江实验中学进行的一项实践研究也表明:参与决策有助于改善教师与行政人员之间的关系,有助于创设信息流畅、心情舒畅、作风民主、和谐融洽的工作氛围和人际环境,从而提高教师工作的满意度和积极性②。

参与式决策的积极作用得到许多理论和实证研究的证实,对教师参与学校管理的讨论和有关结论为研究教师在绩效工资改革中的参与提供了参考。为了让学校绩效工资改革的相关决策更有效地发挥作用,必须对决策进行具体的分析。

(二) 教师参与的内容

正如弗勒姆(Victor Vroom)和耶顿(Phillip Yetton)所指出的"参与决策应当依赖于问题的性质和情境"③,在什么情况下需要教师参与决策? 教师应参与决策中的什么内容? 教师在这方面的期望怎样? 这些都是值得讨论和研究的问题,因而也成为了不少研究者的关注点。

1. 理论研究

霍伊(Hoy)引用了布里奇斯(Edwin M. Bridges)的"接受区理论"提出两个共享的决定命题:若下属所参与的决定是在下属的接受区范围内,下属的参与效能较低;若下属所参与的决定是在下属的接受区范围之外,下属的参与效能较高。就管理人员如何确定决策是处于接受区之内还是接受区以外,布里奇斯提出了两种测定:(1)相关性测定:决策的结果是否和下属的利益相关? (2)专业性测定:下属人员是否具备相关专业技能,从而为决策的优化做出贡献? 当下属人员既具备相关专业技能,又有个人利益关系,那么决策显然处于可接受区之外。但当下属人员既无相关专业技能,又没有个

---

① 李如海:《美国"教师参与决策研究"述评》,《江西教育科研》1997 年第 6 期,第 68—69 页。
② 李如海:《美国"教师参与决策研究"述评》,《江西教育科研》1997 年第 6 期,第 68—69 页。
③ Wayne K Hoy, Cecil G Miskel. Educational administration:theory research and practice, McGraw Hill. Inc, 1987, 344.

人利益关系,那么决策显然处于可接受区之内①。霍伊和泰特补充了另外两种情况,一是决策问题与下属的个人利益高相关,但下属专业知识水平低;另一种情况是,决策问题与下属的个人利益低相关,但下属专业知识水平高。霍伊认为,这两种情况所涉及的问题在接受区内还是接受区外并不明晰,下属不应经常参与这样的决策②,并由此界定了四种情境(见表5—1)。

表 5—1　接受区域

| 相关性<br>专业性 | 是 | 否 |
|---|---|---|
| 是 | 接受区外(参与) | 专业知识边界(偶尔参与) |
| 否 | 相关性边界(偶尔参与) | 接受区内(不参与) |

　　欧文斯也提出了与上述接受区模型类似的观点,他在书中对切斯特·巴纳德提出的个人冷漠区(zone of indifference)(教师对需要决策的问题根本不感兴趣,对应于"接受区内")进行了补充,增加了敏感区(教师在很长时间内对问题保持着极大的个人兴趣,对应于"接受区外")和矛盾心理区(对应于"相关性边界"和"专业性边界"),他认为敏感区的问题与教师有着"个人利害关系",教师应高度参与决策;矛盾心理区的问题与教师有一些利害冲突,但又不足以使教师将它们作为个人问题给予特别的关心,对这类问题的参与决策应加以限制③。

　　霍伊和泰特认为,如果我们试图把此模式应用于实际问题,还需要进一步的分析。下属人员的目标一致性有时会是影响他们参与决策的一个因素。当下属人员的个人目标和组织目标相冲突时,授权他们参与是不妥的,因为决策可能会建立在个人目标之上,而使整个组织的利益受损。因此,目标一致性是很重要的,为此,他们提出了第三种测定即目标一致性测定:下

---

① Wayne K Hoy, Cecil G Miskel. Educational administration:theory research and practice, McGraw Hill. Inc,1987,pp338—339.

② Wayne K Hoy, Cecil G Miskel. Educational administration:theory research and practice, McGraw Hill. Inc,1987,pp339.

③ 罗伯特·G·欧文斯:《教育组织行为学》,华东师范大学出版社2001年版,第383页。

属是否认可组织的目标和任务？是否可以确认他们会从组织的最佳利益出发参与决策①?

根据上述三种测定,霍伊和泰特把参与的状态划分为以下五种②(图5-1):

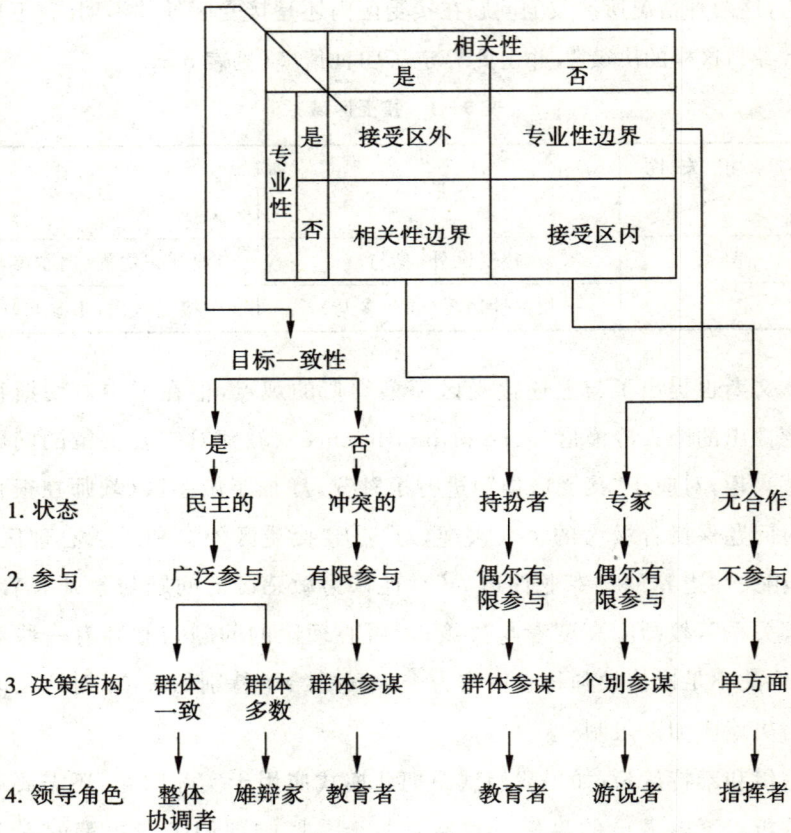

| | | 相关性 | |
|---|---|---|---|
| | | 是 | 否 |
| 专业性 | 是 | 接受区外 | 专业性边界 |
| | 否 | 相关性边界 | 接受区内 |

目标一致性

| | 是 | 否 | | | |
|---|---|---|---|---|---|
| 1. 状态 | 民主的 | 冲突的 | 持扮者 | 专家 | 无合作 |
| 2. 参与 | 广泛参与 | 有限参与 | 偶尔有限参与 | 偶尔有限参与 | 不参与 |
| 3. 决策结构 | 群体一致 / 群体多数 | 群体参谋 | 群体参谋 | 个别参谋 | 单方面 |
| 4. 领导角色 | 整体协调者 / 雄辩家 | 教育者 | 教育者 | 游说者 | 指挥者 |

图5-1 霍伊—泰特决策参与模式

---

① 李国书:《论我国公立中小学学校决策中的教师参与》,华南师范大学硕士学位论文,2002年。

② Wayne K Hoy, Cecil G Miskel. Educational administration:theory research and practice, McGraw Hill. Inc, 1987, 342.

第一种是"民主状态"(democratic situation)。当决策处于可接受区之外，并且可以确认下属人员会从组织的最佳利益出发作出决策，那么应鼓励下属"广泛参与"。在此基础上，管理人员还可以选择以共同决策取得一致意见，还是以多数同意为原则进行决策。

第二种是"冲突状态"(conflictual situation)。当决策处于可接受区之外，而下属的一致性又很差，这时参与应受到限制，即"有限参与"。当下属参与决策时，管理人员要对偏离组织利益的方向进行正确的引导。

第三种是"持份者状态"(stakeholder situation)。当下属人员与决策问题有利益相关而没有专业技能时，下属参与应是"受限制的偶尔参与"。如果下属对决策没有任何实际的贡献，决策最终是由那些有专业技能的人做出的(而非下属)，下属会产生挫折感和敌对情绪。下属看到的是空洞的形式，他们认为决策早已形成，参与决策经常被认为是形式主义或是试图创造出参与的假象。这种情况下的决策参与必须有技巧，管理人员应担任"教育者"的角色，及时与下属沟通决策的主要观点，并对其说服教育，引导他们支持决策。

第四种是"专业状态"(expert situation)。当下属没有利益相关，但却有专业知识和技能时，下属的参与同样应该限制在"偶尔参与"。这种状态下，让下属无差别地参与决策会增加离心力，尽管这种参与对管理人员来说可以提高决策水平，但是下属人员经常会琢磨管理人员会从中得到什么好处。这对管理工作是不利的。

最后一种是"无合作状态"(noncollaborative situation)。如果决策问题与下属无关，而他们又没有相关的专业技能，决策显然处于可接受区内，则没必要让其参与。实际上，这种情况下的参与会引起下属的反感，因为下属对此根本没有兴趣。

由此可见，一个决定是否应该吸收教师参与，主要应该关注三点：一是决策与教师是否相关，这关系到教师参与决策的兴趣，让教师花费时间精力参与自己不关心的事务的决策，会招致教师的反感；二是教师是否具备决策所需的专业知识和技能，这关系到教师参与决策的能力，让教师参与力所不及的决策,会让教师感到受挫;三是教师的个人目标与组织目标是否一致,这关系到教师参与的出发点,如果教师只从个人角度作出决策,可能让学校组织的整体利益受损。

2. 实证研究

李永生的"关于教师民主参与管理的调查"①以及刘兴春的"对普通中小学教师参与决策的内容所做的调查"②的研究显示:对涉及切身利益的待遇福利问题、与教师专业相关的教学问题,教师参与愿望比较强;对诸如学校基建投标方案拟订、校务预算经费和自筹资金使用、校服购置等与教师切身利益直接关系不大的问题,教师表现出不参与的意向。教师似乎更关心于自己本职的教学工作相关的问题,希望在这方面有更多的参与机会,对于与教师切身利益相关的"岗位津贴、补贴、课时酬金制定"等内容"希望参与方案的决定"③;而对学校政策、财政、后勤等方面的问题,教师只希望"知道详情"或"提供意见"④。这些研究结果正好验证了上述的理论研究。

(三) 教师参与的方式

1. 理论研究

教师参与并不是越多越好。阿露托(Joseph Alutto)和比拉科(James Belagco)就参与程度与教师的满意度之间的关系进行了研究⑤,结果表明参与得太少和参与得太多的教师满意度都不高,只有参与程度处在均衡状态,参与得不多不少的教师满意度最高。

斯万森(Guy E. Swanson)在1959年提出了三种主要的群体决策机制:第一种是民主集中制,领导向下属呈现问题,寻求评论和建议,决定最终由

① 李永生:《教师民主参与管理的调查与分析》,《教育研究与实验》2002年第2期,第33—34页。

② 刘兴春:《普通中小学教师参与学校决策的调查》,辽宁师范大学硕士学位论文,2003年。

③ 孙小丽:《关于教师参与学校决策的问题——基于一所中学的实地研究》,南京师范大学硕士学位论文,2006年。

④ 朱珠:《高校教师民主参与学校决策的研究——基于广西高校的调查》,广西大学硕士学位论文,2008年。

⑤ 朱珠:《高校教师民主参与学校决策的研究——基于广西高校的调查》,广西大学硕士学位论文,2008年。

领导作出，但是着力反映下属的参与和感受；第二种是议会制，决策为大多数人所同意，所有成员包括领导平等投票；第三种是参与决定制，决策要获得全体一致同意，群体所有成员平等投票①。

1967年，布里奇斯提出了五种参与决策的方式，从内容上看似乎是在斯万森的研究基础上所做的扩展。这五种方式，按参与度从小到大排列分别是：第一是讨论，即让团队成员知道这个问题，管理人员做出最终的决定；第二是寻求信息，即要求行政人员获取信息，以便做出一项更加合理的、更符合逻辑的决定；第三是民主集中制，即行政人员向教职员提出问题，然后征求他们的意见，行政人员做出决策，但他们应努力反映出教职员工参与过决策；第四是合议式，这种方式注重听取少数人意见，允许不同的思想和不同的评价进行交锋；第五参与者做出决策，要求团体，意见一致②。

弗勒姆和耶顿提出了一个教师参与决策的"决策规则"（decision rules）模型，该模型中提出了五种决策方式，按顺序排列依次为：第一种是管理者单独决策；第二种是管理者寻求来自下属的信息后单独决策；第三种是管理者与相关下属个别商讨，征求他们的意见后再决策，决定可能反映也可能不反映下属的影响；第四种是管理者与群体商讨，获得他们共同的想法再做决定，可能反映也可能不反映下属的影响；第五种是管理者与群体共同分担情境和问题，共同决策，所有成员平等③。在欧文斯的书中，将这五项内容作为领导风格进行了介绍，其中第一、二种合称为专制过程，第三、四种称为咨询过程，第五种称为团队过程④。

这一模型还包括两套规则，这两套规则可以用来确定不同情况下适合参与决策的程度和方式。第一套规则旨在提高决策的质量，包括信息规则、信任规则、松散问题规则；第二套规则旨在提高决策为下属接受的程度，包

① Wayne K Hoy, Cecil G Miskel. Educational administration：theory research and practice，McGraw Hill. Inc，1987，pp341—342.

② 罗伯特·G·欧文斯：《教育组织行为学》，华东师范大学出版社2001年，第385—386页。

③ Wayne K Hoy, Cecil G Miskel. Educational administration：theory research and practice，McGraw Hill. Inc，1987，pp345.

④ 罗伯特·G·欧文斯：《教育组织行为学》，华东师范大学出版社2001年，第359—360页。

括接受度规则、冲突规则、公平规则、接受优先规则。这些规则被整理成了七个问题①：这个问题有质量要求吗？领导有足够的信息来做出一个好的决定吗？有人分析整理过问题吗？为了决定的顺利执行，有必要让其他人接受决定吗？如果领导单独做出决定，有多大的把握其他人接受这个决定？如果解决这个问题而实现了组织目标，其他人会分享组织目标吗？解决问题的首选方法可能会导致组织中其他人之间产生冲突吗？

霍伊和泰特针对上述五种参与状态，提出了相应的五种决策结构：

（1）群体一致（Group consensus）：管理人员在决策时请下属参与，决策由群体共同做出。在制定决策和决策评价时，所有成员拥有平等的权利，在取得一致意见的基础上做出决策。

（2）群体多数（Group majority）：管理人员在决策时请下属参与，决策在少数服从多数的规则下做出。

（3）群体参谋（Group advisory）：管理人员向全体人员征求意见，讨论群体的意见，然后做出决策，决策可能反映下属的愿望也可能并不反映。

（4）个别参谋（Individual advisory）：管理人员向个别对决策有专业技能的下属征求意见，然后做出决策，决策可能反映这些下属的愿望也可能并不反映。

（5）单方面决策（Unilateral decision）：管理人员在进行决策时不让下属人员参与也不向下属人员征求意见，由管理人员单向作出决策②。

霍伊和泰特还对不同决策结构中管理者的角色进行了区分，对应上述五种的决策结构，管理者的角色分别是：

整体协调者（intergrator）：管理者把下属集中在一起，在意见一致的基础上进行决策。这时管理者的角色是协调各种不同的意见和立场。

雄辩家（parlimentarian）：管理者鼓励各种意见公开的沟通，引导参与者以民主的方式达成群体的决策。

---

① 罗伯特·G·欧文斯：《教育组织行为学》，华东师范大学出版社 2001 年版，第 360 页。

② Wayne K Hoy, Cecil G Miskel, EDUCATIONAL ADMINISTRATION Theory, Research and Practice，McGraw-Hill Inc，5$^{th}$ ed.（1996）

教育者(educator)：管理者通过和群体成员讨论决策问题的实现条件和限制，减少对立。

游说者(solicitor)：管理者从下属的专家那里寻求意见，当其拥有了相关信息后提高决策质量。

指挥者(director)：当下属和决策既无利益关系又无相应的专业知识时，管理者做出单方面的决策，这时的目标是效率[1]。

我国研究者程凤春提出代表四种不同程度的民主管理方式以及针对这些方式的十种情形[2]（见表5-1），这四种民主管理方式为"真独裁、假民主、假独裁、真民主"。

表5-2　不同程度的民主管理方式及相应情形

| | 学校情形 | 管理方式 |
|---|---|---|
| 1 | 组织处于一盘散沙，无政府状态 | 真/假独裁 |
| 2 | 决策时间很紧，征求意见会干扰思路 | 真/假独裁 |
| 3 | 权力高度集中 | 真/假独裁 |
| 4 | 对于认可区内的问题决策 | 真/假独裁 |
| 5 | 决策效果的关键在于下级的认可 | 真/假民主 |
| 6 | 决策的关键在于下级的执行 | 真/假民主 |
| 7 | 问题不明，信息不全面但又对决策至关重要 | 真民主 |
| 8 | 下级的认可很重要，但下级的意见分散 | 假民主 |
| 9 | 领导明确知道何为科学决策，而下属的认可又很重要 | 假民主 |
| 10 | 群众对决策的问题很关心，但群众的意见又明显不利于整体 | 假民主 |

我国研究者也认为要根据教师的非教学时间和决策问题与教师切身利益的相关程度来确定教师参与决策的程度[3]。

---

① Wayne K Hoy，Cecil G Miskel. Educational administration：theory research and practice，McGraw Hill. Inc，1987，pp345.

② 程凤春：《民主有真有假，独裁有好有坏》，《中小学管理》2001年第1期，第27页。

③ 李春玲：《对教师参与学校决策的深层次思考》，《教学与管理》2000年第5期，第6—7页。

2. 实证研究

刘兴春做了一项调查,按程度把参与分为五种:不参与、知道详情、提供意见、设计方案和参与决定。调查结果显示:(1)在总务方面,对涉及切身利益的待遇、福利分配问题,教师希望参与决定;(2)在教育教学质量评定、各科教材教法改进、优秀教师评选推荐以及校内考试工作等方面,教师希望参与决定,教师还希望参与校本课程设置和科研学术交流等问题的方案设计;(3)在行政领域,譬如长期发展计划制定、教学工作计划制定、学生招生录取和教师兼任行政工作等事务,教师主要想知道详情和提供意见①。

针对上述调查结果,刘兴春提出了几点建议:扩大教师在教学和课程事务上的参与范围;对于教师福利待遇问题以及与其密切相关的职称评定等问题应给教师以发言权和表决权;对于诸如学校基建、校务预算经费、自筹资金使用等财务和后勤事务,应加强校务公开,扩大教师的知情权;对于学校长远目标和发展战略、组织机构调整、校园规划、学校规章制度制定等行政方面事务,学校要积极引导和鼓励教师提出意见和建议②。

孙小丽对一所中学进行了实地考察研究,发现目前教师在学校决策中的参与还主要停留在决策过程的初始阶段,教师对方案的制定与选择等这样的主要决策过程很少参与,而非指向性沟通是教师和校长之间重要的沟通渠道③。

上述研究有一个共同的趋向:教师参与的方式和程度应根据问题具体内容、性质以及所需要达到目的不同而有所区别,让教师和决策者(这里主要指校长)承担适合的任务。

---

① 刘兴春:《普通中小学教师参与学校决策的调查》,辽宁师范大学硕士学位论文,2003 年。
② 刘兴春:《普通中小学教师参与学校决策的调查》,辽宁师范大学硕士学位论文,2003 年。
③ 孙小丽:《关于教师参与学校决策的问题——基于一所中学的实地研究》,南京师范大学硕士学位论文,2006 年。

# 第二节 教师参与改革的状况分析

## 一、调查方法

### （一）文献研究

首先，研究者通过 CNKI、维普检索及收集有关"绩效工资"和"教师参与"的研究文献，同时，关注"校本管理"的相关文献，并查阅了"公民参与"和"学校管理"的相关书籍，奠定了研究的理论基础。

其次，综合分析在调查中收集到的学校关于"绩效工资"和"教师参与"的通知、文件和规章制度，并在网络中收集关于越秀区教师绩效工资改革的相关报道和评论，初步了解了广州市越秀区教师绩效工资改革的历史和现状。

### （二）实地调查

1. 调查方式

为进一步了解真实情况，实地走访了越秀区 3 所学校（一所小学、一所初中和一所高中）的一线教师，针对学校绩效工资改革的情况、教师对改革的态度以及改革中教师的参与情况进行调查。每所学校选取 4 名教师，共 12 名教师进行半结构式访谈，访谈时间从 20 分钟到 1 小时不等。

2. 访谈提纲

（1）学校正在进行的绩效工资改革对您有什么影响？

（2）您对现在的工资收入满意吗？对现在的工资分配方式满意吗？

（3）在学校绩效工资分配方案制定的过程中，您有参与的机会吗？如何参与？

（4）您认为这样的参与模式有效吗？您有什么改进意见？

（5）参与学校的管理事务，尤其是工资方案的制定，需要您学习相关知识和参与会议，您愿意为此花费时间精力吗？

（6）您认为哪些教师对参与学校管理事务时影响力较大？

3. 访谈对象

在选择访谈对象时，研究者有意挑选不同性别、年龄、职称和任教科目的教师为调查对象（见表5—3）。

表5—3　接受访谈教师的基本情况

| | 学校 | 性别 | 教龄 | 学历 | 职称 | 任教科目 | 访谈时间 |
|---|---|---|---|---|---|---|---|
| A教师 | 小学 | 女 | 2 | 本科 | 初级 | 语文 | 2010.10.8 |
| B教师 | 小学 | 女 | 13 | 本科 | 高级 | 语文 | 2010.10.8 |
| C教师 | 小学 | 女 | 8 | 本科 | 中级 | 英语 | 2010.10.8 |
| D教师 | 小学 | 男 | 21 | 大专 | 高级 | 体育 | 2010.10.8 |
| E教师 | 初中 | 男 | 23 | 本科 | 中级 | 数学 | 2010.10.15 |
| F教师 | 初中 | 女 | 15 | 大专 | 高级 | 生物 | 2010.10.15 |
| G教师 | 初中 | 女 | 3 | 本科 | 初级 | 美术 | 2010.10.15 |
| H教师 | 初中 | 女 | 8 | 本科 | 中级 | 语文 | 2010.10.15 |
| I教师 | 高中 | 女 | 17 | 本科 | 高级 | 语文 | 2010.10.22 |
| J教师 | 高中 | 女 | 6 | 本科 | 中级 | 音乐 | 2010.10.22 |
| K教师 | 高中 | 男 | 2 | 硕士 | 初级 | 物理 | 2010.10.22 |
| L教师 | 高中 | 女 | 25 | 本科 | 高级 | 化学 | 2010.10.22 |

（三）问卷调查

1. 问卷设计

为扩大调查的范围，本研究根据文献研究和调查访谈的结果，编制了"教师参与学校管理调查问卷"。该问卷包括三部分：第一部分是对教师基本情况的调查,包括性别、年龄、学历、职称以及其所在学校类型、任教科目等六项内容;第二部分是对学校绩效工资改革情况的调查,包括教师对工资的满意度、对绩效工资改革的满意度、教师对绩效工资改革的知情度、教师对参与的态度和期望等五个方面;第三部分主要了解教师对学校管理者的信任度。

问卷第二和第三部分采用 5 点计分法,对题中描述"很不同意"的记 1分,"不大同意"的记 2 分,"一般"的记 3 分,"比较同意"的记 4 分,"十分同意"的记 5 分,对意思相反的题目进行反向编码。

2. 研究对象

调查于 2010 年 11 月 20 日在广州市越秀区所属公办中小学中开展,对越秀区 82 所区属中小学教师发放调查问卷,共收回 58 所学校的 712 份问卷,有效问卷 632 份(有效调查问卷基本情况见表 5—4),有效率 88.76%,包括 36 所小学,20 所中学,2 所九年制学校。选择广州市越秀区公办中小学教师作为研究对象是基于以下考虑:

(1)越秀区作为广州市的老城区,基础教育发展水平较高,办学历史悠久,学校的办学模式和管理风格相对稳定。

(2)充足的教育资源以及较高的教育发展水平是学校民主管理的土壤。越秀区作为广州市的中心城区,地处广州市经济、政治、文化的中心,学校的财政拨款能够得到有效的保证。一方面,只有在经济较发达、教育资源较充裕的地区,学校的管理因素才能成为绩效工资改革能否取得成效的制约因素。另一方面,教师只有在基本生活有保障、社会地位得到认可,才能有闲暇关注并参与学校的管理。

(3)广州市越秀区是全国绩效工资改革的试点地区之一,早在 2004 年,原东山区就开始实行与绩效工资类似的浮动工资奖励制,2006 年,原越秀区亦开始实行浮动工资奖励制。经过几年的探索和尝试,绩效工资制已在该区较为稳定地实施,教师对这一工资制度的接受程度也较高。因此越秀区的经验值得其他刚开始实施绩效工资制的地区和学校借鉴。

表 5-4  有效调查问卷基本情况(n=632)

| | | 数量 | 百分比 | 总计 |
|---|---|---|---|---|
| 性别 | 男 | 121 | 19.15 | 632 |
| | 女 | 511 | 80.95 | |
| 教龄 | 1—5 年 | 47 | 7.44 | 632 |
| | 6—10 年 | 242 | 38.29 | |
| | 11—20 年 | 266 | 42.09 | |
| | 20 年以上 | 77 | 12.18 | |
| 学历 | 大专或以下 | 113 | 17.88 | 632 |
| | 本科 | 505 | 79.90 | |
| | 硕士或以上 | 14 | 2.21 | |
| 职称 | 初级 | 154 | 24.37 | 632 |
| | 中级 | 346 | 54.75 | |
| | 高级 | 132 | 20.89 | |
| 科目 | 会考科目 | 505 | 79.91 | 632 |
| | 非会考科目 | 127 | 20.09 | |
| 学校 | 小学 | 343 | 54.27 | 632 |
| | 初中 | 163 | 25.79 | |
| | 高中 | 126 | 19.94 | |

3. 数据分析

问卷回收后,对问卷各项目进行统一编码,采用 SPSS13.0 软件对数据进行录入、管理和分析。

## 二、越秀区中小学实施绩效工资改革简况

### (一)越秀区教育情况简介

广州市是广东省省会,广东省经济、政治、文化、科教中心,五大国家中心城市之一。而越秀区是广州市的中心城区、广州市政府的所在地,是广州市政治、经济、文化、商贸、旅游、金融、信息中心,也是教育、医疗、服务业发展领先的地区,全区占地面积 32.82 平方公里,户籍人口 115 万。目前,越秀

区有区属中学 25 所,普通小学 57 所,在职教职工 8 000 多人。区属中小学中的省市一级学校比例达到 77.08%,其中有 12 所百年老校。区属中小学生、在园幼儿生接近 12 万人。该区的教育水平在广州市处于领先地位,曾先后被认定为广东省教育强区、广东省基础教育课程改革实验区、广东省社区教育实验区、教育部教育管理信息化标准应用示范区、全国首个区域教育发展特色示范区、广东省教育收费规范区。

(二)越秀区教师的工资水平

据调查了解,2010 年越秀区区属学校教师的工资水平大致如下:大专毕业工作三年或本科毕业工作一年后定为初级职称,初级职称教师基础工资 2 000 元左右,绩效工资从 1 000 到 2 000 元不等,总收入在 3 000 到 5 000 元的范围;硕士毕业工作一年或评上初级职称 4 年后,有资格申请评定中级职称,中级职称的教师基本工资 4 000 元左右,绩效工资 1 000 到 3 000 元,总收入在 5 000 到 7 000 元的范围;评上中级职称 4 年后,有资格申请评定高级职称,高级职称的教师基础工资 5 000 元,一般收入在 7 000 到 8 000 元的水平。而学校的行政人员主要是在职称工资的基础上再加上岗位津贴。

越秀区教师的工资收入低于黄埔、南沙、罗岗等新区区属学校的教师的工资收入,月收入平均相差 1 000 元左右。与省属、市属学校相比,区属学校的教师月收入的平均少 1 000 元左右。

(三)越秀区实施绩效工资改革的历程

广州市越秀区是全国绩效工资改革的试点地区之一,早在 2004 年,原东山区就开始实行与绩效工资类似的浮动奖励工资制,2006 年,原越秀区亦开始实行浮动奖励工资制。所谓浮动奖励工资制,是指在学校实行全员聘用制度以后,学校在职教职员工收入分为固定工资和浮动工资(相当于奖励性绩效工资)两大部分。学校浮动奖励工资来源于区财政部门核定的经费和经行政管理部门核定允许发放的学校自筹资金,区财政核拨的岗位津贴,职员按月人均 1 445 元核拨,专业技术人员按月人均 1 025 元核拨。岗位津贴分为定额岗位津贴和浮动岗位津贴,浮动岗位津贴按 8∶2 比例设为月浮动岗位津贴与学期绩效奖金。年终双薪和节日补贴另行发放。

2008 年,越秀区对"在职教职工岗位津贴实施办法"进行了调整。教职员岗位津贴拨款标准由原来的职员岗位月人均 1 445 元,专业技术人员岗位月人均 1 025 元调整为一般教职员(含职员、专业技术人员,不含校级干部)月人均 1 500 元。所需经费由区财政按单位在编在岗教职员人数及标准拨款。四大节日补贴、年终一次性奖金、教师节慰问金发放标准和发放办法不变。这一调整的主要亮点是校长干部不参与学校一般教职员财政拨款部分的岗位津贴分配(不含单位自有资金部分),校级干部岗位津贴(含原定额津贴和浮动津贴)在财政年度安排的岗位津贴总额中独立项目进行拨款,各校级干部的岗位津贴最高与最低的差距设定在 10%—15%之间,校级干部岗位津贴拨款基本标准为月人均 3 172 元(如遇学校情况变动则在每年 1 月作相应调整)。这就有效避免了校级干部用教师的钱奖励自己的嫌疑。

2009 年 1 月 1 日起,该区开始实行绩效工资制。原国家规定的班主任津贴、原工资构成中津贴比例高出 30%的部分和四大节日补贴等全部冲销,纳入绩效工资。绩效工资分为基础性和奖励性两部分,其中基础性绩效工资占绩效工资总量的 70%,按所聘岗位(主要与职称有关)执行相应的标准,按月纳入工资统一发放。奖励性绩效工资占绩效工资总量的 30%,主要体现工作量和实际贡献等因素,分配方案由各学校自定,基本是在原来的浮动奖励工作方案的基础上做微调。绩效工资是由区级财政核拨经费,2009 年,越秀区安排 17 000 万元分步落实教师工资改革;2010 年,越秀区投入 14 000 万元用于提高教师待遇,完善教师绩效工资①。

## 三、教师参与绩效工资改革中的现状分析

**(一)教师认同参与的必要性,但不愿花费过多时间**

1. 因子分析

问卷第 1、21、39 题用以测量教师对学校管理事务的关心程度,因子命名为"关心事务";第 2、20、53 题是为了解教师们对教师参与学校管理事务的认同度而设,其中第 20、53 题做了反向编码,因子命名为"应该参与";第 7、43、

---

① 越秀区 2010 年政府重点工作任务分解

51题用于测量教师为学校的管理事务花费个人时间精力的意愿,因子命名为"花费时间"。各因子的得分情况表明(见表5—5):教师对学校管理事务比较关心,对教师参与学校管理事务的必要性认同度较高,教师也比较愿意为学校的管理事务花费时间精力。

表5—5　"应该参与"、"关心事务"、"花费时间"三因子的题目及得分

| 因子 | 题号 | 问卷题目 | M | Std |
|------|------|----------|------|------|
| 应该参与 | 2 | 我认为普通教师应该参与学校管理 | 4.37 | 0.75 |
| | 反20 | 学校的管理事务只是领导的事,普通老师无需参与 | 4.06 | 1.08 |
| | 反53 | 绩效工资方案的制定是领导的事情,普通教师没有必要参与 | 4.26 | 1.00 |
| | 因子得分 | | 4.23 | 0.62 |
| 关心事务 | 1 | 我关心学校的事务 | 4.55 | 0.64 |
| | 21 | 我乐意参加学校的会议 | 4.04 | 0.91 |
| | 39 | 我关心绩效工资改革的相关信息 | 4.03 | 0.84 |
| | 因子得分 | | 4.20 | 0.61 |
| 花费时间 | 7 | 我愿意花费个人时间来参与学校的管理事务 | 3.90 | 0.95 |
| | 43 | 我会主动寻求其他途径以了解绩效工资改革的相关信息 | 3.47 | 0.96 |
| | 51 | 我愿意参与绩效工资分配方案的制定,即使这需要花费我一些时间 | 3.96 | 0.86 |
| | 因子得分 | | 3.72 | 0.70 |

对"应该参与"、"关心事务"、"花费时间"等三个因子的关系进行比较分析(见表5—6)发现:

"应该参与"因子与"关心事务"因子两者均值相差0.02,t值为0.785,在0.05水平上未达到显著差异(p=0.433),两因子的相关系数r为0.190(p=0.000),两者相关显著,但相关性不高。由此可见,教师对参与学校管理事务必要性的认同度与教师对学校管理事务的关心程度相差不大,两者的相关程度不高。

"关心事务"因子与"花费时间"因子两者均值相差 0.42,t 值为 21.141,在 0.01 水平上具有显著差异(p＝0.000),两因子的相关系数 r 为 0.684 (p＝0.000),两者呈显著的正相关。由此可见,教师对学校管理事务的关心程度明显高于对学校管理事务花费时间精力的意愿,而且对学校管理事务关心程度越高的教师,越愿意为学校的管理事务花费个人的时间精力。

"花费时间"因子与"应该参与"因子两者均值相差 0.4,t 值为 13.820,在 0.01 水平上具有显著差异(p＝0.000),两因子的相关系数 r 为 0.174 (p＝0.000),两者相关显著,但相关性不高。由此可见,教师对参与学校管理事务的必要性的认同度要显著高于教师为学校管理事务花费时间精力的意愿,但两者的相关程度不高。

表 5—6  "应该参与"、"关心事务"和"花费时间"三因子关系比较

| | 均值差异 | t 检验 | | 相关 | |
|---|---|---|---|---|---|
| | | t | Sig (2-tailed) | r | Sig (2-tailed) |
| 应该参与——关心事务 | 0.02 | 0.785 | 0.433 | 0.190 | 0.000 |
| 关心事务——花费时间 | 0.42 | 21.141 | 0.000 | 0.684 | 0.000 |
| 花费时间——应该参与 | 0.45 | 13.820 | 0.000 | 0.174 | 0.000 |

上述结论从对 C 教师(女,小学英语,中级职称,8 年教龄)的访谈中可得到验证。

研究者:如果有机会参与绩效工资分配方案的设计和决定,您愿意花时间学习相关知识和参加会议讨论吗?

C 教师:应该愿意吧,毕竟和自己利益相关。但也要看情况,如果这段时候教学任务比较重,工作比较忙的话就不愿意啰。时间允许的话还是愿意的。

2. 主体因素差异分析

为进一步探讨教师参与学校管理的意愿,对不同教师在"应该参与"、"关心事务"和"花费时间"等三个因子的得分进行比较(见表 5—7),发现教师因性别、教龄、学历、职称、任教科目、学校类型的不同而有所区别。

表 5－7 不同教师"应该参与"、"关心事务"和"花费时间"三因子得分比较

| 因子 | | 应该参与 | | | 关心事务 | | | 花费时间 | | |
|---|---|---|---|---|---|---|---|---|---|---|
| | | M | Std | | M | Std | | M | Std | |
| 总体 | | 4.23 | 0.62 | | 4.20 | 0.61 | | 3.72 | 0.70 | |
| 性别 | 男 | 4.12 | 0.75 | t＝－1.566 | 4.16 | 0.66 | t＝－0.699 | 3.81 | 0.66 | t＝0.594 |
| | 女 | 4.24 | 0.60 | Sig＝0.120 | 4.21 | 0.60 | Sig＝0.485 | 3.77 | 0.70 | Sig＝0.553 |
| 教龄 | 1—5 年 | 3.72 | 0.45 | F＝3.281* | 3.52 | 0.84 | F＝5.750* | 3.24 | 0.90 | F＝3.232* |
| | 5—10 年 | 4.18 | 0.61 | Sig＝0.038 | 4.13 | 0.59 | Sig＝0.011 | 3.74 | 0.66 | Sig＝0.043 |
| | 11—20 年 | 4.29 | 0.60 | | 4.27 | 0.61 | | 3.80 | 0.72 | |
| | 20 年以上 | 4.32 | 0.62 | | 4.28 | 0.61 | | 3.88 | 0.74 | |
| 学历 | 大专或以下 | 4.22 | 0.69 | F＝0.150 | 4.30 | 0.54 | F＝2.660 | 3.84 | 0.66 | F＝1.667 |
| | 本科 | 4.24 | 0.60 | Sig＝0.861 | 4.20 | 0.62 | Sig＝0.071 | 3.77 | 0.70 | Sig＝0.190 |
| | 硕士或以上 | 4.13 | 0.84 | | 3.89 | 0.41 | | 3.40 | 0.83 | |
| 职称 | 初级 | 4.18 | 0.70 | F＝3.315 | 4.16 | 0.62 | F＝2.425 | 3.74 | 0.69 | F＝0.911 |
| | 中级 | 4.28 | 0.58 | Sig＝0.102 | 4.24 | 0.59 | Sig＝0.089 | 3.80 | 0.70 | Sig＝0.403 |
| | 高级 | 4.20 | 0.56 | | 4.17 | 0.60 | | 3.73 | 0.66 | |
| 科目 | 会考科目 | 4.26 | 0.60 | t＝1.289 | 4.19 | 0.60 | t＝－2.727* | 3.75 | 0.68 | t＝－3.541** |
| | 非会考科目 | 4.17 | 0.66 | Sig＝0.198 | 4.37 | 0.58 | Sig＝0.007 | 4.00 | 0.63 | Sig＝0.000 |
| 学校 | 小学 | 4.25 | 0.61 | F＝0.974 | 4.36 | 0.54 | F＝49.107* | 3.88 | 0.69 | F＝13.822* |
| | 初中 | 4.17 | 0.67 | Sig＝0.378 | 3.92 | 0.63 | Sig＝0.000 | 3.61 | 0.66 | Sig＝0.000 |
| | 高中 | 4.23 | 0.56 | | 3.87 | 0.59 | | 3.54 | 0.71 | |

（1）性别因素

对于"应该参与"，男教师的平均分为 4.12，标准差 SD 为 0.75；女教师的平均分为 4.24，标准差 SD 为 0.60。经独立样品 t 检验，两者 t 值为－1.566，在 0.05 水平上未达到显著（p＝0.120）。可见，男女教师对教师参与学校管理事务的认同度不存在显著差异。

对于"关心事务"，男教师的平均分为 4.16，标准差 SD 为 0.66；女教师的平均分为 4.21，标准差 SD 为 0.60。经独立样品 t 检验，两者 t 值为－0.699，

在 0.05 水平上未达到显著(p＝0.485)。可见,男女教师对学校管理事务的关心程度不存在显著差异。

对于"花费时间",男教师的平均分为 3.81,标准差 SD 为 0.66;女教师的平均分为 3.77,标准差 SD 为 0.70。经独立样品 t 检验,两者 t 值为 0.594,在 0.05 水平上未达到显著(p＝0.553)。可见,男女教师在为学校管理事务花费时间的意愿上不存在显著差异。

上述结果表明不同性别的教师在对教师参与学校管理事务的认同度、对学校管理事务的关心程度、为学校管理事务花费时间的意愿上均不存在显著差异。

(2) 教龄因素

对于"应该参与",5 年以下教龄的教师的平均分为 3.72,标准差 SD 为 0.45;5—10 年教龄的教师平均分为 4.18,标准差 SD 为 0.61;11—20 年教龄的教师平均分为 4.29,标准差 SD 为 0.60;20 年以上教龄的教师平均分为 4.23,标准差 SD 为 0.62。经单因子方差分析,F 值为 3.281,在 0.05 水平上差异显著(p＝0.038)。不同教龄的教师对参与学校管理事务的认同度存在显著差异。事后检验结果表明,5—10 年教龄、11—20 年教龄及 20 年以上教龄的教师之间不存在显著差异,5 年以下教龄的教师平均得分在 0.05 水平上显著低于上述三个教龄段的教师。可见,5 年以下教龄的教师对参与学校管理事务的认同度显著低于其他教师。

对于"关心事务",5 年以下教龄的教师平均分为 3.52,标准差 SD 为 0.84;5—10 年教龄的教师平均分为 4.13,标准差 SD 为 0.59;11—20 年教龄的教师平均分为 4.27,标准差 SD 为 0.61;20 年以上教龄的教师平均分为 4.28,标准差 SD 为 0.61。经单因子方差分析,F 值为 5.750,在 0.05 水平上差异显著(p＝0.011)。不同教龄的教师对学校管理事务的关心程度存在显著差异。事后检验结果表明,6—10 年教龄、11—20 年教龄及 20 年以上教龄的教师之间不存在显著差异,5 年以下教龄的教师平均得分在 0.05 水平上显著低于上述三个年龄段的教师。可见,教龄低于 5 年的教师对学校管理事务的关心程度显著低于其他教师。

　　对于"花费时间",5 年以下教龄的教师平均分为 3.24,标准差 SD 为 0.90;5—10 年教龄的教师平均分为 3.74,标准差 SD 为 0.66;11—20 年教龄的教师平均分为 3.80,标准差 SD 为 0.72;20 年以上教龄的教师平均分为 3.88,标准差 SD 为 0.74。经单因子方差分析,F 值为 3.232,在 0.05 水平上差异显著(p=0.043)。可见,不同教龄的教师在为学校管理事务花费时间的意愿上存在显著差异。事后检验结果表明,6—10 年教龄、11—20 年教龄及 20 年以上教龄的教师之间不存在显著差异,5 年以下教龄的教师平均得分在 0.05 水平上显著低于上述三个年龄段的教师。可见,5 年以下教龄的教师为学校管理事务花费时间的意愿也显著低于其他教师。

　　在与 A 教师(2 年教龄)和 I 教师(17 年教龄)的访谈笔录中也发现,教龄越长的教师对学校的管理事务越热心,也更愿意投入个人的时间精力去处理学校管理事务。

　　研究者:在学校制定绩效工资方案的过程中,您有兴趣参与吗?

　　A 教师:兴趣就谈不上,就是开开会,了解一下咯。毕竟工作时间不长,还是先做好自己的本职工作吧。有什么要求,老教师自然会提出来,也用不着我们多说。

　　研究者:如果对学校制定的绩效工资方案有自己的想法,您会向学校领导反映吗?

　　I 教师:会的。在这个学校工作了这么多年,学校是大家的,能够为学校的事情出一份力也是好的。校长对教师的意见也是很重视的。之前班主任的津贴比较低,教师们向校长提出应该提高一些,校长征求过大家意见后就把津贴做了调整。

　　教龄低于 5 年的教师在上述三个因子中的得分均显著低于其他三个教龄段的教师,推测其原因有以下几点:首先,年轻教师对工作的熟悉程度较低,在教学上需要投入的精力较多,能用于参与学校管理的时间和精力就相对较少;其次,年轻教师资历不足,即使参与学校管理影响力也不大,因此参与的热情就降低了;再次,年轻教师对学校的情况和管理模式了解不多,在学校的管理事务上还没有太多个人的想法。

（3）学历因素

对于"应该参与"，大专及以下学历的教师平均分为 4.22，标准差 SD 为 0.69；本科学历的教师平均分为 4.24，标准差 SD 为 0.60；硕士学历及以上的教师平均分为 4.13，标准差 SD 为 0.84。经单因子方差分析，F 值为 0.150，在 0.05 水平上不存在显著差异（p＝0.861）。可见，不同学历背景的教师对参与学校管理事务的认同度不存在显著差异。

对于"关心事务"，大专及以下学历的教师平均分为 4.30，标准差 SD 为 0.54；本科学历的教师平均分为 4.20，标准差 SD 为 0.62；硕士学历及以上的教师平均分为 3.89，标准差 SD 为 0.41。经单因子方差分析，F 值为 2.660，在 0.05 水平上不存在显著差异（p＝0.071）。可见，不同学历背景的教师对学校管理事务的关心程度不存在显著差异。

对于"花费时间"，大专及以下学历的教师平均分为 3.84，标准差 SD 为 0.66；本科学历的教师平均分为 3.77，标准差 SD 为 0.70；硕士及以上学历的教师平均分为 3.40，标准差 SD 为 0.83。经单因子方差分析，F 值为 1.667，在 0.05 水平上不存在显著差异（p＝0.190）。可见，不同学历背景的教师在为学校管理事务花费时间的意愿上不存在显著差异。

不同学历背景的教师在对参与学校管理事务的认同度、对学校管理事务的关心程度、为学校管理事务花费时间的意愿上也不存在显著差异，正如访谈中 K 教师（男性，硕士）所提到的"学历只是一块敲门砖"，"只是评职称的时候有点帮助吧"。

研究者：您认为学历方面的优势（对参与学校管理）有帮助吗？

K 教师：现在的年轻教师学历都比较高，学历只是一块敲门砖。进了学校关键还是要看教学能力，看培养出来的学生是否出色，带出好学生的老师在学校才会有威信。学历只是评职称的时候有点帮助吧，但与其他同龄的本科和大专毕业的老师相比，他们的工龄比我长，经验比我丰富。

（4）职称因素

对于"应该参与"，初级职称的教师平均分为 4.18，标准差 SD 为 0.70；中级职称的教师平均分为 4.28，标准差 SD 为 0.58；高级职称的教师平均分为 4.30,标准差 SD 为 0.56。经单因子方差分析,F 值为 3.315,在 0.05 水平上未达到显著差异(p＝0.102)。可见,不同职称的教师对参与学校管理事务的认同度不存在显著差异。

对于"关心事务",初级职称的教师平均分为 4.16,标准差 SD 为 0.62;中级职称的教师平均分为 4.24,标准差 SD 为 0.59;高级职称的教师平均分为 4.17,标准差 SD 为 0.60。经单因子方差分析,F 值为 2.425,在 0.05 水平上未达到显著差异(p＝0.089)。可见,不同职称的教师对学校管理事务的关心程度不存在显著差异。

对于"花费时间",初级职称的教师平均分为 3.74,标准差 SD 为 0.69;中级职称的教师平均分为 3.80,标准差 SD 为 0.70;高级职称的教师平均分为 3.73,标准差 SD 为 0.66。经单因子方差分析,F 值为 0.911,在 0.05 水平上未达到显著差异(p＝0.403)。可见,不同职称的教师在为学校管理事务花费时间的意愿上不存在显著差异。

上述结果表明不同职称的教师在对教师参与学校管理事务的认同度、对学校管理事务的关心程度、为学校管理事务花费时间的意愿上也相差不大。

（5）任教科目的影响

对于"应该参与",会考科目教师的平均分为 4.26,标准差 SD 为 0.60;非会考科目教师的平均分为 3.14,标准差 SD 为 0.66。经独立样本 t 检验,t 值为 1.289,在 0.05 水平上未达到显著差异(p＝0.198)。可见,不同任教科目的教师对参与学校管理事务的认同度不存在显著差异。

对于"关心事务",会考科目教师在该因子上的平均分为 4.19,标准差 SD 为 0.60;非会考科目教师的平均得分为 4.37,标准差 SD 为 0.58。经独立样本 t 检验,t 值为－2.727,在 0.05 水平上存在显著差异(p＝0.007)。可见,会考科目教师对学校管理事务的关心程度要显著低于非会考科目教师。

对于"花费时间",会考科目教师在该因子上的平均分为 3.75,标准差 SD 为 0.68;非会考科目教师的平均得分为 4.00,标准差 SD 为 0.63。经独立样本 t 检验,t 值为－3.541,在 0.01 水平上存在显著差异(p＝0.000)。会考科目教师为学校的管理事务花费时间的意愿显著低于非会考科目教师。

在学校中担任校长或中层干部的老师主要是会考科目的教师,任教音体美等非会考科目的教师教学压力相对较少,上课之余的时间较多,更有闲暇的时间和精力投入学校的管理事务之中。但这些非会考科目教师参与学校管理、担任学校干部的机会又相对少于会考科目教师,这就让他们参与的愿望更为强烈。因此,建议学校在一些非利益相关的事务中让非会考科目教师更多地参与。

调查中发现大部分学校在绩效工资分配方案的制定过程中,非会考科目教师与会考科目教师的意见不一。非会考科目教师担任班主任的机会较少,而且没有批改学生作业和试卷的工作,在如何计算工作量和班主任津贴上,会考科目教师和非会考科目教师意见存在分歧。

(6)学校类型的影响

对于"应该参与",小学教师在该因子上的平均分为 4.25,标准差 SD 为 0.61;初中教师平均分为 4.17,标准差 SD 为 0.67;高中教师平均分为 4.23,标准差 SD 为 0.56。经单因子方差分析,F 值为 0.974,在 0.05 水平上未达到显著差异(p=0.378)。可见,不同学校类型的教师均认同教师参与学校管理事务的必要性。

对于"关心事务",小学教师在该因子上的平均分为 4.36,标准差 SD 为 0.54;初中教师平均分为 3.92,标准差 SD 为 0.63;高中教师平均分为 3.87,标准差 SD 为 0.59。经单因子方差分析,F 值为 49.107,在 0.05 水平上未达到显著差异(p=0.000)。不同学校类型的教师对学校管理事务的关心程度存在显著差异。事后检验的结果表明,初中和高中教师在该因子上得分不存在显著差异,而两者得分均显著低于小学教师。可见,中学教师对学校管理事务的关心程度明显低于小学教师。

对于"花费时间",小学教师在该因子上的平均分为 3.88,标准差 SD 为 0.69;初中教师平均分为 3.61,标准差 SD 为 0.66;高中教师平均分为 3.54,标准差 SD 为 0.71。经单因子方差分析,F 值为 13.822,在 0.05 水平上未达到显著差异(p=0.000)。事后检验的结果表明,小学教师为学校管理事务的花费个人时间的意愿要显著高于中学教师,而初中和高中教师之间不存在显著差异。

结果表明：不同学校类型的教师均认同教师参与学校管理事务的必要性，但中学教师对学校管理事务的关心程度明显低于小学教师，而小学教师为学校管理事务花费个人时间的意愿要显著高于中学教师，初中和高中教师之间差别不大。

### （二）认同绩效工资改革，但工资满意度不高

实施绩效工资制就是为了打破教师原有"干好干坏一个样，干多干少一个样"的工资发放模式，鼓励教师间的竞争，给做得好的教师、工作量大的教师更多奖励。有学者认为这种竞争的理念只适合企业，而不适合学校，会影响学校中教师之间的关系，破坏教师间的合作。但在调查中发现教师对绩效工资制"奖勤罚懒"的理念的认同度还是比较高的，访谈中教师也表示"有奖励总比没奖励要好"。

C 老师：有些老师教得好，校长就年年让他们带毕业班。一些老师教学水平跟不上，校长就让他们上计算机、生理卫生之类不用考试的课程。那么两者的工作量相差就很大，如果在收入上没有差距，那就没有老师愿意好好上课了。即使奖励的钱不多，但有奖励总比没要好，因为这是对教师所做工作的一种肯定。

### 1. 因子分析

问卷第 36、37 题用于测量教师对绩效工资改革所倡导的理念的认同程度，因子命名为"绩效理念"；第 38、50、52、54 题测量的是教师对绩效工资改革各方面的满意程度，因子命名为"改革满意度"；第 34、55 题是测量教师对其现在的工资收入的满意程度，因子命名为"工资满意度"。各因子的得分情况（见表 5—8）表明：大部分教师认同教师间的竞争，并认为做得好的人应该获得更高的收入；教师对绩效工资改革比较满意，但仍然不满意当前的工资收入。

表 5-8  "绩效理念"、"改革满意度"和"工资满意度"三因子的题目及得分

| 因子 | 题号 | 题目 | M | Std |
|------|------|------|---|-----|
| 绩效理念 | 36 | 我努力做到比其他老师更好 | 4.02 | 0.85 |
| | 37 | 我认为出色的教师应该获得更高的收入 | 4.11 | 0.85 |
| | | 因子得分 | 4.06 | 0.70 |
| 改革满意度 | 38 | 我对学校绩效工资的分配方案感到满意 | 3.55 | 1.00 |
| | 50 | 我相信领导所制定的工资分配方案是公平和有效的 | 3.81 | 0.98 |
| | 52 | 我相信学校的绩效工资改革能提高教师工作的积极性 | 3.78 | 1.02 |
| | 54 | 我对学校的绩效工资改革感到满意 | 3.57 | 0.99 |
| | | 因子得分 | 3.68 | 0.85 |
| 工资满意度 | 34 | 我对我现在的工资收入感到满意 | 3.00 | 0.84 |
| | 55 | 我认为我现在的收入与我的劳动相符 | 2.98 | 1.09 |
| | | 因子得分 | 2.99 | 1.10 |

与 G 老师和 A 老师的访谈也表明,迫于生活压力,教师在绩效工资改革后仍希望提高工资待遇。

研究者:您认为绩效工资改革前后的变化大吗?

G 老师:工资是提高了些,发到手上的钱每个月多了五六百吧。我们学校扣发了假期两个月的津贴作为绩效奖励,不少老师有意见,像我们这些月光族确实有些不习惯咯。

研究者:您对自己现在的收入满意吗?

A 老师:比上不足,比下有余吧。现在找工作竞争激励,能够找到这份工作已经不容易了。我现在的收入每月 4 000 多,应付自己的生活是够的,但是我一个外地人在广州,要靠这样的工资买房是不可能的了,更何况学校在老城区。

I 老师在访谈中提出,越秀区教师的工资收入与罗岗、南沙等新区的教师相比有较大差距,这也是越秀区教师对现有工资收入不满的一个主要原因。

研究者:绩效工资改革拉大了教师之间收入的差距,您认为这样合理吗?

I 老师:我们只知道自己的工资,不知道其他老师的收入是多少,因此也不知道是否合理。我认为职称高、工作量大的教师获得更高的收入是合理的,学校内部教师之间的收入有差距是合理的。我们比较在意的是各个区之间教师收入的差距太大,像黄埔、罗岗、南沙的老师,工资就比我们高很多。

对"绩效理念"、"改革满意度"和"工资满意度"三因子的关系进行比较分析(见表 5—9)发现:

"绩效理念"因子与"改革满意度"因子两者均值相差 0.39,独立样本 t 检验,t 值为 10.353,在 0.01 水平上存在显著差异($p=0.000$),两因子的相关系数 r 为 0.236,在 0.01 水平上显著相关($p=0.000$)。由此可见,教师对绩效工资改革所倡导的"优绩优酬"理念的认同度要显著高于教师对绩效工资改革的满意度,但两者间的相关性并不明显。其原因在于,教师的绩效奖励在教师的工资收入中只占很小一部分的比例,绩效奖励的差异不会让教师间的收入拉开很大差距,对教师的激励力度并不是很大,绩效工资改革后的工资发放模式与原有的工资发放模式的差别并不明显,尤其是越秀区在 2005 年前后已经开始了浮动工资奖励制,绩效工资改革的变化就更不明显了。访谈中一些老师也表示,工作的主要动力来自于自己对教育工作的认同和追求,而不是为了更多的绩效奖励。

L 老师:对我来说工作中主要的动力还是来自于学生和家长,学生认真学习,成绩能上去,我就感到挺受鼓舞的,对学生家长也算有个交待。至于绩效奖励嘛,就说今年学校让我多带一个班,辛苦些,就自我安慰说多挣点钱咯。

"改革满意度"因子与"工资满意度"因子两者均值相差 0.69,独立样本 t 检验,t 值为 18.744,在 0.01 的水平上存在显著差异($p=0.000$),两者的相关系数 r 为 0.543,在 0.01 水平上相关显著。说明教师对工资收入的满意度显著低于对绩效工资改革的满意度,教师对工资收入的满意度与对改革的满意度呈显著的正相关。

"绩效理念"因子与"工资满意度"因子两者均值相差 1.08,独立样本 t

检验,t 值为21.921,在 0.01 的水平上存在显著差异(p＝0.000),但两者的相关关系不显著(r＝0.042,p＝0.281)。表明教师对绩效改革理念的认同与其对工资收入的满意度没有必然联系。

表 5－9 "绩效理念"、"改革满意度"和"工资满意度"三因子关系比较

| | 均值差异 | t 检验 | | 相关 | |
|---|---|---|---|---|---|
| | | t | Sig (2-tailed) | r | Sig (2-tailed) |
| 绩效理念——改革满意度 | 0.39 | 10.353 | 0.000 | 0.236 | 0.000 |
| 改革满意度——工资满意度 | 0.69 | 18.744 | 0.000 | 0.543 | 0.000 |
| 绩效理念——工资满意度 | 1.08 | 21.921 | 0.000 | 0.042 | 0.281 |

"改革满意度"和"工资满意度"两因子与教师参与的相关因子进行相关分析(见表 5－10)发现:

"改革满意度"、"工资满意度"与"应该参与"的相关性不强,可见,无论教师对改革或工资收入满意与否,都认为教师参与学校的管理事务是有必要的。但"改革满意度"与"关心事务"、"改革满意度"与"花费时间"的相关显著,可见,对绩效工资改革认同度高的教师更关心学校的事务,更愿意为绩效工资改革的相关事务花费时间。"工资满意度"与"关心事务"、"工资满意度"与"花费时间"相关显著,可见,对工资收入满意度高的教师更愿意关心绩效工资的相关事务,也更愿意为此花费时间。

表 5－10 "改革满意度"与"工资满意度"教师参与相关因子的关系

| | | 应该参与 | 关心事务 | 花费时间 |
|---|---|---|---|---|
| 改革满意度 | 相关系数 | 0.024 | 0.585** | 0.592** |
| | Sig. (2－tailed) | 0.540 | 0.000 | 0.000 |
| 工资满意度 | 相关系数 | －0.063 | 0.325** | 0.351** |
| | Sig. (2－tailed) | 0.102 | 0.000 | 0.000 |

访谈中发现一部分老师对绩效工资改革有较大的意见,他们的意见主要是认为教师间的收入差距过大,尤其是不同职称之间的教师收入差距较

大,"高级职称和中级职称相比,相差将近 4 000 元",这让那些还没评上高级职称的教师产生不公平的感觉。这类型的老师一般对参与的态度比较消极,当问及这些老师是否愿意花费时间参与学校管理时,老师表示这是"吃力不讨好"的事情。

E 老师:男,初中数学,中级职称,12 年教龄。

E 老师:你去了解,面上的教师基本都是不满意的。因为高级职称和中级职称之间的收入差距太大了,我们算过一笔账,所有的收入加起来,高级职称和中级职称相比,相差将近 4 000 元,这里面包括公积金、二次分配的绩效、统发工资还有现在各区所发放的补贴。

研究者:您的这些意见有机会向学校领导反映吗?

E 老师:这些大家都是知道的,反映上去有什么用? 所有一线教师的反映基本上是起不到作用的。都是体制问题,教师去做都是没有用的。

研究者:如果有机会让你参与绩效工资分配方案的设计,您愿意为此花费时间和精力吗?

E 老师:这要看情况。因为做这些事呢,可以说是"吃力不讨好",有这样的想法,那是站在自己个人的立场上面咯。比方说这个改革吧,这两年变化这么大,以后是否还是这样下去,就很难说。以前不同职称之间的差别是比较小的,当时的教师队伍应该说是比较和谐的,而现在就变得很功利,人变得很浮躁。现在没有聘上的人,将来会不会聘上? 差别还有没有这么大? 我们都很难说。所以相比于以前,教师现在的压力是大多了。(奖励性)绩效方面相差比较小,很难体现绩效两个字。中级职称的教师,即使做了班主任、年级组长、科组长,他所拿到的工资可能还不如高级职称的教师。

2. 主体因素差异分析

对不同教师在"绩效理念"、"改革满意度"和"工资满意度"等三个因子的得分进行比较(见表 5—11),发现教师因性别、教龄、学历、职称、任教科目、学校类型的不同而存在差异。

表 5－11　不同教师"绩效理念"、"改革满意度"和"工资满意度"三因子得分比较

| 因子 | | 绩效理念 | | | 改革满意度 | | | 工资满意度 | | |
|------|------|------|------|------|------|------|------|------|------|------|
| | | M | Std | | M | Std | | M | Std | |
| 总体 | | 4.06 | 0.70 | | 3.68 | 0.85 | | 2.99 | 1.10 | |
| 性别 | 男 | 4.12 | 0.69 | t=0.888 | 3.65 | 0.88 | t=−0.319 | 3.12 | 1.25 | t=1.240 |
| | 女 | 4.05 | 0.70 | Sig=0.375 | 3.68 | 0.85 | Sig=0.750 | 2.96 | 1.07 | Sig=0.218 |
| 教龄 | 5 年以下 | 3.79 | 0.99 | F=0.475 | 3.53 | 0.74 | F=0.384 | 3.00 | 1.29 | F=0.206 |
| | 6—10 年 | 4.08 | 0.63 | Sig=0.699 | 3.66 | 0.74 | Sig=0.765 | 2.95 | 1.04 | Sig=0.892 |
| | 11—20 年 | 4.06 | 0.73 | | 3.71 | 0.88 | | 3.02 | 1.12 | |
| | 20 年以上 | 4.10 | 0.74 | | 3.62 | 1.11 | | 2.99 | 1.20 | |
| 学历 | 大专或以下 | 3.94 | 0.80 | F=1.860 | 3.79 | 0.86 | F=1.191 | 3.08 | 1.13 | F=0.427 |
| | 本科 | 4.09 | 0.67 | Sig=0.156 | 3.68 | 0.83 | Sig=0.305 | 2.98 | 1.09 | Sig=0.652 |
| | 硕士或以上 | 4.19 | 0.56 | | 3.44 | 0.98 | | 2.89 | 1.05 | |
| 职称 | 初级 | 4.06 | 0.70 | F=1.040 | 3.73 | 0.74 | F=1.621 | 3.05 | 1.08 | F=0.671 |
| | 中级 | 4.10 | 0.69 | Sig=0.354 | 3.71 | 0.86 | Sig=0.198 | 2.98 | 1.11 | Sig=0.512 |
| | 高级 | 4.00 | 0.68 | | 3.57 | 0.87 | | 2.89 | 1.12 | |
| 科目 | 会考科目 | 4.04 | 0.67 | t=1.707 | 3.66 | 0.85 | t=−2.764* | 2.93 | 1.07 | t=−3.979** |
| | 非会考科目 | 4.17 | 0.73 | Sig=0.088 | 3.91 | 0.75 | Sig=0.006 | 3.39 | 1.12 | Sig=0.000 |
| 学校 | 小学 | 4.04 | 0.71 | F=0.775 | 3.89 | 0.78 | F=43.114* | 3.06 | 1.11 | F=3.760* |
| | 初中 | 4.11 | 0.71 | Sig=0.461 | 3.31 | 0.88 | Sig=0.000 | 2.89 | 1.06 | Sig=0.024 |
| | 高中 | 4.11 | 0.58 | | 3.20 | 0.77 | | 2.72 | 1.06 | |

（1）性别因素

对于"绩效理念"，男教师的平均分为 4.12，标准差 SD 为 0.69；女教师的平均分 4.05，标准差 SD 为 0.70。经独立样品 t 检验，t 值为 0.888，在

0.05水平上未达到显著(p＝0.375)。表明男女教师对绩效工资改革所倡导的"优绩优酬"的理念的认同度都比较高,两者间不存在显著差异。

对于"改革满意度",男教师的平均分为3.65,标准差SD为0.88;女教师的平均分为3.68,标准差SD为0.85。经独立样品t检验,t值为－0.319,在0.05水平上未达到显著(p＝0.750)。表明男女教师对绩效工资改革的满意度不存在显著差异。

对于"工资满意度",男教师的平均分为3.12,标准差SD为1.25;女教师的平均分为2.96,标准差SD为1.07。经独立样品t检验,t值为1.240,在0.05水平上未达到显著(p＝0.218)。表明男女教师对其现有的工资收入的满意程度不存在显著差异。

(2)教龄因素

对于"绩效理念",5年以下教龄的教师的平均分为3.79,标准差SD为0.99;5—10年教龄的教师平均分为4.08,标准差SD为0.63;11—20年教龄的教师平均分为4.06,标准差SD为0.73;20年以上教龄的教师平均分为4.10,标准差SD为0.74。经单因子方差分析,F值为0.475,在0.05水平上未达到显著差异(p＝0.699)。表明不同教龄的教师对绩效改革所倡导的"优绩优酬"理念的认同度不存在显著差异。

对于"改革满意度",5年以下教龄的教师平均分为3.53,标准差SD为0.74;5—10年教龄的教师平均分为3.66,标准差SD为0.74;11—20年教龄的教师平均分为3.71,标准差SD为0.88;20年以上教龄的教师平均分为3.62,标准差SD为1.11。经单因子方差分析,F值为0.384,在0.05水平上未达到显著差异(p＝0.765)。表明不同教龄的教师对绩效工资改革的满意度不存在显著差异。

对于"工资满意度",5年以下教龄的教师平均分为3.00,标准差SD为1.29;5—10年教龄的教师平均分为2.95,标准差SD为1.04;11—20年教龄的教师平均分为3.02,标准差SD为1.12;20年以上教龄的教师平均分为2.99,标准差SD为1.20。经单因子方差分析,F值为0.206,在0.05水平上未达到显著差异(p＝0.892)。表明不同教龄的教师对现在的工资收入的满意度不存在显著差异。

(3) 学历因素

对于"绩效理念"，大专及以下学历的教师平均分为 3.94，标准差 SD 为 0.80；本科学历的教师平均分为 4.09，标准差 SD 为 0.67；硕士学历及以上的教师平均分为 4.19，标准差 SD 为 0.56。经单因子方差分析，F 值为 1.860，在 0.05 水平上不存在显著差异（p＝0.156）。表明不同学历背景的教师对绩效工资改革所倡导的"优绩优酬"的理念的认同程度不存在显著差异。

对于"改革满意度"，大专及以下学历的教师平均分为 3.79，标准差 SD 为 0.86；本科学历的教师平均分为 3.68，标准差 SD 为 0.83；硕士学历及以上的教师平均分为 3.44，标准差 SD 为 0.98。经单因子方差分析，F 值为 1.191，在 0.05 水平上不存在显著差异（p＝0.305）。表明不同学历背景的教师对绩效工资改革的满意程度不存在显著差异。

对于"工资满意度"，大专以下学历的教师平均分为 3.08，标准差 SD 为 1.13；本科学历的教师平均分为 2.98，标准差 SD 为 1.09；硕士学历及以上的教师平均分为 2.89，标准差 SD 为 1.05。经单因子方差分析，F 值为 0.427，在 0.05 水平上不存在显著差异（p＝0.652）。表明不同学历背景的教师对现时工资收入的满意程度不存在显著差异。

(4) 职称因素

对于"绩效理念"，初级职称的教师平均分为 4.06，标准差 SD 为 0.70；中级职称的教师平均分为 4.10，标准差 SD 为 0.69；高级职称的教师平均分为 4.00，标准差 SD 为 0.68。经单因子方差分析，F 值为 1.040，在 0.05 水平上未达到显著差异（p＝0.354）。表明不同职称的教师对绩效工资改革所倡导的"优绩优酬"的理念的认同程度不存在显著差异。

对于"改革满意度"，初级职称的教师平均分为 3.73，标准差 SD 为 0.74；中级职称的教师平均分为 3.71，标准差 SD 为 0.86；高级职称的教师平均分为 3.57，标准差 SD 为 0.87。经单因子方差分析，F 值为 1.621，在 0.05 水平上未达到显著差异（p＝0.198）。表明不同职称的教师对绩效工资改革的满意程度不存在显著差异。

对于"工资满意度",初级职称的教师平均分为3.05,标准差SD为1.08;中级职称的教师平均分为2.98,标准差SD为1.11;高级职称的教师平均分为2.89,标准差SD为1.12。经单因子方差分析,F值为0.671,在0.05水平上未达到显著差异(p＝0.512)。表明不同职称的教师对现时工资收入的满意程度不存在显著差异。

（5）任教科目的影响

对于"绩效理念",会考科目教师的平均分为4.04,标准差SD为0.67;非会考科目教师的平均分为4.17,标准差SD为0.73。经独立样本t检验,t值为1.707,在0.05水平上未达到显著差异(p＝0.088)。表明不同职称的教师对绩效工资改革所倡导的"优绩优酬"的理念的认同程度不存在显著差异。

对于"改革满意度",会考科目教师的平均分为3.66,标准差SD为0.85;非会考科目教师的平均得分为3.91,标准差SD为0.75。经独立样本t检验,t值为2.764,在0.05水平上存在显著差异(p＝0.006)。表明会考科目教师绩效工资改革的满意度要显著低于非会考科目教师。

对于"改革满意度",会考科目教师的平均分为2.93,标准差SD为1.07;非会考科目教师的平均得分为3.39,标准差SD为1.12。经独立样本t检验,t值为－3.979,在0.01水平上存在显著差异(p＝0.000)。表明会考科目教师对现时工资收入的满意程度要显著低于非会考科目教师。

I老师:做班主任的要花很多时间和精力,尤其是带毕业班,从早读到晚自习都要陪着。要是班里有几个让人操心的学生就更累了。工作量是按课时计算的,像体育、音乐课,老师上完课就算了,还没有考试压力。我们上语文课的,天天要布置作业,天天要批改。每个星期都要布置一到两篇作文,批改作文最费神了,没有一整天的功夫是不行的。但这些都不算在工作量里。

（6）学校类型的影响

对于"绩效理念",小学教师的平均分为4.04,标准差SD为0.71;初中教师平均分为 4.11,标准差 SD 为 0.71;高中教师平均分为 4.11,标准差 SD 为 0.58。经单因子方差分析,F 值为 0.775,在 0.05 水平上未达到显著差异 (p＝0.461)。可见,不同学校类型的教师对绩效工资改革所倡导的"优绩优酬"的理念的认同程度不存在显著差异。

对于"改革满意度",小学教师的平均分为 3.89,标准差 SD 为 0.78;初中教师平均分为 3.31,标准差 SD 为 0.88;高中教师平均分为 3.20,标准差 SD 为 0.77。经单因子方差分析,F 值为 43.114,在 0.01 水平上差异显著(p＝0.000)。事后检验的结果表明,小学教师在该因子上的分数显著高于初中和高中教师,而初中和高中教师之间不存在显著差异。可见,小学教师对绩效工资改革的满意度要显著高于中学教师。

对于"改革满意度",小学教师的平均分为 3.06,标准差 SD 为 1.11;初中教师平均分为 2.89,标准差 SD 为 1.06;高中教师平均分为 2.72,标准差 SD 为 1.06。经单因子方差分析,F 值为 3.760,在 0.05 水平上差异显著(p＝0.024)。事后检验的结果表明,小学教师在该因子上得分显著高于初中和高中教师,而初中和高中教师之间不存在显著差异。可见,小学教师对现时工资收入的满意程度要显著高于中学教师。

上述主体因子差异分析结果表明:所有教师对绩效工资改革所倡导的"优绩优酬"的理念的认同程度较高,相互之间不因性别、教龄、学历、职称、任教科目、学校类型等因素有较大影响。虽然教师普遍认同绩效工资改革,对当前的工资收入颇有微词,但在对这两者进行满意度测量时发现,非会考科目教师的满意度要显著高于会考科目教师,小学教师的满意度要显著高于中学教师,性别、教龄等其他因素影响不大。

(三)教师知情度一般,倾向于被动接受信息

1. 因子分析

问卷第 6、40 题是了解教师们对学校绩效工资改革的知情度,因子命名为"知情度";第 41、42 题是了解教师在多大程度上依赖校长和会议来了解绩效工资改革的相关情况,因子命名为"被动接受信息";第 23、43 题是测量教师主动寻求绩效工资改革相关信息的意愿,因子命名为"主动获取信息"。

各因子的得分情况(见表 5-12)表明:教师对学校绩效工资改革不太知情,教师主要还是通过校长以会议或通知的形式了解学校绩效工资改革的情况,而不太愿意主动获取绩效工资改革的相关信息。

表 5-12 "知情度"、"被动接受"和"主动获取"三因子题目及得分

| 因子 | 题号 | 题目 | M | Std |
|---|---|---|---|---|
| 知情度 | 6 | 学校绩效工资改革的透明度较高 | 3.71 | 0.83 |
| | 40 | 我对学校绩效工资改革的相关信息有充分的了解 | 3.57 | 0.94 |
| | | 因子得分 | 3.64 | 0.76 |
| 被动接受信息 | 41 | 我希望学校领导主动地向教师介绍绩效工资改革的信息 | 4.17 | 0.85 |
| | 42 | 我对绩效工资改革的了解主要是通过会议和学校的通知 | 4.23 | 0.64 |
| | | 因子得分 | 4.20 | 0.78 |
| 主动获取信息 | 23 | 我在会议以外主动收集绩效工资改革的相关信息 | 3.42 | 0.74 |
| | 43 | 我会主动了解绩效工资改革的实施情况 | 3.49 | 0.62 |
| | | 因子得分 | 3.47 | 0.96 |

教师对绩效工资改革的知情度以及了解信息的渠道在对 H 老师进行访谈的笔录中也得到了证实。

研究者:您是从哪里了解到学校绩效工资改革的情况?

H 老师:学校就绩效工资改革开过几次会议。校长在会议中向我们介绍的。我们学校还有一本手册,专门介绍绩效分的计算方式。

研究者:您会通过其他途径了解绩效工资改革的信息吗?

H 教师:会比较留意报纸上对绩效工资的报道,前段时间报纸上对绩效工资的报道比较多。

研究者:您有兴趣更多地了解这方面的信息吗?

H 教师:在新闻、报纸上遇到会关注一下,毕竟和自己利益相关嘛。但说感兴趣就谈不上,也没有刻意去了解。

对问卷中"被动接受信息"、"主动获取信息"和"知情度"等三个因子的关系进行比较分析(见表5－13)发现：

"被动接受信息"因子与"主动获取信息"因子两者均值相差0.73,t值为16.543,在0.01水平上存在显著差异($p$＝0.000),两者的相关系数$r$为0.142,在0.01水平上显著($p$＝0.000)。可见,教师对绩效工资改革的主要信息都是来源于学校的会议和文字材料,虽然绩效工资改革与教师的切身利益相关,但教师对主动了解绩效工资改革相关情况的兴趣并不大。

"知情度"因子与"被动接受信息"因子两者均值相差0.56,t值为－15.135,在0.01水平上存在显著差异($p$＝0.000),两者相关系数$r$为0.382,在0.01水平上显著($p$＝0.000)。可见,如果教师能够在学校的会议和文件中获得越多信息,教师对绩效工资改革的知情度越高。

"知情度"因子与"主动获取信息"因子两者均值相差0.17,t值为4.171,在0.01水平上存在显著差异($p$＝0.000),两者相关系数$r$为0.413,在0.01水平上显著($p$＝0.000)。可见,如果教师能够主动去了解绩效工资改革的相关信息,将有助于加深教师对绩效工资改革的了解。

表5－13 "被动接受信息"、"主动获取信息"和"知情度"三因子关系比较

| | 均值差异 | t检验 | | 相关 | |
|---|---|---|---|---|---|
| | | t | Sig (2-tailed) | r | Sig (2-tailed) |
| 被动接受信息——主动获取信息 | 0.73 | 16.543 | 0.000 | 0.142 | 0.000 |
| 知情度——被动接受信息 | －0.56 | －15.134 | 0.000 | 0.382 | 0.000 |
| 知情度——主动获取信息 | 0.17 | 4.171 | 0.000 | 0.413 | 0.000 |

### 2. 主体因素差异分析

对不同教师在"知情度"、"被动接受信息"和"主动获取信息"等三个因子的得分进行比较(见表5－14),发现教师受性别、教龄、学历、职称等因素的影响不大,而小学老师在"知情度"和"被动接受信息"这两个因子上得分显著高于中学老师。

表 5-14　不同教师"知情度"、"被动接受信息"和"主动获取信息"三因子得分比较

| 因子 | | 知情度 | | | 被动接受信息 | | | 主动获取信息 | | |
| --- | --- | --- | --- | --- | --- | --- | --- | --- | --- | --- |
| | | M | Std | | M | Std | | M | Std | |
| 总体 | | 3.64 | 0.94 | | 4.20 | 0.78 | | 3.74 | 0.96 | |
| 性别 | 男 | 3.69 | 0.94 | t=0.576 | 4.13 | 0.73 | t=-1.002 | 3.52 | 0.99 | t=0.528 |
| | 女 | 3.62 | 0.94 | Sig=0.565 | 4.21 | 0.78 | Sig=0.317 | 3.47 | 0.95 | Sig=0.510 |
| 教龄 | 5 年以下 | 3.43 | 0.98 | F=0.906 | 3.71 | 0.76 | F=1.847 | 3.00 | 1.41 | F=0.923 |
| | 5—10 年 | 3.58 | 0.87 | Sig=0.438 | 4.18 | 0.75 | Sig=0.137 | 3.49 | 0.87 | Sig=0.429 |
| | 11—20 年 | 3.67 | 0.99 | | 4.25 | 0.79 | | 3.45 | 0.99 | |
| | 20 年以上 | 3.75 | 0.96 | | 4.09 | 0.86 | | 3.57 | 1.03 | |
| 学历 | 大专或以下 | 3.75 | 0.95 | F=0.830 | 4.25 | 0.92 | F=0.665 | 3.62 | 0.98 | F=1.625 |
| | 本科 | 3.62 | 0.94 | Sig=0.436 | 4.19 | 0.75 | Sig=0.515 | 3.45 | 0.95 | Sig=0.198 |
| | 硕士或以上 | 3.67 | 0.70 | | 4.44 | 0.53 | | 3.22 | 0.97 | |
| 职称 | 初级 | 3.63 | 0.91 | F=1.432 | 4.24 | 0.72 | F=2.962 | 3.47 | 0.93 | F=0.050 |
| | 中级 | 3.67 | 0.97 | Sig=0.240 | 4.24 | 0.78 | Sig=0.052 | 3.47 | 1.00 | Sig=0.952 |
| | 高级 | 3.50 | 0.86 | | 4.05 | 0.77 | | 3.44 | 0.87 | |
| 科目 | 会考科目 | 3.64 | 0.92 | t=-1.529 | 4.24 | 0.75 | t=1.300 | 3.45 | 0.94 | t=-2.317* |
| | 非会考科目 | 3.79 | 0.96 | Sig=0.127 | 4.13 | 0.85 | Sig=0.194 | 3.68 | 0.97 | Sig=0.025 |
| 学校 | 小学 | 3.80 | 0.92 | F=20.129** | 4.31 | 0.75 | F=13.975** | 3.52 | 0.98 | F=1.506 |
| | 初中 | 3.30 | 0.95 | Sig=0.000 | 4.01 | 0.79 | Sig=0.000 | 3.37 | 0.90 | Sig=0.223 |
| | 高中 | 3.38 | 0.79 | | 3.93 | 0.80 | | 3.41 | 0.89 | |

（1）性别因素

对于"知情度"，男教师的平均分为 3.69,标准差 SD 为 0.94;女教师的平均分 3.62,标准差 SD 为 0.94。经独立样品 t 检验,t 值为 0.576,在 0.05

水平上未达到显著(p＝0.565)。表明男女教师对学校绩效工资改革有关信息的了解程度不存在显著差异。

对于"被动接受信息"，男教师的平均分为 4.13，标准差 SD 为 0.73；女教师的平均分为 4.21，标准差 SD 为 0.78。经独立样品 t 检验，t 值为－1.002，在 0.05 水平上未达到显著(p＝0.317)。表明男女教师对学校绩效工资改革有关信息的了解主要都是通过学校的会议和文件。

对于"主动接受信息"，男教师的平均分为 3.52，标准差 SD 为 0.99；女教师的平均分为 3.47，标准差 SD 为 0.95。经独立样品 t 检验，t 值为 0.528，在 0.05 水平上未达到显著(p＝0.510)。表明男女教师对主动获取学校绩效工资改革有关信息的兴趣均不大。

（2）教龄因素

对于"知情度"，5 年以下教龄的教师平均分为 3.43，标准差 SD 为0.98；5—10 年教龄的教师平均分为 3.58，标准差 SD 为0.87；11—20 年教龄的教师平均分为 3.67，标准差 SD 为 0.99；20 年以上教龄的教师平均分为 3.75，标准差 SD 为 0.96。经单因子方差分析，F 值为 0.906，在 0.05 水平上未达到显著差异(p＝0.438)。表明不同教龄的教师对学校绩效工资改革有关信息的了解程度不存在显著差异。

对于"被动接受信息"，5 年以下教龄的教师平均分为 3.71，标准差 SD 为0.76；5—10 年教龄的教师平均分为 4.18，标准差 SD 为 0.75；11—20 年教龄的教师平均分为 4.25，标准差 SD 为 0.79；20 年以上教龄的教师平均分为 4.09，标准差 SD 为 0.86。经单因子方差分析，F 值为 1.847，在 0.05 水平上未达到显著差异(p＝0.137)。表明不同教龄的教师对学校绩效工资改革有关信息的了解主要都是通过学校的会议和文件。

对于"主动接受信息"，5 年以下教龄的教师平均分为 3.00，标准差 SD 为1.41；5—10 年教龄的教师平均分为 3.49，标准差 SD 为 0.87；11—20 年教龄的教师平均分为 3.45，标准差 SD 为 0.99；20 年以上教龄的教师平均分为 3.57，标准差 SD 为 1.03。经单因子方差分析，F 值为 0.923，在 0.05 水平上未达到显著差异(p＝0.429)。表明不同教龄的教师对主动获取学校绩效工资改革的相关信息的兴趣均不大。

（3）学历因素

对于"知情度"，大专及以下学历的教师平均分为 3.75，标准差 SD 为 0.95；本科学历的教师平均分为 3.62，标准差 SD 为 0.94；硕士学历及以上的教师平均分为 3.67，标准差 SD 为 0.70。经单因子方差分析，F 值为 0.830，在 0.05 水平上不存在显著差异（p＝0.436）。表明不同学历背景的教师对学校绩效工资改革的有关信息的了解程度不存在显著差异。

对于"被动接受信息"，大专及以下学历的教师平均分为 4.25，标准差 SD 为 0.92；本科学历的教师平均分为 4.19，标准差 SD 为 0.75；硕士学历及以上的教师平均分为 4.44，标准差 SD 为 0.53。经单因子方差分析，F 值为 0.665，在 0.05 水平上不存在显著差异（p＝0.515）。表明不同学历背景的教师对学校绩效工资改革有关信息的了解主要都是通过学校的会议和文件。

对于"主动获取信息"，大专以下学历的教师平均分为 3.62，标准差 SD 为 0.98；本科学历的教师平均分为 3.45，标准差 SD 为 0.95；硕士学历及以上的教师平均分为 3.22，标准差 SD 为 0.97。经单因子方差分析，F 值为 1.625，在 0.05 水平上不存在显著差异（p＝0.198）。表明不同学历背景的教师对主动获取学校绩效工资改革的相关信息的兴趣均不大。

（4）职称因素

对于"知情度"，初级职称的教师平均分为 3.63，标准差 SD 为 0.91；中级职称的教师平均分为 3.67，标准差 SD 为 0.97；高级职称的教师平均分为 3.50，标准差 SD 为 0.86。经单因子方差分析，F 值为 1.432，在 0.05 水平上未达到显著差异（p＝0.240）。表明不同职称的教师对学校绩效工资改革的有关信息的了解程度不存在显著差异。

对于"被动接受信息"，初级职称的教师平均分为 4.24，标准差 SD 为 0.72；中级职称的教师平均分为 4.24，标准差 SD 为 0.78；高级职称的教师平均分为 4.05，标准差 SD 为 0.77。经单因子方差分析，F 值为 2.962，在 0.05 水平上未达到显著差异（p＝0.052）。表明不同职称的教师对学校绩效工资改革有关信息的了解主要都是通过学校的会议和文件。

对于"主动获取信息"，初级职称的教师平均分为 3.47，标准差 SD 为 0.93；中级职称的教师平均分为 3.47，标准差 SD 为 1.00；高级职称的教师平均分为 3.44,标准差 SD 为 0.87。经单因子方差分析,F 值为 0.050,在 0.05水平上未达到显著差异(p=0.952)。表明不同职称的教师对主动获取学校绩效工资改革有关信息的兴趣均不大。

(5)任教科目的影响

对于"知情度",会考科目教师的平均分为 3.64,标准差 SD 为 0.92;非会考科目教师的平均分为 3.79,标准差 SD 为 0.96。经独立样本 t 检验,t 值为—1.529,在 0.05 水平上未达到显著差异(p=0.127)。表明不同任教科目的教师对学校绩效工资改革有关信息的了解程度不存在显著差异。

对于"被动接受信息",会考科目教师的平均分为 4.24,标准差 SD 为 0.75;非会考科目教师的平均得分为 4.13,标准差 SD 为 0.85。经独立样本 t 检验,t 值为 1.300,在 0.05 水平上差异现在(p=0.194)。表明不同任教科目的教师对学校绩效工资改革有关信息的了解主要都是通过学校的会议和文件。

对于"主动获取信息",会考科目教师的平均分为 3.45,标准差 SD 为 0.94;非会考科目教师的平均得分为 3.68,标准差 SD 为 0.97。经独立样本 t 检验,t 值为—2.317,在 0.05 水平上存在显著差异(p=0.025)。表明会考科目教师对主动获取学校绩效工资改革的相关信息的兴趣显著低于非会考科目教师。

(6)学校类型的影响

对于"知情度",小学教师的平均分为 3.80,标准差 SD 为 0.92;初中教师平均分为 3.30,标准差 SD 为 0.95;高中教师平均分为 3.38,标准差 SD 为 0.79。经单因子方差分析,F 值为 13.975,在 0.01 水平上未达到显著差异(p=0.000)。可见,不同学校类型的教师对学校绩效工资改革的知情度存在显著差异。事后检验结果表明,初中和高中教师在该因子上的得分不存在显著差异,但两者均显著低于小学教师。可见,中学教师的知情度显著低于小学教师。

对于"被动接受信息",小学教师的平均分为 4.31,标准差 SD 为 0.75;初中教师平均分为 4.01,标准差 SD 为 0.79;高中教师平均分为 3.93,标准差 SD 为0.80。经单因子方差分析,F 值为 13.975,在 0.01 水平上差异显著(p=0.000)。可见,不同学校类型的教师在该因子上的得分存在显著差异。

事后检验的结果表明,中学教师之间不存在显著差异,但两者的得分显著低于小学教师。可见,教师通过学校会议和文件了解绩效工资改革的程度显著低于小学教师。

对于"主动获取信息",小学教师的平均分为 3.52,标准差 SD 为 0.98;初中教师平均分为 3.37,标准差 SD 为 0.90;高中教师平均分为 3.41,标准差 SD 为0.89。经单因子方差分析,F 值为 1.506,在 0.05 水平上未达到显著差异(p=0.223)。可见,无论小学、初中还是高中教师,对主动获取学校绩效工资改革的相关信息的兴趣均不大。

上述主体因素差异分析结果表明:不同性别、教龄、学历背景和职称的教师对学校绩效工资改革的有关信息的了解程度相差不大,对学校绩效工资改革有关信息的了解主要都是通过学校的会议和文件,对主动获取学校绩效工资改革相关信息的兴趣均不大;会考科目教师因为工作量较非会考科目教师大,工作压力也比较大,可自由支配时间不多,对主动获取学校绩效工资改革有关信息的兴趣显著低于非会考科目教师;中学教师对绩效工资的知情度以及通过学校会议和文件了解绩效工资改革的程度显著低于小学教师,但在对主动获取学校绩效工资改革的相关信息的兴趣方面,无论小学、初中还是高中教师都兴趣不大。

(四) 教师信任校长,感到意见被重视

无论是在正式会议还是在非正式的交谈中,教师是否愿意向校长反映学校真实的情况、表达真实想法,都与教师对校长的信任程度密切相关(见表 5—15)。如果教师对校长不信任,即使教师有自己的想法或建议,也不会表达出来,甚至变成了背后牢骚,这就降低了教师参与学校管理的意愿。

表 5—15 "信任校长"因子与教师参与相关因素的相关

| | | 应该参与 | 关心事务 | 花费时间 |
|---|---|---|---|---|
| 信任校长 | 相关系数 | 0.206** | 0.564** | 0.493** |
| | Sig. (2—tailed) | 0.000 | 0.000 | 0.000 |

1. 因子分析

问卷第 30、44、46 题是了解教师是否认为自己的想法受到学校的重视,其中第 30 题做了反向编码,因子命名为"重视教师";第 14、24、26、29、50 题是了解教师对学校的信任程度,其中第 26、29 题做了反向编码,因子命名为"信任校长";第 5、45、47、48 题是了解教师表达不满和建议的意愿,因子命名为"敢于表达"。各因子的得分情况(表 5—16)表明:教师普遍感到在学校绩效工资改革过程中自己的意见受到重视,对学校的信任程度较高,对学校管理事务有不满和建议时,一般敢于向学校领导干部表达。

表 5—16  "重视意见"、"信任校长"和"表达意见"三因子的问题及得分

| 因子 | 题号 | 题目 | M | Std |
|---|---|---|---|---|
| 重视教师 | 反 30 | 学校领导所谓听取教师意见的行为只是走走过场 | 3.99 | 1.06 |
| | 44 | 在学校制定绩效工资分配方案时,领导和教师有充分的沟通 | 3.85 | 0.97 |
| | 46 | 学校重视教师们对绩效工资改革所提出的意见和建议 | 3.88 | 0.93 |
| | 因子得分 | | 3.91 | 0.85 |
| 信任校长 | 14 | 学校领导总是希望帮助教师解决问题 | 4.17 | 0.87 |
| | 24 | 我相信领导所说的都是实情 | 3.85 | 0.98 |
| | 反 26 | 学校领导总是企图利用职权,为自己谋利 | 4.32 | 0.88 |
| | 反 29 | 学校领导不理解教师的工作,没能有效地管理学校 | 4.26 | 0.82 |
| | 50 | 我相信领导所制定的工资分配方案是公平和有效的 | 3.81 | 0.98 |
| | 因子得分 | | 4.08 | 0.66 |
| 敢于表达 | 5 | 如果我对学校的管理不满,我会尝试表达 | 4.05 | 0.86 |
| | 45 | 当我对学校管理有不同意见时,我能够找到有效的途径表达 | 3.66 | 0.99 |
| | 47 | 如果我对学校绩效工资改革有自己的想法,我会向领导反映 | 3.62 | 1.00 |
| | 48 | 如果我对学校绩效工资改革有自己的想法,我会向教师工会反映 | 3.60 | 1.03 |
| | 因子得分 | | 3.73 | 0.82 |

对"重视意见"、"信任校长"和"表达意见"等三个因子的关系进行比较

分析(见表 5－17)发现：

"重视教师"因子与"信任校长"因子两者均值相差 0.18,经独立样本 t 检验,t 值为－9.399,在 0.01 水平上存在显著差异(p＝0.000),两者的相关系数 r 为 0.814,在 0.01 水平上显著(p＝0.000)。可见,教师对校长的信任程度显著高于教师对其意见受重视程度的评价,而教师对校长的信任与教师对自身意见受重视程度的评价呈显著的正相关。

"信任校长"因子与"敢于表达"因子两者均值相差 0.35,经独立样本 t 检验,t 值为 14.086,在 0.01 水平上存在显著差异(p＝0.000),两者相关系数 r 为 0.635,在 0.01 水平上显著(p＝0.000)。可见,教师对校长的信任程度显著高于教师表达自身意见和不满的意愿,而教师对校长的信任与教师表达不满和建议的意愿间呈显著的正相关。

"重视教师"因子与"敢于表达"因子两者均值相差 0.17,t 值为 7.586,在 0.01 水平上存在显著差异(p＝0.000),两者相关系数 r 为 0.745,在 0.01 水平上显著(p＝0.000)。可见,教师对自身意见受重视程度的评价显著高于教师表达不满和建议的意愿,而教师对自身意见受重视程度的评价与教师表达不满和建议的意愿呈显著的正相关。

表 5－17 "重视教师"、"信任校长"和"敢于表达"三因子关系比较

| | 均值差异 | t 检验 | | 相关 | |
|---|---|---|---|---|---|
| | | t | Sig (2-tailed) | r | Sig (2-tailed) |
| 重视教师——信任校长 | −0.18 | −9.399 | 0.000 | 0.814 | 0.000 |
| 信任校长——敢于表达 | 0.35 | 14.086 | 0.000 | 0.635 | 0.000 |
| 重视教师——敢于表达 | 0.17 | 7.586 | 0.000 | 0.745 | 0.000 |

2. 主体因素差异分析

对不同教师在"重视教师"、"信任校长"和"敢于表达"等三个因子的得分进行比较(见表 5－18),发现不同性别、教龄、学历、职称教师间的差异不大,而任教科目和学校类型对这三个因子有着较大影响。

表5—18  不同教师"重视教师"、"信任校长"和"敢于表达"三因子得分比较

| 因子 | | 重视教师 | | | 信任校长 | | | 敢于表达 | | |
|---|---|---|---|---|---|---|---|---|---|---|
| | | M | Std | | M | Std | | M | Std | |
| 总体 | | 3.91 | 0.85 | | 4.08 | 0.66 | | 3.73 | 0.82 | |
| 性别 | 男 | 3.81 | 0.84 | t=−1.209 | 4.04 | 0.71 | t=−0.642 | 3.69 | 0.85 | t=−0.503 |
| | 女 | 3.92 | 0.84 | Sig=0.227 | 4.09 | 0.64 | Sig=0.522 | 3.73 | 0.81 | Sig=0.615 |
| 教龄 | 5年以下 | 3.67 | 0.61 | F=0.785 | 3.81 | 0.67 | F=0.583 | 3.25 | 0.63 | F=1.721 |
| | 5—10年 | 3.86 | 0.77 | Sig=0.503 | 4.07 | 0.59 | Sig=0.626 | 3.67 | 0.74 | Sig=0.161 |
| | 11—20年 | 3.94 | 0.86 | | 4.11 | 0.68 | | 3.78 | 0.86 | |
| | 20年以上 | 3.97 | 0.97 | | 4.07 | 0.73 | | 3.77 | 0.92 | |
| 学历 | 大专或以下 | 4.09 | 0.80 | F=2.642 | 4.20 | 0.68 | F=2.242 | 3.86 | 0.83 | F=2.141 |
| | 本科 | 3.89 | 0.83 | Sig=0.072 | 4.08 | 0.64 | Sig=0.107 | 3.72 | 0.81 | Sig=0.118 |
| | 硕士或以上 | 3.73 | 0.64 | | 3.83 | 0.45 | | 3.36 | 0.74 | |
| 职称 | 初级 | 3.90 | 0.80 | F=0.072 | 4.09 | 0.59 | F=0.189 | 3.64 | 0.77 | F=2.184 |
| | 中级 | 3.91 | 0.84 | Sig=0.931 | 4.09 | 0.65 | Sig=0.828 | 3.79 | 0.83 | Sig=0.113 |
| | 高级 | 3.88 | 0.86 | | 4.05 | 0.64 | | 3.68 | 0.81 | |
| 科目 | 会考科目 | 3.89 | 0.84 | t=−3.298** | 4.07 | 0.65 | t=−3.080** | 3.70 | 0.80 | t=−3.258** |
| | 非会考科目 | 4.17 | 0.75 | Sig=0.001 | 4.28 | 0.60 | Sig=0.002 | 3.98 | 0.77 | Sig=0.001 |
| 学校 | 小学 | 4.11 | 0.75 | F=40.600* | 4.24 | 0.61 | F=41.292* | 3.92 | 0.77 | F=40.265* |
| | 初中 | 3.53 | 0.89 | Sig=0.000 | 3.78 | 0.68 | Sig=0.000 | 3.36 | 0.80 | Sig=0.000 |
| | 高中 | 3.49 | 0.87 | | 3.79 | 0.56 | | 3.37 | 0.75 | |

（1）性别因素

对于"重视教师"，男教师的平均分为3.81，标准差SD为0.84；女教师的平均分3.92，标准差SD为0.84。经独立样品t检验，t值为−1.209，在

0.05 水平上未达到显著(p＝0.227)。表明男女教师在学校领导干部对教师意见的重视程度上的评价不存在显著差异。

对于"信任校长",男教师的平均分为 4.04,标准差 SD 为 0.71;女教师的平均分为 4.09,标准差 SD 为 0.64。经独立样品 t 检验,t 值为－0.42,在 0.05 水平上未达到显著(p＝0.522)。表明男女教师对校长的信任程度不存在显著差异。

对于"敢于表达",男教师的平均分为 3.69,标准差 SD 为 0.85;女教师的平均分为 3.73,标准差 SD 为 0.81。经独立样品 t 检验,t 值为－0.503,在 0.05 水平上未达到显著(p＝0.615)。表明男女教师在表达自身不满或建议的意愿上不存在显著差异。

(2)教龄因素

对于"重视教师",5 年以下教龄的教师的平均分为 3.67,标准差 SD 为 0.61;5—10 年教龄的教师平均分为 3.86,标准差 SD 为 0.77;11—20 年教龄的教师平均分为 3.94,标准差 SD 为 0.86;20 年以上教龄的教师平均分为 3.97,标准差 SD 为 0.97。经单因子方差分析,F 值为 0.785,在 0.05 水平上未达到显著差异(p＝0.503)。表明不同教龄的教师在学校领导干部对教师意见的重视程度上的评价不存在显著差异。

对于"信任校长",5 年以下教龄的教师平均分为 3.81,标准差 SD 为 0.67;5—10 年教龄的教师平均分为 4.07,标准差 SD 为 0.59;11—20 年教龄的教师平均分为 4.11,标准差 SD 为 0.68;20 年以上教龄的教师平均分为 4.07,标准差 SD 为 0.73。经单因子方差分析,F 值为 0.583,在 0.05 水平上未达到显著差异(p＝0.626)。表明不同教龄的教师对校长的信任程度不存在显著差异。

对于"敢于表达",5 年以下教龄的教师平均分为 3.25,标准差 SD 为 0.63;6—10 年教龄的教师平均分为 3.67,标准差 SD 为 0.74;11—20 年教龄的教师平均分为 3.78,标准差 SD 为 0.86;20 年以上教龄的教师平均分为 3.77,标准差 SD 为 0.92。经单因子方差分析,F 值为 1.721,在 0.05 水平上未达到显著差异(p＝0.161)。表明不同教龄的教师在表达自身不满或建议的意愿上不存在显著差异。

（3）学历因素

对于"重视教师"，大专及以下学历的教师平均分为 4.09，标准差 SD 为 0.80；本科学历的教师平均分为 3.89，标准差 SD 为 0.83；硕士学历及以上的教师平均分为 3.73，标准差 SD 为 0.64。经单因子方差分析，F 值为 2.642，在 0.05 水平上不存在显著差异（p＝0.072）。表明不同学历背景的教师在学校领导干部对教师意见的重视程度上的评价不存在显著差异。

对于"信任校长"，大专及以下学历的教师平均分为 4.20，标准差 SD 为 0.68；本科学历的教师平均分为 4.08，标准差 SD 为 0.64；硕士学历及以上的教师平均分为 3.83，标准差 SD 为 0.45。经单因子方差分析，F 值为 2.242，在 0.05 水平上不存在显著差异（p＝0.107）。表明不同学历背景的教师对校长的信任程度不存在显著差异。

对于"敢于表达"，大专以下学历的教师平均分为 3.86，标准差 SD 为 0.83；本科学历的教师平均分为 3.72，标准差 SD 为 0.81；硕士学历及以上的教师平均分为 3.36，标准差 SD 为 0.74。经单因子方差分析，F 值为 2.141，在 0.05 水平上不存在显著差异（p＝0.118）。表明不同学历背景的教师在表达自身不满或建议的意愿上不存在显著差异。

（4）职称因素

对于"重视教师"，初级职称的教师平均分为 3.90，标准差 SD 为0.80；中级职称的教师平均分为 3.91，标准差 SD 为 0.84；高级职称的教师平均分为 3.88，标准差 SD 为 0.86。经单因子方差分析，F 值为 0.072，在 0.05 水平上未达到显著差异（p＝0.931）。表明不同职称的教师在学校领导干部对教师意见的重视程度上的评价不存在显著差异。

对于"信任校长"，初级职称的教师平均分为 4.09，标准差 SD 为0.59；中级职称的教师平均分为 4.09，标准差 SD 为 0.65；高级职称的教师平均分为 4.05，标准差 SD 为 0.64。经单因子方差分析，F 值为 0.189，在 0.05 水平上未达到显著差异（p＝0.828）。表明不同职称的教师对校长的信任程度不存在显著差异。

对于"敢于表达"，初级职称的教师平均分为 3.64，标准差 SD 为0.77；中级职称的教师平均分为 3.79，标准差 SD 为 0.83；高级职称的教师平均分为

3.68,标准差 SD 为 0.81。经单因子方差分析,F 值为 2.184,在 0.05 水平上未达到显著差异(p＝0.113)。表明不同职称的教师在表达自身不满或建议的意愿上不存在显著差异。

(5) 任教科目的影响

对于"重视教师",会考科目教师的平均分为 3.89,标准差 SD 为 0.84;非会考科目教师的平均分为 4.17,标准差 SD 为 0.75。经独立样本 t 检验,t 值为－3.298,在 0.01 水平上具有显著差异(p＝0.001)。表明在学校领导干部对教师意见的重视程度上的评价方面会考科目教师显著低于非会考科目教师。

在"信任校长"因子上,会考科目教师的平均分为 4.07,标准差 SD 为 0.65;非会考科目教师的平均得分为 4.28,标准差 SD 为 0.60。经独立样本 t 检验,t 值为－3.080,在 0.01 水平上差异显著(p＝0.002)。表明会考科目教师对校长的信任程度显著低于非会考科目教师。

在"敢于表达"因子上,会考科目教师的平均分为 3.70,标准差 SD 为 0.80;非会考科目教师的平均得分为 3.98,标准差 SD 为 0.77。经独立样本 t 检验,t 值为－3.258,在 0.01 水平上存在显著差异(p＝0.001)。表明会考科目教师在表达不满和建议上的意愿显著低于非会考科目教师。

(6) 学校类型的影响

对于"重视教师",小学教师的平均分为 4.11,标准差 SD 为 0.75;初中教师平均分为 3.53,标准差 SD 为 0.89;高中教师平均分为 3.49,标准差 SD 为 0.87。经单因子方差分析,F 值为 40.600,在 0.01 水平上未达到显著差异(p＝0.000)。可见,不同学校类型的教师对自身意见的受重视程度的评价存在显著差异。事后检验结果表明,中学教师在该因子上的得分不存在显著差异,但两者均显著低于小学教师。可见,中学教师对自身意见受重视程度的评价显著低于小学教师。

对于"信任校长",小学教师的平均分为 4.24,标准差 SD 为 0.61;初中教师平均分为 3.78,标准差 SD 为 0.68;高中教师平均分为 3.79,标准差 SD 为 0.56。经单因子方差分析,F 值为 41.292,在 0.01 水平上差异显著(p＝0.000)。可见,不同学校类型的教师对校长的信任程度上存在显著差异。

事后检验的结果表明,中学教师之间不存在显著差异,但两者的得分显著低于小学教师。可见,中学教师通过学校会议和文件了解绩效工资改革的程度显著低于小学教师。

对于"敢于表达",小学教师的平均分为 3.92,标准差 SD 为 0.77;初中教师平均分为 3.36,标准差 SD 为 0.80;高中教师平均分为 3.37,标准差 SD 为 0.75。经单因子方差分析,F 值为 40.265,在 0.01 水平上差异显著(p=0.000)。可见,不同学校类型的教师在表达自身不满和建议的意愿上存在显著差异。事后检验结果表明,中学教师在该因子上的得分不存在显著差异,但两者的得分均显著低于小学教师。可见,中学教师表达自身不满和建议的意愿显著低于小学教师。

综上结果发现不同性别、教龄、学历背景和职称等因素在对"自身意见的受重视程度的评价"、"对校长的信任程度"、"表达自身不满或建议的意愿"方面不存在显著差异,而非会考科目老师较会考科目老师、小学老师较中学老师显著"感觉到自身意见容易受到重视、比较信任校长、愿意表达自身的不满、面对问题愿意提供建议"。

# 第三节　教师参与改革的理论探讨

教师参与学校决策毫无疑问是应当的,但并不是学校的所有事务教师都应该以相同的方式和程度参与决策。这样一来,学校管理者需要判断:待决策的问题是否需要教师参与以及多大程度上的参与。本研究将以霍伊—泰特的参与模式为理论基础,结合访谈和问卷调查的结果,从接受区、情境、决策结构和领导者角色四个方面对绩效工资改革过程中教师的参与情况进行分析讨论。

### 一、绩效工资改革所处的接受区分析

根据"接受区理论",要判断教师是否应该参与到绩效工资改革之中,首先要回答的问题就是绩效工资改革中教师参与是处在接受区内,还是接受区以外。如果处于接受区内,则教师参与起不了什么作用,教师参与是低效的,绩效工资改革的相关决策应该由学校领导层做出;而如果处于接受区外,提供机会让教师参与到工资改革的相关事务之中则是有必要的。

那么,应该如何判断绩效工资改革的相关事务是处于教师的接受区之内还是之外呢? 这就需要进行布里奇斯所提出的两种测定——相关性测定和专业性测定来判断。

（一）绩效工资改革与教师密切相关,教师关注度高

相关性测定是指对决策结果是否与教师的利益相关的判断。 如果与教师的利益相关,那么教师对决策的关注度较高,应该给予教师参与的机会;如果决策结果与教师的利益无关,那么教师参与决策的兴趣不大。

对于绩效工资改革与教师利益的相关性判断上,答案是比较明确的。绩效工资改革关系到每一位教师的切身利益,与所有教师的利益都存在着密切的关系。从问卷调查的结果可以看出,教师普遍认同教师参与绩效工资改革的必要性。

李永生对教师参与程度从低到高分为"不参与"、"知道详情"、"提供意见"、"参与设计方案"和"参与决定方案",讨论教师对学校不同类别事务的期望参与程度与实际参与程度的差异,结果显示:教师在自身福利待遇上期望"参与方案设计"和"参与方案决策",但实际上只是"知道详情"和"提供意见"[1]。一些学者在不同的地区和学校进行了类似李永生的研究,也验证了上述结论:刘兴春的研究发现,对涉及切身利益的经济待遇、福利分配等问题,教师不满足于"提出意见",而希望"参与决定"[2]。朱珠对高校教师的研究结果也表明,教师对涉及切身利益的"岗位津贴、补贴、课时酬金制定"等

---

① 李永生:《教师民主参与管理的调查与分析》,《教育研究与实验》2002 年,第 2 期。
② 刘兴春:《普通中小学教师参与学校决策的调查》,《江西教育科研》2004 年,第 7 页。

内容,"希望参与方案的决定"选项居首位①。

既然教师在与其切身利益密切相关的领域上有强烈的参与意愿,那么管理者是否就应该在这些方面更多地满足教师参与的愿望,让教师更广泛、更深层次地参与诸如"工资福利分配"等的决策? 多数学者持肯定的意见。教师关心与自身利益相关的事务,希望在自身工资福利分配上享有更大的决定权,这是人之常情。但研究者认为,是否吸纳教师参与决策,除了要考虑决策与教师个人利益的相关程度,还要考虑教师是否具备与决策相关的专业知识以及教师的个人利益与学校的整体利益是否一致等问题。

(二) 教师制定决策的专业性不及校长

专业技能测定是指对教师是否具有参与决策的专业知识和技能的判定,只有具备相应的能力,教师的参与才能起到优化决策的作用。

那么,教师怎样才能被认为是具备了与决策相关的知识经验? 如何区分这种知识相关的高低? 达到何种知识程度才可以参与决策? 参与者不同程度的参与所需具备的专业知识是不一样的。

当教师的参与程度只是在"知道详情"时,教师只要能理解学校领导对教师公开的管理信息就可以了,这样的文化水平对于教师来说应该都是具备的;当教师的参与程度是向学校领导"提供意见"时,教师只需要了解自己的工作,能够有条理地表达自己的需要就可以了,这样的能力即使勉强被称为专业知识,对于中小学教师来说应该也不是什么门槛。因此,可以认为,教师具备"知道详情"和"提供意见"所需的知识和技能。

但当教师要参与绩效工资改革的"方案设计"时,需要花费时间去了解更多的信息,获得必要的知识和技能,而并不是所有教师都有意愿去花费这个时间的。这个时候,如果所有教师都参与"方案决定"的话,由于必要的知识和技能的缺乏,教师又难以跳出个人的视角,从学校的整体利益考虑问题,就极有可能在很长一段时间内不能"达成共识",出现"议而不决"的情形,浪费教师和管理者大量的时间和精力。漫长的讨论还可能演变成争论,

---

① 朱珠:《高校教师民主参与学校决策的研究——基于广西高校的调查》,广西大学硕士学位论文,2008 年,第 45 页。

从而激化教师之间的矛盾,引起教师对学校的不满。

通过问卷调查和实地走访问发现,许多一线教师对绩效工资改革的具体情况了解得很粗浅,而学校管理者(主要是校长和人事干部)相比于一线教师,有更多时间去参加各种相关的学习和培训,更能理解改革的目的和意义,在日常的管理实践中也有机会积累更多激励教师的方式,了解吸收其他学校改革的经验。如果让所有一线教师都像学校管理者那样参加学习和培训,那必然是低效和浪费的。既然一线教师不能获得与学校管理者同样多的学习时间和实践机会,那么就不可能具备与学校管理者同样多的专业知识和管理经验,这是专业分工的必然结果。一线教师的主要工作是教书育人,而学校管理者的主要工作是为一线教师服务。因此,在绩效工资改革中,"方案设计"和"方案决定"的任务应该由学校的领导承担,教师的参与应该限制在"知道详情"和"提供意见"的程度。

（三）绩效工资改革处于教师接受区的相关性边界

根据上面对相关性和专业技能的讨论,对教师参与绩效工资改革所处的接受区做出判断:

在相关性方面,绩效工资改革关系到教师的切身利益,与教师密切相关,这一判断是明确的。

在专业性方面,应该分两种情况:如果是较低程度的参与,即"知道详情"和"提供意见",那么所有教师是具备参与所需的专业知识和技能的;如果是较高程度的参与,即参与"方案设计"和"方案选择",那么部分教师不具备完成这些决策的专业知识和技能。

因此,在绩效工资改革过程中,较低程度的参与的是处在教师"接受区以外"的,校长为首的学校管理层,应该主动向教师公开绩效工资改革的相关信息和动态,广泛听取教师对这一改革的意见和看法;较高程度的参与则处在"相关性边界"区域,学校管理者应该利用自身的专业知识,充分考虑一线教师的需要,制定出科学合理的绩效工资分配方案,教师只宜有限度地参与(见表5—19),而且参与过程中管理者以简单明了的方式向教师公开信息,降低参与的门槛,争取一线教师对方案的理解和支持,而不是要求一线教师为"提高参与决策的能力"而花费工作或私人时间学习行政人员的所需的专业知识,或是参与冗长的会议。即使教师参与的热情不高,也不应归咎一线教师参与意识低下,因为参与学校管理是教师的权利,而不是任务,教师有权决定是否参与、参与多少。

表 5—19　不同程度参与绩效工资改革的接受区

| 参与程度 | | 专业性 | 相关性 | 接受区 |
|---|---|---|---|---|
| 低 | 知道详情 | 是 | 是 | 接受区外 |
| | 提供意见 | | | |
| 高 | 设计方案 | 否 | 是 | 相关性边界 |
| | 决定方案 | | | |

在对越秀区中小学绩效工资改革的问卷调查和走访中验证了上述观点。该区中小学校从浮动工资奖励制到绩效工资制,经过了五六年的摸索,总结出的一套较为可行的教师参与绩效工资改革决策的模式,其基本做法是:学校管理者制定出绩效工资分配方案的初稿后,主动向一线教师介绍和讲解,经一线教师讨论提意见后,再由管理层对方案作出修改和抉择。

但也有学者质疑这种做法,他们认为"方案的设计基本上是管理层做出的,对于教师提出的修改意见,也是由管理层决定采纳与否",这样,教师不能参与方案的设计和抉择,说明教师参与的程度有限,呼吁学校要给一线教师平等的参与机会,让教师从"源头上参与"。不过,研究者认为绩效工资改革中的方案制定过程中教师参与的程度并不是越高越好,除了上述专业技能判断外,现阶段学校民主氛围不浓,不同教师对参与的热心程度也有很大差异,在对于"绩效工资改革方案设计"这样的事务上,越秀区的做法值得肯定。

## 二、绩效工资改革所处的情境分析

### (一) 教师关注个人利益,难以统一目标

作为对"接受区理论"的补充,霍伊和泰特认为,要把"接受区模式"用于实际,除了进行相关性和专业技能两个测定外,还需要进行第三个测定——目标一致性测定。当个人目标与组织目标有所不同时,个人很可能只考量

自身的利益而牺牲学校的整体利益,这时就不宜授权个人做决策。

在关系到教师切身利益的绩效工资改革过程中,教师更容易从个人的角度出发,每位教师都希望分得更大块的"蛋糕"。虽然我们不排除有一部分教师能够真诚地从学校的整体利益出发考虑问题,但必然不能要求所有的教师都有这么高的思想觉悟。

有学者认为:一个理想的决策参与系统,应该具有可以自愿选择的特点,将参与机会提供给那些想参与的人,而不是强迫那些不想参与的人。但这种"自愿选择"的方式在"校本课程"、学校艺术节、运动会等可以发挥教师个人专长的管理事务方面可以采用,但对于关系到每一位教师切身利益的"绩效工资分配方案的制定"就并不恰当[①]。

在实地调查过程中发现,创造"绩效"较高的老师一般比较忙碌,参与的时间较少;而创造"绩效"较低的老师则相对清闲,有更多精力参与和表达意见。

一些教师每周的课时超过 20 节,每天都要上 4 到 6 节课,课后还要批改作业。如果这些教师还兼任班主任、学科组长、年级组长的话,就更加忙碌了。这些教师很难有空余时间接受采访,即使接受采访也说的很简短,他们更关注于自己的工作,有时间都优先用于批改作业或回答学生的问题。

绩效工资改革应该是收入分配时向有"绩效"的教师倾斜,彻底打破"干多干少一个样,干好干坏一个样"的平均主义模式。绩效工资改革方案的设计就应该上升到这个高度,维护绩效工资改革的初衷,所采用的方案要能真正体现"奖勤罚懒"、"优绩优酬"的理念,"对工作起到激励作用",充分调动教师工作的积极性。

"绩效"低的教师一般工作量少,可用于参与的闲暇时间就多,而他们因收入差距被拉大,满意度低,参与意愿更为强烈。这些相对清闲的教师较为愿意接受访问,在访谈中也谈得比较多。研究者在调查中就有这样一些受访者:一名在图书馆工作的教师抱怨"无法拿到与授课教师同样高的绩效奖

---

① 朱珠:《高校教师民主参与学校决策的研究——基于广西高校的调查》,广西大学硕士学位论文,2008 年。

励";一名中级职称的教师抱怨"自己的收入与高级教师的收入差距太大";一名提前退休的教师抱怨"自己不能拿到与正常退休的教师一样高的退休金"……

从调查结果中(见表5-6)可以看出,不同的教师对绩效工资改革的参与意愿不尽相同,年轻教师的参与热情显著低于老教师,会考科目教师的参与热情显著低于非会考科目教师,中学教师的参与热情显著低于小学教师。如果采用"自愿选择"的方式,让"愿意参与的教师"更多地参与决策,那么因此制定的"绩效工资奖励方案"就会有失偏颇。

（二）冲突状态/持份者状态下的教师参与

在绩效工资改革方案的制定过程中,教师容易从个人的利益出发,教师的目标不具有一致性,而改革的相关决策与他们的切身利益密切相关;教师只具备低程度参与决策的相关知识和技能,对于较高程度的参与,则仅有部分人员(主要是管理人员)具备制定决策所需的知识和技能。据此可以判断对绩效工资改革的相关决策,教师低程度的参与处于"冲突状态",高程度的参与则处于"持份者状态",这两种状态下的参与都应该受到限制(见表5-20)。

表5-20　教师参与绩效工资的程度及特点

| 参与程度 | | 专业性 | 相关性 | 目标一致性 | 状态 | 参与 | 决策结构 | 领导角色 |
|---|---|---|---|---|---|---|---|---|
| 低 | 知道详情 | 是 | 是 | 否 | 冲突的 | 有限参与 | 群体参谋 | 教育者 |
| | 提供意见 | | | | | | | |
| 高 | 设计方案 | 否 | 是 | 否 | 持份者 | 偶尔有限参与 | 群体参谋 | 教育者 |
| | 决定方案 | | | | | | | |

根据表5-20的分析,教师参与绩效工资改革的相关决策,要么是低程度的参与(处在"冲突状态"),要么是高程度的参与(处在"持份者状态"),而这两种状态对应的参与结构都是"群体参谋",领导者应扮演"教育者"的角色。也就是说,学校在制定绩效工资分配方案时,校长为首的管理层应该向全体教职员工征询意见,让教师有机会参与讨论并提出意见和建议,至于是

否接纳教师的意见,决定权还应归学校管理层所有。比较理想和比较常用的做法是校长综合上级的要求和一线教师的意见,提出一套方案,交由教师讨论修改。校长应与广大教师共享绩效工资改革的相关信息,讨论改革所涉及的问题,分析学校的现有条件和限制,通过与教师的沟通,扩大教师对改革的理解和认同,减少教师与校长、教师与教师之间的对立。

# 第六章
## 教师绩效工资公平感研究

## 第一节　概念界定及其相关理论

### 一、绩效

"绩效"这个词源自管理,其英文为"Performance",而这英语单词中又含有"成绩、成果、本事、能力"的意思。绩效在不同的学科和领域中,有着不同的含义。单纯从语言学的角度来看,绩效包含有成绩和效益的意思。在经济管理活动中,绩效指社会经济管理活动的结果与成效;在人力资源管理方面,绩效是指结果中投入与产出的百分比;用在公共部门中衡量政府活动的效果,则是一个包含多元目标在内的概念。而从管理学上看,绩效是组织期望达到的效果,是组织为实现组织目标而在各个层面所作出的有效输出,它包括了个人绩效与组织绩效两个方面。

一是个人绩效。早期的个人绩效研究主要集中于工作绩效,是与具体职务的工作内容、个体的能力、完成任务的熟练程度和工作知识密切相关的绩效。研究者对工作绩效的测量经常是零散的、不完整,大多集中于个人行为对组织的经济价值,很少有人着力于发展一般性的绩效测量模型。随着对个人绩效研究的深入,各种不同指标被丰富进个人绩效的测量中。如卡棱贝尔(Calnpbell,1990)认为任务效率、被证实的努力及个人遵守纪律都是每一种工作的绩效的组成部分。维兹瓦勒(Viswesvaran,1993)组织公民行为研究的大量出现使绩效测量中加入了团队合作与利它主义的指标。卡棱贝尔(1993)制定了一个绩效维度的综合模型,个人绩效包含了八个维度:① 具体工作的任务效率;② 非具体工作的任务效率;③ 信息沟通;④ 经证实的努力;⑤ 遵守纪律;⑥ 帮助行为;⑦ 与上司保持良好的关系;⑧ 管理过程。之后又有学者提出了个人绩效中的"情景绩效"的概念,情境绩效是指相比较于那些仅支持组织技术核心的行为而言,能支持更广泛的组织内、外部环境的良好运转及员工良好心理的保持。①

　　二是组织绩效。早期的组织绩效主要用生产率来衡量。普里查德(Pritchard,1995)指出,"生产率经常是产量、效率、个人绩效、组织有效性、生产力、利润率、成本效率、竞争力和工作质量等概念的同义词"。同时,坎贝尔、古佐等人也提出把生产率作为衡量效率的指标具有现实意义。通过减少投入,通常是提高生产率的根本手段(希普,1992)②。其后,组织绩效的衡量又经过了几个阶段,到了第二阶段,大多数学者认为产品的质量是组织绩效的核心特征。因此,是把组织绩效重点放在投入转化为产出的组织转换过程中上,以期降低成本。第三阶段是,学者们达成一致认为,组织绩效应该从多个方面来进行定义和考察。如布雷德普(Buleidepu,1995)认为组织绩效包括有效性、效率与可变性这三个方面;坎贝尔(Carnpbell,1977)总结出 30 项衡量标准来展示组织绩效的多层面特征。

　　在学术界上对绩效内涵进行研究是近十几年来的事,然而看法也不尽一致。归纳起来主要有三种观点。第一种观点是把绩效看成员工与组织的成果。以佰纳丁(Bernardin,1984)为代表的学者把绩效定义为:在特定的时

---

① 徐忠艳:《工资结构、公平感与组织绩效的关系研究》,浙江大学硕士学位论文,2004 年。
② 徐忠艳:《工资结构、公平感与组织绩效的关系研究》,浙江大学硕士学位论文,2004 年。

间里,由特定的工作职能或活动产生的产出记录①。把绩效定义为结果便于人们在绩效评估中进行测量,具有操作性强的特点,同时也便于人们直观上理解。但仅仅用结果衡量绩效往往容易以偏概全,使员工陷入那种"以胜败论英雄",只看目的不看手段的思维。

第二种观点是把绩效看做个体的行为。在 1993 年,卡棱贝尔(Campbell)、麦克乐(McCloy)、奥普勒(Oppler)和赛格尔(Sager)提出,绩效是员工自己能够控制的与组织目标相关的行为②。虽然他们提出了绩效是行为,也指出并不是工作中的所有行为都是绩效,只有那些与目标相关同时又能够被员工所控制的行为才算得上绩效。然而随着对组织行为研究的深入,有研究者提出了组织公民行为,这一概念又对"行为即绩效"的观点提出了挑战。

欧根(Organ,1988)提出的组织公民行为(organizational citizenship behaviors)的概念。他们认为组织公民行为是组织成员任意作出的,不能直接或明显被组织正式奖励系统所识别,但又有利于组织运作的行为。所谓的任意是这种行为不是角色或正式职务说明书所强制要求的,它更是一种个人的选择,不出现这种行为也不会得到惩罚③。研究者发现,组织公民行为与组织目标没有关系,但却影响着组织的绩效。由此可看出,把绩效看做个体行为的看法也不是完全正确的。

面临上面两种绩效观存在的漏洞,博尔曼(Borman)和莫特维德勒(Motowidle)总结前人和自己的研究成果,另辟蹊径(1993)提出绩效应该分为任务绩效(task performance)和关系绩效(contextual performanee)观点④。任

---

① 蔡永红、林崇德:《绩效评估研究的现状及其反思》,《北京师范大学学报》2001 年第 116 期,第 112 页。

② Campbell J P, McCloy R A, Oppler S H, Sager C E. 'A theory of performance', In Schmitt N & Borman W C (Eds.), Personnel Selection in Organizations[M]. San Francisco: Jossey-Bass, 1993:35—70.

③ Ogran D W. Organizational citizenship behavior: The good soldier syndrome[M]. lexington, MA, lexington Books,1988:36—40.

④ Borman W C, Motow idlo S J. 'Expanding the criterion domain to include elements of contextual performance', In: Schmitt N & Borman W C, ed. Personnel Selection in Organizations[M]. San Francisco: Jossey Bass Publishers, 1993:71—98.

务绩效指组织所规定的行为,是与特定工作中核心的技术活动有关的行为。关系绩效是一种自发的、组织公民性、亲社会行为、组织奉献精神或与特定任务无关的绩效行为,它不直接增加核心的技术活动,但却为核心的技术活动保持广泛的组织的、社会的和心理的环境[①]。

第三种观点是把绩效看作为胜任特征或称胜任力(Competence)。把绩效看作为胜任特征的看法符合现在有些企业和管理者提出的"向前看"的绩效标准。即通过测量个体的胜任力来说明个体的绩效。因为拥有胜任力的员工会有获得成功的更大可能性[②]。在各组织越来越看重"可持续发展"的今天,对员工胜任力的考察日益受到人们重视。

不同行业的、不同的研究者,对绩效的侧重点会所不同。施奈尔(C. E. Schneier)、贝尔里(R. W. Beatly)、贝尔(C. S. Baired,1987)等人在论述"如何建构成功的绩效评价系统"时强调指出:重要的是把握工作的本质。绩效评价的目标并不是要将所有的方面加以量化才算客观,而是要避免评价时的主观臆断、怀疑与测量的偏差[③]。

在我国这特别强调效率与公平的国家中,大多数组织用"德、能、勤、绩"四个方面来衡量员工的绩效。这四个标准基本上是与国外的绩效评估标准不谋而合,"勤"体现的是员工行为;"绩"体现的是行为结果;"能"体现的是胜任力,也就是个人特质;"德"体现了组织公民行为。

在绩效评估的对象上,可以把绩效划分为组织绩效和个人绩效。然而,组织绩效与个人绩效是互相联系、互相影响的关系。首先,组织绩效是以个人绩效为基础的,没有个人的绩效也谈不上组织绩效,个人绩效影响着组织的绩效,个人绩效是组织绩效的基础,低个人绩效必然导致低组织绩效。其次,个人绩效不等于组织绩效,高个人绩效也有可能是低组织绩效的,过分

---

① 蔡永红、林崇德:《绩效评估研究的现状及其反思》,《北京师范大学学报》2001 年第 6 期,第112 页。

② 王淑红:《绩效管理及其对组织公平感的影响研究》,华中师范大学硕士学位论文,2003 年,第6 页。

③ 杨杰、方俐洛、凌文铨:《关于绩效评价若干基本问题的思考》,《自然辩证法通讯》2001 年第 2期,第 41 页。

强调个人绩效,有可能导致组织成员之间的恶性竞争,影响组织中的人际交往和团体合作,而最终影响组织绩效。

在一些已实施教师绩效工资的国家,有研究者指出"在一个组织内,给社区或组织内所有的成员进行绩效奖励最合适,因为只有在社区所有成员合作的框架下,工作才能够被非常出色地完成"①。因此,在组织中不应当仅仅鼓励提高个人的绩效,而忽视组织中团体的合作。在构建成功的绩效评价系统,应该处理好个人绩效与组织绩效关系,而具体的比例关系则应当视工作的性质而定。通过前期对我国教师绩效工资方案与实施情况的考察发现,到目前为止公立中小学的绩效评价系统中从未涉及集体绩效这一考核指标。

在个人绩效的划分维度上,个人的绩效具有多个维度,其不仅仅表现在工作量、工作成果和工作成绩上,还应当包括"帮助行为"、"组织公民行为"、"情景绩效"等等。因此,在学校绩效工资的评价系统中不应仅仅用"课时、工作岗位、学生成绩"这几个简单的指标来进行简单的评价。

## 二、绩效工资

绩效工资,又称绩效加薪、奖励工资(Merit pay)或与评估挂钩的工资(Appraisalrelated pay),是以职工被聘上岗的工作岗位为主,根据岗位技术含量、责任大小、劳动强度和环境优劣确定岗级,以企业经济效益和劳动力价位确定工资总量,以职工的劳动成果为依据支付劳动报酬,是劳动制度、人事制度与工资制度密切结合的工资制度②。同时在现在社会里,绩效工资这个词也是广义的,提成、奖金通常也包括在内③。

教师绩效工资是指基于对教师工作业绩、工作态度、工作能力等方面进行综合评估而发放工资的一种工资制度,也就是通过教师的实际工作业绩

① Odden, Allan, william H Clune. School Finance System: Aging Structures in Need of Reno-vation[J]. Education Evaluation and Policy Analysis, 1998(3):157—177.
② 邓有雄:《浅谈绩效工资》,《经营管理》2009 年第 19 期,第 151 页。
③ 曹宇:《对学校绩效工资改革的探索》,《社会科学家》2005(增刊),第 600 页。

进行考评,并以此作为计算教师工资水平的基础[1]。目前,我国中小学绩效工资制度处于起步阶段,中央政府与教育部并无制定具体的绩效工资计算方案和绩效考核方式,只是下发了一个指导方案。具体的方案是由各个地区和学校参照国务院办公厅的指导意见下,自主制定。因此,现阶段我国初中和小学的教师绩效工资的评估内容、评估指标、指标的高低都是没有统一标准的。

综上所述,本研究把教师绩效工资定义为,一种教师工资的考评、发放制度。即由各个教育组织设定一个统一的评估标准,按照这个标准对教师各个方面的表现进行考核,然后依据考核的结果计算每个教师所应当获得的工资总量。

## 三、绩效评价

绩效评价也称绩效评估,是指识别、观察、测量和开发组织中人的绩效的过程。绩效评估的研究已有七八十年的历史[2]。非正式的绩效评估有着悠久的历史,根据戴夫里斯(Devris)等人的考证,中国人至少在公元 3 世纪已开始应用绩效评价。在工业领域的应用,可追溯到罗伯特·欧文斯,他将绩效评价于上世纪初引入苏格兰。美国军方于 1813 年开始采用绩效评价,美国联邦政府则于 1842 年开始对政府公务员进行绩效评价[3]。

义务教育阶段教师绩效评价是指在发展理念的指导下,对普通初中和小学从事教育教学工作的一线教师的工作过程、工作表现及工作结果进行价值判断的过程[4]。

---

① 陈时见,赫栋峰:《美国公立中小学教师绩效工资改革》,《比较教育研究》2009 年第 12 期,第 1 页。

② 蔡永红,林崇德:《绩效评估研究的现状及其反思》,《北京师范大学学报》2001 年第 116 期,第 119 页。

③ 杨杰,方俐洛,凌文铨:《关于绩效评价若干基本问题的思考》,《自然辩证法通讯》2001 年第 2 期,第 119 页。

④ 曲娜:《我国义务教育阶段教师绩效评价研究》,东北师范大学硕士学位论文,2009 年 9 月。

### 四、公平及相关概念

#### (一) 公平

西方文化中对公平问题的探讨可以追溯到古希腊时期的柏拉图,在柏拉图的著作《理想国》中,柏拉图把正义作为政治秩序的首要品质。正义意味着各个阶级各司其责,每个人安分守己做好每个人应当做的事情。英文中表达公平的词比较多,如 equity,justice,impartiality,fairness 等。在西方语境中,公平(justice)和正义(fairness)通常是交换使用的,前者是指公正无私、不偏不倚的态度或行为方式,而后者侧重社会中人或物的正当秩序①。在组织公平研究文献中较常用的是 justice 和 fairness,人们一般把它定义为"人们主观对客观事实和现象的一种反映、认定和评判"②。

总的说来,公平是一种正当、合理的状态,它不仅表现为社会资源和权利分配的合情合理性,同时也表现为社会成员相处关系中不偏不倚的状态③。

#### (二) 组织公平感

肖勒(Scholl)、柯佰(Cooper)和麦肯纳(Mckenna,1987)把组织公平感定义为:员工主观地对组织分配资源和决定各类奖罚措施时是否公正的认知④。穆尔曼(Moorman,1991)认为它是用来描述工作场所中员工是否被公正对待的变量,该变量会进一步影响其他与工作有关的变量⑤。格林伯格(Greenberg,1996)把组织公平感定义为组织中员工的公平感知。塔姆

---

① 汪行福:《社会正义论》,重庆出版社 2008 年版,第 13 页。
② 陈明盛:《劳务派遣员工组织公平感、信任和工作投入的相关研究》,中山大学硕士学位论文,2007 年,第 5 页。
③ 吕晓俊:《社会公平感形成的心理机制研究述评》,《河南师范大学学报》2010 年第 5 期,第 27 页。
④ Scholl R W, Cooper E A, McKenna J F. Referent seletion in determining equity perceptions: Differential effects on behavioral and attitudinal outcomes[J]. Personnel Psychology,1987(40):113—124.
⑤ Moorman,Robert H. Relationship between organizational justice and organizationalcitizenship behaviors:Do fairness perceptions influence employee citizenship[J]. Journal of Applied Psychology,1991(76):845—855.

(Tam,1998)认为组织公平感是指员工在工作场所中对组织对待的知觉程度①。

李晔认为组织公平感是组织或单位内人们对个人利益有关的组织制度、政策和措施的公平感受②。汪新艳、廖建桥(2007)认为组织公平是指员工对公平的判断、知觉和感受,即公平的知觉或公平感,因此,称之为"组织公平感"更为贴切。组织公平的内容主要包括薪酬、福利、晋升、过程、信息和尊重等方面的公平③。

(三)公平感

公平感是一个比较主观的个人感受,这种感受受个人的经验、价值观、背景、兴趣、经验、周围的环境等因素所影响。本研究把公平感定义为,人们在一个有组织的体系中,主观的对某一客观事实和现象,是否合情合理,事件的主体是否被公正的对待与处理所做出的一个反映、认定与评价。

## 五、公平感相关理论

(一)亚当斯的公平理论

公平理论又称社会比较理论,最早是由美国行为科学家劳勒(E. E. Lawler)提出,他提出了一个工作公平感的综合模型。然而,劳勒虽然找出了影响人们分配公平感的众多因素,并将它们作了合理的归纳和分类,却未能发现和表达出各有关主要变量之间的函数关系。美国行为科学家亚当斯(J. Adams)在 1965 年所提出的公平论,以一个简单明了的公式(Op/Ip=Or/Ir),阐述了若干个主要变量之间的关系。该理论侧重于研究工资报酬分配的合理性、公平性及其对职工生产积极性的影响。

公平理论的基本观点是:当一个人做出贡献取得成绩,获得了报酬和奖励后,他不仅关心自己所得报酬的绝对量,而且关心自己所得报酬的相对

---

① 陈明盛:《劳务派遣员工组织公平感、信任和工作投入的相关研究》,中山大学硕士学位论文,2007 年,第 6 页。

② 李晔,龙立荣:《组织公平感研究对人力资源管理的启示》,《外国经济与管理》2003 年第 2 期,第 12—17 页。

③ 汪新艳、廖建桥:《组织公平感对员工工作绩效的影响机制研究》,《江西社会科学》2007 年第 9 期,第 152—156 页。

量。因此,他会进行横向和纵向的比较来确定自己所获报酬是否合理,比较的结果将直接影响今后工作的积极性。

第一种比较是横向比较,即他要将自己获得的"报酬"(包括金钱、工作安排以及获得的赏识等)与自己的"投入"(包括教育程度、所作努力、用于工作的时间、精力和其他无形损耗等)的比值与组织内其他人作社会比较,只有相等时,他才认为公平,才会心情舒畅、努力工作;否则,就会有不公平的感觉,这可能导致工作积极性下降。除了横向比较之外,人们也经常做纵向比较,即把自己目前投入的努力与目前所获得报偿的比值,同自己过去投入的努力与过去所获报偿的比值进行比较,只有相等或大于时他才认为公平。

当一个人发觉自己的分配受到了不公平待遇时,为了消除由此而产生的心理上的不平衡,他可能会采取以下几种方式来消除不公平感:① 设法谋求增加自己的报酬;② 谋求降低他人的报酬;③ 设法降低自己的贡献;④ 设法增加他人的贡献;⑤ 选择另一个参照者、另一种参照标准进行比较。其中前四种方式是在向有关方面施加压力,最后一种方式属于心理上的自我安慰。

应该说早期的公平理论是公平感研究的基础,是公平感研究不断深入的前提条件,其地位与作用不可忽视。然而,公平理论仅仅考虑经济报酬与物质结果对于人们公平感的影响,理论视野较窄,没有系统地考察公平感的形成机制和其他的影响因素,此外公平理论也无力解释主体比较不同参照源所引发的各种行为表现。后续学者提出的公平敏感性与公平参照理论,就是针对亚当斯的公平理论中的缺陷而提出来的,即不同个体存在公平感受差异与选择不同参照对象得出不同公平感受。

(二)组织公平感的研究进程

1. 国外对组织公平感的研究

亚当斯提出的公平理论是现代组织公平理论的基石,该理论侧重于分配结果的公平,后来被称为"分配公平"。之后,利文撒尔(Leventhal)等人把程序公平的观点用到组织情景中,提出了程序公平的 6 条标准[①]。从此,学

---

① 杜旌、廖建桥、王福寿:《绩效考评中的公正感与满意度研究综述》,《科技进步与对策》2005 年第 7 期,第 191 页。

者们把公平感的研究焦点从"分配公平"逐渐转移到"程序公平"。逐渐认为公平感是由分配公平和程序公平这两个维度所构成,之后一些以这两个维度的调查问卷也相继问世。然而分配公平和程序公平是否可以截然分开,是否可以相互独立成为公平感的两个维度,这在国外的理论探讨中有颇多争议。有研究表明分配公平与程序公平两者之间有极高的相关,如何来区分二者、二者之间的划分是否科学这都是一个有待深入探讨的问题。库罗帕扎诺(Cropanzano)和安布罗斯(Ambrose,2001)认为,尽管对程序公正和分配公平的区分是有必要、有价值的,但这种区分有时可能被夸大了①。因为,对程序的评估很大程度上是建立在所得到的结果的基础上的,而且同样的事件在一种背景下是过程,而在另一种背景下又可能是结果②。

在程序公平的基础上,研究者又提出,还有一种影响组织公平感的因素,即"互动公平"。比斯(Bies)和摩格(Moag,1986)认为"组织公平是由程序公平、分配公平和互动公平三者共同作用的结果"。

虽然有些学者把互动公平作为组织公平的第三种类型(如阿基诺,1995;巴林和菲利普斯,1993;比斯和夏皮罗,1987;斯卡利基和福尔杰,1997;塔塔和鲍斯·斯佩里,1996),但有些学者认为互动公平是程序公平的子因素(如穆尔里,1991;尼霍夫和穆尔里,1993;泰勒和比斯,1990)。学者比斯起初认为互动公平是公平的第三个维度,但后来又转变其观点,认为它只是程序公平的一部分。克罗潘扎(Cropanzano)和格林伯格(Greenberg,1997)则把互动公平视为程序公平的一种社会形式③。在对互动公平的进一步分化中,格林伯格认为在互动公平中包含了两个维度:信息公平、人际公平。信息公平指的是在程序上对组织成员所关心的事,可以提供必要的信息加以解释说明;人际公平指的是个人在决策过程中,所获得的其他人足够

---

① Cropanzano R,Ambrose M L. Procedural and distributive justice are more similar than you think:A monistic perspective and aresearch agenda. In:J Greenberg,R Cropanzano ed. Advances in organizational justice. Lexington,MA:New Lexington Press,2001:119—151.

② 李晔,龙立荣,刘亚:《组织公正感研究进展》,《心理科学进展》2003年第1期,第81页。

③ 陈明盛:《劳务派遣员工组织公平感、信任和工作投入的相关研究》,中山大学硕士学位论文,2007年。

的尊重和关怀。

国外在互动公平的维度归属上，应该是各持一词的，并没有形成一致的意见。因此，在具体的实践研究中，在量表的设计与测量上也是根据对权威学者理论的理解来进行的。而研究认为应当把互动公平归类为程序公平的一种，是其有机构成的一部分。因为，在程序的实施过程中必然包含着人与人之间的交流与互动，交流与互动也是一个重要的过程。不把组织成员的互动看成过程的一部分，把其看成单独的一部分，那么在统计分析中就会发现，程序公平与互动公平有着极高的相关，很难把两者清楚地区分开来。由于本研究的对象是教师对绩效工资方案的公平感受，是一个教师对绩效工资方案的整个制定与实施过程，而不是一个笼统的组织公平。在绩效工资方案的制定与实施过程本身就是一个过程，也必然包含着教育组织成员之间的互动，综合理论与研究对象的考量，本研究把公平感划分为分配公平和程序公平两个维度。

2. 我国学者对组织公平感的研究

台湾学者林淑姬(1992)在研究公平感与组织公民行为等因素之间的关系时，将公平感划分为分配公正和程序公正两个维度，程序公正又包括正式程序和互动公正，正式程序又可以细分为参与和申诉机制[1]。

洪振顺(1998)公平感的研究中，将公平感划分为分配公正、程序公正和制度公正三部分[2]。

赖志超(2000)在研究组织中员工的公平感知与工作意向的关系时，将正义知觉界定为程序和分配两个维度，通过分析得出了影响程序和分配的五个主要因素，即意见参与、申述沟通、分配公正性、奖励公正性和惩罚公正性[3]。

---

[1] 林淑姬：《薪酬公平、程序公正与组织承诺、组织公民行为之关系研究》，政治大学硕士学位论文，1996年。

[2] 洪振顺：《组织公正对组织公民行为影响之研究——信任关系之观点》，中山大学(台湾)硕士学位论文，1998年。

[3] 黄光国：《程序正义、分配正义与组织成员工作意向之关系》，台湾大学硕士学位论文，2000年。

学者刘亚(2002)在研究中国文化背景下组织公平感时,提出了组织公平的四个维度,即程序公平、分配公平、领导公平和领导解释①。

国内研究组织公平感与其他因素的相关研究主要包括以下几个方面:① 公平感与工作方面的相关研究,例如:公平感与工作满意度的关系;公平感与员工绩效方面的相关研究;公平感与组织公民行为的关系;公平感与企业员工离职的关系;公平感与工作投入相关研究;② 工资方面与公平感的相关研究,如:薪酬管理与公平感的研究;绩效工资强度与公平感的相关研究;绩效工资评估的公平感研究;③ 公平感影响因素方面的研究,如:组织公平感与个性方面的研究;等等。公平感的研究对象主要集中在企业员工上,而针对教师这特殊人员的研究较少。在公平感的维度的划分上,也没有一个确切的结论,也存在着和国外一样的状况,存在两维度、三维度、四维度说。应该说主要是借鉴国外权威学者的划分,并结合自身研究重点做稍微的解释修改。

(三) 公平感各个维度的研究

1. 分配公平

美国学者亚当斯(1965)对组织中分配公平问题进行了开创性的研究②。然而有研究者指出,在实践过程中制定出符合分配公平要求的标准是困难重重的。因为,人们在一个有组织的体系中是按照自己的经验和价值观感知周围环境的。个人的问题、兴趣和背景则调节着他们对每一种情况的感知③。而教师与其他职业相比,具有其特殊性,例如:与商业组织的目标相比,学校与其他的许多服务性组织一样,它的目标非常难以限定,很难衡量教育组织的目标是否达到④。因此,在教师评价绩效工资的分配方面是否公平,可能存在以下问题:(1) 高估自己的工作投入和贡献,低估其他教师的工

① 刘亚:《组织公平感的结构及其与组织效果变量的关系》,华中师范大学硕士论文,2002 年。

② Adams J Stacy. Inequity in Social Exchange. In:Berkowitz Lenard,eds. Advance in Experimental Social Psychology[M]. New York,NY:Academic Press,1965:422—436.

③ 凯茨·大卫斯著,欧阳大丰译:《组织行为学》,经济科学出版社 1989 年版,第 57 页。

④ 托尼·布什著,强海燕译:《当代西方教育管理模式》,南京师范大学出版社 1998 年版,第 12 页。

作投入与贡献。（2）评定人与被评定人意见不同，如学校管理者与教师的评价意见不一致。（3）评价标准的差异。绩效可以按工作成果的数量和质量、工作中的努力程度和付出的劳动量、工作的复杂和困难程度、工作能力（技能、资历、学历）等来考评，不同的考评方法将得到不同的结果。如何确定评价标准，这可能存在着争议。

有研究者指出，分配公平还包括了不利的不公平（unfavorable inequity）和有利的不公平（favorable inequity），不利的不公平是指人们得到的要比他们应该得到的要少，有利的不公平是指人们得到的要比他们应该得到的要多[①]。由于公平感是员工的一种主观感受，而不是一种客观标准。因此，在实证的研究测量中，很难测量出有利的不公平。例如，在绩效考评中，评价结果是有利于员工的，虽然评价结果是不公平的，但员工却对评价结果表示满意进而对绩效考评感到是公平的。

利文撒尔在公平判断模型中指出，人们对公平性察觉并不仅仅依据工作投入与回报的比率进行比较（贡献率），还根据平等原则、需要原则进行比较。平等原则暗示着人们应该接受相似的报酬而不管他们的贡献与需要是否有差异；需要原则暗示着最高的报酬应该给最需要的人。人们会在不同的情境下使用不同的原则来察觉公平性程度。因而该模型提出在考虑分配公平时应注意到在不同情境下使用不同原则[②]。

林德（Lind）指出，在公平判断中，人们对分配公平的判断是比较困难的，因为员工很难获得其他员工的结果信息。因此，对程序的公平性判断要比分配的公平性判断容易得多。而对整体公平的判断更多的是依赖个体接受信息的顺序，程序信息先于分配信息的话，程序信息会影响分配信息是否公平的判断。在这种情况下，个人更多的是倾向于用程序公平去判断分配的公平性。

---

① 高日光，凌文辁，王碧英：《基于组织公平的人力资源管理研究》，《技术进步与对策》2004 年第 9 期，第 169—171 页。

② 徐忠艳：《工资结构、公平感与组织绩效的关系的研究》，浙江大学硕士学位论文，2004 年。

### 2. 程序公平

程序公平的观点最早起源于法学界,法律学者认为法院的判决过程会影响民众对判决结果的认同[①]。而在心理学界,最早研究程序公平的是蒂博(Thibaut)和沃克(Walker)。他们认为,只要人们有过程控制(即参与过程)的权利,不管最终的结果对自己是否有利,都会显著提高人们对分配结果的公平感知。

福尔杰(Folger,1977)年引入了"发言权"的术语[②]。在其他研究中,泰勒(Tyler)发现不管个人是否能够控制最后的结果,发言权机制提高了员工程序公平判断、满意度和在合理情景下对权威的反应。

利文撒尔(1980)提出了程序公平的六项基本原则,即:① 一致性原则,某一程序对不同的人员或在不同的时间应保持一致性;② 无偏向性原则,程序中应摒弃决策者的私利和偏见;③ 准确性原则,决策所采用的信息应该正确无误;④ 可修正性原则,程序本身必须具备修改决策的机制或提供决策者更正的机会;⑤ 代表性原则,程序能反映相关人员、团体的利益;⑥ 伦理性原则,程序必须符合一般可接受的道德与伦理标准。利文撒尔还提出过程公平性的原则之一在于保证所有相关各方的利益都得到考虑;同时,他还赞成所有相关各方都有机会参与薪酬管理体系的设计和实施过程[③]。最后,利文撒尔认为人们在评估程序公平时,会有选择性的运用这些原则,在不同的情境,侧重点也不同。

林淑姬(1992)在利文撒尔分类的基础上,提出为了达到程序公平,组织应在政策上考虑以下几个因素:公开(Openness)、沟通(Communication)、参与(Participation)及申诉(Appeal)等。

福尔杰等建议采取一个来自法律中的方法——"合法程序"。合法程序

---

① 刘一冰:《企业员工薪酬公平感知与其工作行为的关系研究》,沈阳大学硕士学位论文,2008年。

② Folger R. Distribution and procedural justice:Combined impact of "voice"and improvement on experienced inequity[J]. journal of personality and social Psychology,1995:108.

③ Leventhal,Gerald S. What should be Done with Equity Theory NewApproaches to Study of Fairness in Social Relationships. In:Gergen,Kenneth J,Martin B. Greenberg,Richard H. Wills,eds. Social Exchange:Advance in Theory and Research[J]. New York,NY:Plenum,1980:27—55.

包括三个步骤：① 足够的通知；② 公平聆听；③基于证据的判断①。

格林伯格（1987）在研究如何促进程序公平中指出，意见表达程序能够提高员工的程序公平感，即有机会表达意见的员工比没有这种机会的员工的公平感知程度要高。即使最后的结果是他们比较不喜欢的，他们也会感到比较公平。在此基础上格林伯格提出了影响人们对评估程序公平性感知的五个方面：① 在进行评估之前要听取雇员的建议，在评估过程中也要求采用雇员的建议；②评估过程中存在着双向交流；③ 雇员有能力对评估过程或评估结果提出质疑或反驳；④ 评估者熟悉雇员的工作；⑤ 采用的标准前后保持一致。

格林伯格和泰勒（1987）在测量绩效考核程序是否公平时，采用了五个题目：① 主管能否听取员工的意见；② 绩效面谈中是否有双向的沟通；③ 员工是否可以挑战或改变考核结果；④主管熟悉被考核员工的工作内容；⑤ 考核的标准具有一致性。亚历山大（Alexander）和鲁德尔曼（Ruderman，1987）也指出三个衡量绩效评估过程的公平性标准：员工的参与性、绩效考核公平性、申诉程序的公平性。因此双向沟通以及上下级的人际互动等互动公平会直接影响员工的公平知觉（阿基诺，1995）。

林德和泰勒（1988）认为在决策过程中维持中立、信任、身份这三种关系的话，人们往往认为决策结果是公平的。中立是指诚实的感知和对第三方决策者没有偏见；信任是相信当权者会以公平、合理的方式对待每个人；身份是指在团队内部的地位。

在程序公平的研究基础上有研究者提出了"程序公平氛围"这个概念，学者瑙曼（Naumann）和贝内特（Bennett）把程序公平氛围作为员工们所共享的一种认知，这种认知是关于组织是否能在程序上公平地对待其全体成员，如组织是否能公平地制定工资、工作任务等的分配政策和公平地进行分配过程中的实际操作②。当程序公平氛围为积极时（员工们感觉组织是公平

---

① 刘一冰：《企业员工薪酬公平感知与其工作行为的关系研究》，沈阳大学硕士学位论文，2008年。

② Naumann S E，Bennett N. A Case for Procedural Justice Climate：Development and Test of a Multilevel Model[J]. Academy of Management Journal，2000，43（5）：881—889.

的），个体将倾向于对组织实践（如绩效工资）做出积极的解释。例如，如果一个员工发现他（她）的同事们认为分配程序是公正的，这也许会使他（她）相信绩效工资分配程序的公正性，随着绩效工资强度升高，他（她）的分配公平感会增强①。

### 3. 互动公平

比斯和摩格（1986）在研究中发现，公平感研究中还有一个非常重要的领域没有被重视，即在程序执行过程中，程序的执行者对待员工的态度、方式等对员工的公平知觉的影响，他们将其称为"互动公平"。他们认为，员工与管理者之间的互动关系会影响员工的公平感，员工会在平时与管理者的交往过程中，体验到管理者是否公平地对待他们，是否尊重他们，是否考虑他们的尊严以及是否对他们以礼相待等②。而影响互动公平的因素主要有四个：真诚（truthfulness）、尊重（respect）、问题的合理性（propriety of questions）和辩解（justification）。

格林伯格（1993）将互动公平分为两个层面：一是人际公平，即员工在与管理者的交往过程中所受到他人的尊重和关怀程度；二是信息公平，即组织在做有关决策特别是对员工有不利影响的组织决策时，应该尽可能地向员工解释说明③。

英国学者考克斯（Cox，2000）指出，薪酬管理互动公平性包括以下三个组成成分：①真诚：管理人员真心实意坚持公平的薪酬管理程序；②人际关系敏感性：管理人员在薪酬制度决策与实施工作中，礼貌地待员工，不伤害员工的尊严和自尊心；③沟通：管理人员向员工解释薪酬制度与决策依据④。

克莱默（Clemmer，1993）认为影响互动公平主要有六个因素：礼貌（politeness）、友好（friendliness）、兴趣（interest）、敏感（sensitivity）、偏见（bias）、

---

① 汪纯孝，伍晓奕，张秀娟：《企业薪酬管理公平性对员工工作态度和行为的影响》，《南开管理评论》2006 第 9 期，第 5—12 页。

② 肖峰：《组织公平感研究综述》，《民营科技》2008 年第 5 期，第 76 页。

③ Greenberg J . Using socially fair treatment to promoteacceptance of a work site smoking ban [J]. Journal of Applied Psychology，1992（2）：288—297.

④ Cox，Annetle. The Importance of Employee Participations in Determining Pay System Effectiveness[J]. International Journal of Management Reviews，1996（4）：357—375.

诚实(honesty)。

（四）其它相关公平理论

1. 公平敏感性

亚当斯的公平理论中隐含了一个假设：公平是所有人都追求的目标，即所有人都希望自己的所得与投入之比和比较对象的所得与投入之比相等[①]。这个公平理论忽视了公平偏好的个体差异性，因为在现实生活中，人们评价分配结果时是有所偏好的，并不一定都遵照公平法则。针对这个缺陷，休斯曼（Huseman）提出了公平敏感性（equity sensitivity）的概念，并将公平敏感性定义为个体对公平的不同偏好。根据公平敏感性的不同，可以把员工划分为三种典型的公平偏好类型：大公无私型（benevolent）、自私自利型（entitled）、公平交易型（equitysensitive）。

金（King,1993）对公平敏感性进行了验证，研究结果表明，三种类型员工的确存在差异：大公无私的人关注投入，更看重工作本身；自私自利的人则关注结果，更看重所得的报酬；公平交易型则是互惠取向，看重投入与所得的等值性。结合验证结果，金对公平敏感性进行了修正。他认为大公无私型员工不是偏好于不利的结果，而是对不利结果的容忍度更高；自私自利型员工不是偏好于有利的结果，而是对有利的结果容忍度更高。

艾伦（Allen,2002）认为，在不公平情境下，三种类型员工的反应存在明显的差异：自私自利型员工对于不公平的反应最强烈，特别是在外在因素（报酬）上，表明其对忍受外在因素不公平的阈限很低，而大公无私型员工对工作负担上的不公平反应最不激烈，表明其对忍受不公平的阈限很高。

2. 公平启发理论

公平启发理论认为：在进行公平判断时，过程评价特别是对权威人物及其行为方式的评价比对结果的评价更重要。人们为了生存和发展而加入到组织中接受他人管理，不可避免需要判断他们与权威的关系：权威可以信任吗？权威会不带偏见的对待每一个人吗？对这些问题的回答影响到人们的

---

① 李强：《公平敏感性视角下组织公平感与员工绩效的关系》，《研究武汉大学学报》2009年第3期，第416页。

公平知觉。瓦登博斯（VandenBos）等从公平启发角度描述了人们进行公平判断的阶段：在判断形成前期，搜集关于权威的可信性信息，如果是接纳，比如有发言权，被尊重，说明个体对其所在群体有价值，会产生公平感；反之，如果个体不被尊重，则产生不公平感。最初的公平判断信息会指导人们对随后事件的反应以及随后的公平判断。而这些信息是不完整的，是推论形成的，故称之为启发理论。

3. 参照对象认知理论

参照对象认知理论由组织行为学家福尔杰提出，他认为确定一个特定的情景是否公平，必须做三个不同的判断：首先，必须出现对个体不利的情况；其次，个体必须判断谁应该对不公平负责。假如负责的个体或者实体可以采取不同的行为，但由于客观情况的限制无法实施，那么面对不利的情况个体也可能不会认为这不公平；第三，个体必须判断不利的行为是否损害了某些伦理原则。

4. 团队中价值理论

该理论认为人们重视程序公正性是因为人们重视自己在团队中与领导和其他团队成员之间的关系，人们希望作为团队中持久性的成员而受其他成员的尊重①。

5. 公平偏好理论

公平偏好理论主要包括三种类型：第一类互惠偏好类型，认为人们不关心行为背后的动机，为了报答善意行为或报复敌意行为会不惜牺牲部分收入；第二类收入分配公平偏好类型，认为人们关心分配的最终结果是否公平，不仅关心自己的收入，也关心他人的收入；第三类融合互惠偏好及收入分配公平偏好的类型，既强调收入分配的公平，也强调行为动机的互惠，同时用行为导致的收入分配结果和实施行为的心理动机来判断是否公平②。

上述的几种公平理论对传统的公平理论提出了挑战，同时也扩展了研究的视野，从不同的侧面丰富了公平理论的研究。为何不同的个体对同一

---

① 严玮：《员工公平感知研究的回顾和展望》，《企业家天地》2008年第11期，第187—188页。
② 李训：《激励机制与效率——公平偏好理论视角的研究》，经济管理出版社2007年版，第28页。

组织行为、组织结果会有不同的公平感受,这在传统的公平理论中是没有得到必要的关注与研究的。公平感理论研究在不断的开枝散叶的同时,也逐渐地揭示了组织员工公平感的特点,即组织员工的公平感具有非常大的主观性,凸显了组织公平感这一研究的难度所在。

# 第二节　研究设计与实施情况

## 一、研究目的

本研究旨在研究影响广州公立中小学教师绩效工资公平感的因素有哪些,并比较不同的政策资源下、不同的绩效工资方案模型、不同的教师个体对绩效工资公平感的差异,以期找出有效提高教师公平感的方法。本研究主要围绕着调研过程中,中小学教师对绩效工资反响较大的几个方面出发,侧重探讨以下几个方面:

(1) 广州市中小学教师绩效工资公平感的总体状况如何。

(2) 教师的公平感上在不同的个人变量上是否存在差异。

(3) 学校的规模、类型是否对教师的公平感产生影响。

(4) 绩效工资方案的实施年限、制定方式、评估主体的差异是否影响教师的公平感受。

## 二、研究方法

本研究主要采用了质与量相结合的研究方法。具体包括以下三种方法:

### (一) 文献研究方法

文献研究法是根据一定的研究目的或课题,通过调查文献来获得资料,从而全面地、正确地了解掌握所要研究问题的一种方法。本研究将通过对有关美国教师绩效工资和我国教师绩效工资的文献、书籍进行查找与研究，以加深对本研究的认识，扩展研究视野，同时希望能够发现一些有启发与借鉴意义的研究方法和研究思路。

（二）统计分析的方法

统计分析法是指通过对研究对象的规模、速度、范围、程度等数量关系的分析研究，认识和揭示事物间的相互关系、变化规律和发展趋势，借以达到对事物的正确解释和预测的一种研究方法。本研究将通过关于"公平感"的量表进行数据收集，接着运用 SPSS15.0 软件，对假设中的几个变量进行相关分析，最后主要运用亚当斯的公平理论对测量结果进行解析，以得出本研究论点。

（三）焦点访谈法

焦点访谈法是指以特定问题为焦点进行详细访谈的一种访谈方法。焦点访谈法是技术性要求较高的一种调研方法，要选择合适的被调查者，创造平等、轻松的环境，还要使被调查者都讲真心话①。围绕着绩效工资的实施情况，本研究主要从以下几个方面进行深度焦点访谈：第一，绩效工资的方案是如何制定的，谁是方案的制定主体，制定的过程中遇到哪些问题。第二，教师具体的绩效工资方案是怎么样的，工资的构成分为几个部分，教师的工资变化幅度有多大，如何评估教师的绩效等问题。第三，绩效工资实施后，教师的个人主观感受是怎么样的，教师的积极性是否发生改变。

## 三、研究思路

考虑到本研究是研究组织具体的某一决策，因此本研究在比斯，摩格和格林伯格等人对公平维度划分的基础上，把教师对绩效工资方案的公平感分为两个维度，即结果公平和过程公平。在这个公平理论的视角下，对广州公立中小学教师对绩效工资的制定、实施过程的公平感受问题进行调查与研究，通过对收集的数据进行统计分析，找出影响教师公平感高低的主要因素。

其中结果公平和程序公平两个主要概念与选项设置如下：

———————————————

① ［英］希拉里·阿克塞，彼德·奈特著. 骆四铭，王利芬等译：《社会科学访谈研究》，中国海洋大学出版社 2007 年版，第 19 页。

（1）结果公平：指组织成员对组织分配资源结果的公平性感知（问卷中：1—8题）。

（2）程序公平：指组织成员对组织制定的决策和措施，在过程上是否符合公平性的原则，如员工是否能够参与决策；员工是否能够表达意见；方案是否透明；等等（问卷中：9—20题）。

具体思路如图6—1：

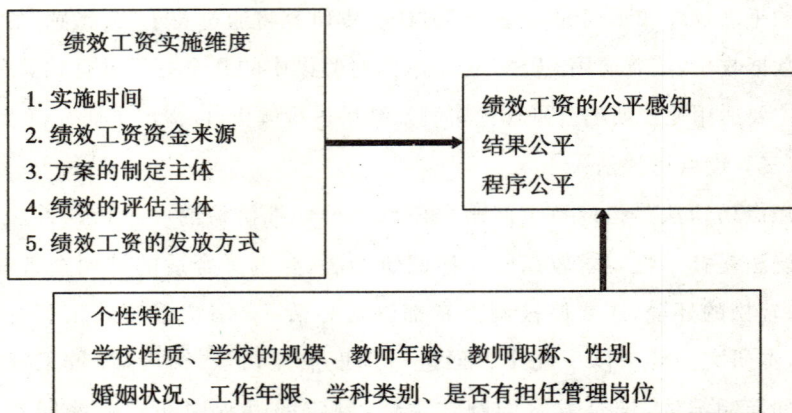

图6—1 研究思路

## 四、研究程序

本研究的程序主要包括五个步骤：预测验、正式测验、焦点访谈、数据分析、理论探讨。

首先是预测验，预测验在广州市A区进行，通过对两个学校一百多名老师的问卷调查与量表测量。主要目的是进行量表的结构效度，量表的信度、效度分析，同时结合校长、老师的访谈中的意见，对问卷中的问题设置、提问方式、选项设置等问题进行部分修改，最后确定测量的正式问卷。

第二个步骤是正式测验，正式测验在广州市内选取3~4个区，每个区中再选择2~3所有代表性的公立中小学进行研究，从而得出支持本研究结论的可靠性数据。正式测验的各项研究结果将会在论文的第三部分"分析结果"中进行详细报告。

在分发问卷的同时，我们还会对每个学校的领导和部分代表性老师进行焦点访谈,进一步了解绩效工资的实施过程与实施效果,并尝试获取一些能够解析测量结果的决定性因素。

最后的步骤,是在量表测量、焦点访谈的基础上,对本研究进行分析与总结,然后提出一些有依据性的建议。

### 五、研究对象的界定

（一）研究对象

1. 公办中小学

由于公办中小学与民办中小学的绩效工资制度有很大的差异性,如绩效工资的指导意见、绩效工资的制定主体、绩效工资中奖励性工资的来源、绩效工资的考评等等。加之,公办学校与民办学校的运行机制、管理体制等因素也具有一定的差异。因此,本研究侧重于研究公办中小学的教师对绩效工资的公平感知。而区分一所学校是公办还是民办,最主要的是看"办学主体","办学主体"主要指学校的举办者,即举办学校的投资主体。"这里的'投资'包括兴建一所学校的基本建设费用、教学设施费用、保证学校正常运转的费用(如教职工工资和学校日常办公费用)等等,办学所需的全部经费。"①因此,公办中小学是指中小学中(从小学到高中阶段的学校)的全部办学经费由国家地方政府,或公有制经济实体和国家负担的事业单位直接投入与管理的学校。

2. 广州市区

本研究中的广州市区指包括越秀区、海珠区、荔湾区、天河区、白云区、黄浦区、花都区、番禺区、罗岗区、南沙区在内的十个区。

（二）研究对象的基本情况

通过调查发现,由于广州市区内的中小学校长在履行行政职务的同时也担任一线教学的任务;同时,校长是绩效工资方案的主要制定者与推行者,校长的行为将会影响到教师公平感的高低。因此,本研究的对象以广州市区的教师为主,同时以每所学校的校长为辅。在广州市区内,每个区都有

---

① 安文铸:《义务教育办学主体是谁》,《中小学管理》1994 年第 7 期,第 16 页。

独立的区教育局,每所区教育局又都出台了相应的绩效工资方案的指导措施与指导意见。考虑到每个区的绩效工资方案与推行过程的差异性,为使研究对象样本具有代表性和多样性,本研究主要选取了天河区、荔湾区、海珠区、番禺区、白云区五个区中的部分公办中小学作为样本。

本研究共发出问卷 500 份,回收问卷 482 份,回收率达 96.4%;回收有效问卷 368 份,有效率达 76.35%。参与调查的四类小学的问卷回收情况如表 6—1 所示。同时,从表 6—2、6—3、6—4、6—5、6—6、6—7 可见,参与本次研究的样本较为广泛,所得数据具有一定的代表性。

表 6—1　广州市绩效工资教师公平感回收情况表

| 地区 | 回收有效问卷(份) | 有效问卷所占比例 |
| --- | --- | --- |
| 天河区 | 150 | 40.76% |
| 白云区 | 60 | 16.30% |
| 番禺区 | 78 | 21.20% |
| 荔湾区 | 80 | 21.73% |
| 合计 | 368 | 100% |

表 6—2　样本学校基本情况

| 学校性质 | 回收有效问卷(份) | 有效问卷所占比例 |
| --- | --- | --- |
| 小学 | 176 | 47.83% |
| 初中 | 102 | 27.71% |
| 完全中学 | 90 | 24.46% |
| 总计 | 368 | 100% |

表 6—3　样本学校规模基本情况(教职工总人数)

| 学校规模 | 回收有效问卷(份) | 有效问卷所占比例 |
| --- | --- | --- |
| 60 位教师以下 | 38 | 10.3% |
| 61 到 100 位教师 | 230 | 62.5% |
| 100 位教师以上 | 100 | 27.2% |
| 总计 | 368 | 100% |

**表6-4 教师性别基本情况**

| 性别 | 回收有效问卷（份） | 有效问卷所占比例 |
|---|---|---|
| 男 | 88 | 23.9% |
| 女 | 280 | 76.1% |
| 总计 | 368 | 100% |

**表6-5 教师学历基本情况**

| 学历 | 回收有效问卷（份） | 有效问卷所占比例 |
|---|---|---|
| 大专 | 34 | 9.2% |
| 本科 | 302 | 82.1% |
| 研究生 | 28 | 7.6% |
| 其他 | 4 | 1.1% |
| 总计 | 368 | 100% |

**表6-6 教师年龄结构**

| 年龄（岁） | 回收有效问卷（份） | 有效问卷所占比例 |
|---|---|---|
| 20～30 | 142 | 38.6% |
| 31～35 | 104 | 28.3% |
| 36～40 | 64 | 17.4% |
| 40以上 | 59 | 15.8% |
| 总计 | 368 | 100% |

**表6-7 教师单位行政岗位情况**

| 教师岗位 | 回收有效问卷（份） | 有效问卷所占比例 |
|---|---|---|
| 一般教师（只承担教学岗位） | 108 | 29.3% |
| 班主任 | 220 | 59.8% |
| 中层管理（主任、副主任） | 32 | 8.7% |
| 高层管理者（正副校长） | 8 | 2.2% |
| 总计 | 368 | 100% |

### 六、研究工具

本研究主要采用《广州公立中小学教师绩效工资公平感校长、教师调查问卷》为研究工具,同时结合对中小学校长、教师的访谈为辅。其中,调查问卷分为三个部分。

**(一) 绩效工资方案实施状况**

在研究假设上,本研究认为学校的规模、教职工的总人数,绩效工资方案的制定主体、绩效的评估主体等因素在一定程度上影响着教师公平感的高低。

问卷的第一部分中涉及到了这几个信息的获取。而在学校的性质、规模、教职工总人数,绩效工资的制定主体、评估对象和绩效工资的发放方式上,学校校长把握的情况比一线教师要准确与全面,又考虑到同学校老师可能对这一部分的了解各不相同而填写不同的数据导致问卷的无效,因此,这一部分的问卷全部由学校校长来填写,并运用到所有教师的基本信息上。

**(二) 教师个人基本信息**

第二部分由各个教师填写,主要内容包括:性别、年龄、婚姻状况、工作年限、所教科目、所教年级、是否担任其他行政岗位和是否参与了绩效工资方案的讨论与制度等方面的内容。

**(三) 教师公平感问卷**

这一部分是问卷的主体部分,主要是教师对绩效工资方案的制定、实施和结果公平与否的个人主观感受。问卷以刘亚的“组织员工公平感调查问卷”为主,借鉴刘一冰、杜旌、廖建桥、王福寿等人的问卷,同时结合本研究调查与研究的重点,对问卷进行了适当的修订。其各个维度的内部一致性信度 α 系数分别为:程度公平 0.893 3,分配公平 0.904 2。

1. **两个维度的问题设计**

结果公平:指组织成员对组织分配资源结果的公平性感知。在问卷中以该定义编制了 8 道问题;程序公平:指组织成员对组织制定的决策和措施,在过程上是否符合公平性的原则。在问卷中以该定义编制了 9 道问题。

### 2. 计分方法

问卷的第三部分的计分方法采用李科特五点量表计分法，共包括 12 道测试题，其中第 13 道题目为测谎题（用于区分有效问卷与无效问卷，不计入总分），另外 12 道题目中，11 道为正向计分题，1 道为反方向计分题（见表 2—3）。

表 6—8　教师公平感问卷各层面题目分配表

| 层面 | 题数 | 正向计分题 | 反向计分题 |
|---|---|---|---|
| 分配公平 | 5 题 | 1、2、4、5、6、8 | 3、7 |
| 程序公平 | 7 题 | 9、10、11、12、13、14、15、16、18、19、20 | 17 |
| 总量表 | 20 题 | | |

正向叙述题选项中"非常不同意"、"比较不同意"、"不确定"、"比较同意"、"非常同意"分别给予 1、2、3、4、5 分；反向叙述题从"非常不同意"到"非常同意"分别给予 5、4、3、2、1 分。总得分采取原始分的加和，最高得分为 120 分，最低分为 24 分，分数越高表示教师对绩效工资方案的公平感受越高；分数越低表示教师对绩效工资方案的公平感受越低。

### 3. 问卷信度与效度

在文献的搜索与研究过程中，我们发现刘亚的"组织员工公平感调查问卷"主要被运用于企业员工组织公平感研究中，引用率较高，也具有较好的信度与效度。因此，本研究的问卷主要借鉴了此问卷。为了确保问卷能够确实有效地运用于本研究，在正式使用本问卷前进行了一次预测验。预测的对象为天河区的某一所公办小学的 60 名教师。预测验发放 80 份问卷，收回问卷为 67 份，有效问卷 67 份，回收率为 83.75%，有效率为 100%。预测验的信度系数（见表 6—9）：

表 6—9　问卷的信度系数

| 因素 | 内部一致性信度 |
|---|---|
| 过程公平 | 0.764 |
| 结果公平 | 0.825 |
| 问卷总分 | 0.877 |

# 第三节　教师公平感的状况分析

## 一、项目分析

将被试按总分高低排列,取得分最高的 27% 被试作为高分组,得分最低的 27% 的被试作为低分组。对高分组和低分组进行 t 检验,所有题目没有达到显著性差异,因此所有题目均保留进行探索性因素分析。

### (一) 探索性因素分析

采用 SPSS 15.0 软件进行探索性因素分析。首先对因素分析的适宜性进行考察。检验因素分析的适当性采用 KMO(Kaiser-Meyer-Olkim)检验和 Bartlett 球型检验。Bartlett 球型检验考查的是变量间的相关性,这是进行因素分析的先决条件,若检验达到显著,则适宜于进行因素分析,否则不适合。而 KMO 系数规定,KMO 系数在 0.9 以上非常适合于进行因素分析;在 0.80—0.90 之间为比较适合因素分析,在 0.70—0.80 之间为可以进行因素分析,在 0.6—0.7 之间为一般,但在 0.6 以下则不适合作因素分析。Bartlett 球形检验结果显著,$x2 = 3\ 849.585$,$p < 0.001$,并且 KMO$=0.955$,表示数据适合作因素分析。项目删除后的碎石图如图 6-2 所示:

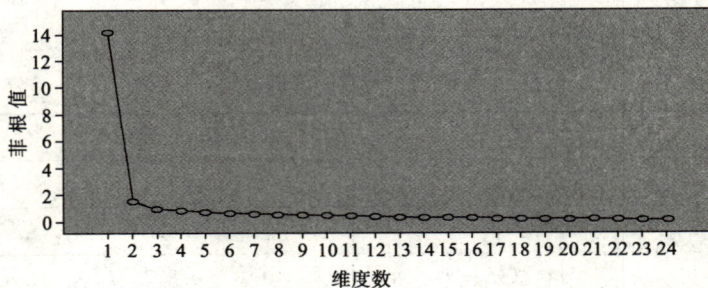

图 6-2　碎石图

进行方差最大旋转（Varimax），采用逐步排除的方法对项目进行剔除，剔除标准是：(1)共同度低于0.40；(2)因素负荷小于0.4；(3)在多个因子上同时具有较高的负荷；(4)在某一主成分上只有1题或2题；(5)与所在主成分的其他题的意义差异很大。最后得到5个因素，可以解释总方差的66.455%。旋转后的因子负荷情况见表6—10。这样，最终形成了12个题项的公平感正式问卷。

表6—10　"公平感问卷"因素分析表

| 题项 | 维度 | | 共同度 |
|---|---|---|---|
| | 过程公平 | 结果公平 | |
| Q20 | 0.82 | | 0.728 |
| Q17 | 0.81 | | 0.748 |
| Q14 | 0.802 | | 0.764 |
| Q21 | 0.798 | | 0.706 |
| Q24 | 0.796 | | 0.677 |
| Q16 | 0.719 | | 0.608 |
| Q11 | 0.504 | | 0.415 |
| Q1 | | 0.838 | 0.778 |
| Q2 | | 0.826 | 0.788 |
| Q4 | | 0.824 | 0.743 |
| Q3 | | 0.748 | 0.628 |
| Q5 | | 0.584 | 0.392 |
| 特征值 | 6.563 | 1.412 | |
| 贡献率 | 54.689 | 11.766 | 66.455 |

**（二）信度检验**

考察各维度及总分的内部一致性信度。具体结果见表6—11。各个维度及总分的克伦巴赫α系数均在0.60以上，达到了可接受的水平，表明问卷各层题目之间有较高的内部一致性,信度指标良好,作为公平感的测量工具是稳定可信的。

表 6-11　问卷的信度系数

| 因素 | 克伦巴赫 α 系数 |
|---|---|
| 过程公平 | 0.874 |
| 结果公平 | 0.906 |
| 问卷总分 | 0.922 |

**(三) 效度检验**

从内容效度(content validity)、结构效度(construct validity)来考察本问卷的效度。

在前期工作中,研究者进行了充分的文献梳理,对公平感的结构、研究方法及相关研究等进行了分析,并根据这些分析提出了公平感的操作性定义。这为编制问卷打下了良好的基础。在编制的过程中,我们将文献梳理的结果、相关测查工具和开放式调查结果统筹考虑,问卷的项目均来源于开放式问卷结果、文献综述以及国内外相关测评工具。在进行初测之前,我们还请有关专家(包括心理学教授和心理学博士、硕士研究生)对预试问卷的各个项目进行了评定,最后才形成用于初测的问卷。这些过程在一定程度上保证了问卷具有较好的内容效度。

对结构效度的考察采用相关矩阵。根据心理测量理论,问卷的各个维度之间应该具有中等程度的相关。如果相关太高,说明维度之间有重合;如果相关过低,说明各维度测量的是一些完全不同的特质。因此可以用各个因子之间的相关、各因子与问卷总分间的相关来估计问卷的结构效度。心理测量学家杜克尔(Tuker)指出,一个良好的问卷结构要求维度与总问卷的相关在 0.3—0.8 之间,各维度之间的相关在 0.1—0.6 之间。本问卷维度与维度、维度与总分之间的相关系数是符合这个要求的(见表 6-12),说明本问卷具有良好的结构效度。

表6－12 "公平感问卷"相关系数矩阵

|  | 过程公平 | 结果公平 | 公平总分 |
|---|---|---|---|
| 过程公平 | 1 |  |  |
| 结果公平 | 0.445* | 1 |  |
| 公平总分 | 0.935** | 0.874** | 1 |

## 二、教师公平感受整体状况

表6－13 广州市教师公平感整体状况

|  | N | 极小值 | 极大值 | 中位数 | 均值 | 标准差 |
|---|---|---|---|---|---|---|
| 过程公平 | 184.00 | 7.00 | 35.00 | 21.00 | 23.65 | 6.02 |
| 结果公平 | 184.00 | 5.00 | 25.00 | 24.33 | 14.39 | 4.39 |
| 公平总分 | 184.00 | 12.00 | 60.00 | 37.20 | 38.04 | 9.46 |

　　考察广州市公立中小学教师绩效工资公平感的整体状况,由表6－13可以看出,广州市中小学教师在公平总分的平均值上处于中等水平,几乎与中位数持平。而在过程公平上教师的整体水平是高于中位数的,这说明在广州市公立中小学的绩效工资方案的制定与实施过程是比较民主、公平、公正的,教师在方案的实施与制定过程中参与度较高,学校的管理者也比较广泛的听取了广大一线教师的意见与建议。在结果公平上,广州市中小学教师在绩效工资结果的公平感受上是不容乐观的,其平均值远远低于中位数,两者相差近10分。

　　对比过程公平和结果公平得分的总体状况,会发现一个令人感到诧异的结论,"过程与结果的不对等性"即一个比较公平、公正的绩效工资方案制定程序却得不到一个大家比较认同的结果。是广州中小学绩效工资方案制定过程不够科学、不够完善,有不足和被所忽略的地方,还是在教育组织内实行绩效工资制定无法跨越结果公平这一屏障? 这是值得我们进一步深入反思的问题。

### 三、差异性检验

（一）人口统计学差异检验

1. 性别差异

**表 6－14　公平感的性别差异**

| | 男 | | 女 | | t |
|---|---|---|---|---|---|
| | 均值 | 标准差 | 均值 | 标准差 | |
| 过程公平 | 23.295 | 6.367 | 23.764 | 5.924 | －0.450 |
| 结果公平 | 15.091 | 4.258 | 14.171 | 4.420 | 1.214 |
| 公平总分 | 38.386 | 9.808 | 37.936 | 9.386 | 0.275 |

考察不同性别的教师的公平感，从表 6－14 可看出，在过程公平感、结果公平和公平总分上不同性别的教师总分没有差异。

2. 学历差异

**表 6－15　公平感的学历差异**

| | 大专 | | 本科 | | 研究生 | | F |
|---|---|---|---|---|---|---|---|
| | 均值 | 标准差 | 均值 | 标准差 | 均值 | 标准差 | |
| 过程公平 | 27.353 | 3.999 | 23.086 | 6.144 | 25.143 | 5.347 | 4.444* |
| 结果公平 | 16.000 | 3.317 | 13.974 | 4.414 | 17.071 | 4.305 | 4.581* |
| 公平总分 | 43.353 | 7.071 | 37.060 | 9.529 | 42.214 | 9.192 | 5.011** |

考察具有不同学历的教师，从表 6－15 可看出，大专、本科和研究生在过程公平、结果公平和公平总分上都存在显著差异。对其进行进一步的事后检验表明，在过程公平上，具有大专学历的教师显著大于具有本科学历的教师，但具有大专学历的教师与具有研究生学历差异不显著，具有本科学历的教师与具有研究生学历的教师之间的差异不显著；在结果公平上，具有本科学历的教师显著小于具有研究生学历的教师，大专学历的教师高于具有本科学历的教师，具有大专学历的教师与具有研究生学历的教师之间的差异不显著；在公平总分上，具有大专学历的教师显著大于具有本科学历的教师，具有本科学历的教师显著小于具有研究生学历的教师，但大专学历的教

师和研究生学历的教师之间差异不显著。

3. 婚姻差异

表6－16　公平感的婚姻与否差异

| | 已婚 | | 未婚 | | t |
|---|---|---|---|---|---|
| | 均值 | 标准差 | 均值 | 标准差 | |
| 过程公平 | 23.216 | 6.200 | 24.688 | 5.458 | −1.454 |
| 结果公平 | 13.940 | 4.478 | 15.583 | 3.924 | −2.250* |
| 公平总分 | 37.157 | 9.674 | 40.271 | 8.626 | −1.967* |

考察不同婚姻状况的老师，从表6－16独立样品t检验表明，已婚的教师和未婚的教师在过程公平上差异不显著；在结果公平和公平总分上，未婚教师显著大于已婚的教师。

4. 年级差异

表6－17　公平感的学历差异

| | 非毕业班 | | 小学毕业班 | | 初中毕业班 | | F |
|---|---|---|---|---|---|---|---|
| | 均值 | 标准差 | 均值 | 标准差 | 均值 | 标准差 | |
| 过程公平 | 23.354 | 5.939 | 28.214 | 6.542 | 22.286 | 5.198 | 4.919** |
| 结果公平 | 14.361 | 4.270 | 17.071 | 5.876 | 12.667 | 3.261 | 4.39* |
| 公平总分 | 37.714 | 9.253 | 45.286 | 11.744 | 34.952 | 7.221 | 5.545** |

考察担任不同年级的授课老师，从表6－17可见，非毕业班、小学毕业班和初中毕业班的科任教师在过程公平、结果公平和公平总分上均存在显著差异。经进一步事后检验表明，在过程公平、结果公平和公平总分上，非毕业班的教师均显著低于小学毕业班教师，小学毕业班教师均显著高于初中毕业班教师，但非毕业班的教师与初中毕业班教师差异均不显著。从统计分析的结果上看，这与访谈的情况是相吻合，因为广州市的绩效工资方案制定对于中小学毕业班的教师是有所倾斜的，这从另一方面也可看出教师的工作量对于教师的公平感受也是有影响的。

5. 差异分析

**表 6-18　教师变量的差异分析**

|  | 1 | 2 | 3 | 4 | 5 | 6 | 7 |
|---|---|---|---|---|---|---|---|
| 1. 年龄 | 1.000 | | | | | | |
| 2. 职称 | 0.007 | 1.000 | | | | | |
| 3. 行政职位 | 0.108 | 0.125 | 1.000 | | | | |
| 4. 参与方案制定 | 0.123 | 0.285*** | 0.344*** | 1.000 | | | |
| 5. 过程公平 | 0.008 | 0.084 | 0.220*** | 0.474*** | 1.000 | | |
| 6. 结果公平 | -0.057 | -0.066 | 0.204*** | 0.343*** | 0.648*** | 1.000 | |
| 7. 公平总分 | -0.021 | 0.023 | 0.234*** | 0.460*** | 0.936*** | 0.875*** | 1.000 |

　　考察教师的年龄、职称、是否担任行政职务、多大程度参与了绩效工资方案的制定,相关分析表明,教师的年龄、职称与过程公平、结果公平和公平总分相关均不显著;担任行政职位和参与方案制定与过程公平、结果公平和公平总分均显著正相关,即教师担任行政职位越高,参与方案程度越大,过程和结果公平感越强。

　　然而,在上述的统计分析中得出教师的年龄与过程公平、结果公平、公平总分相关不显著,这是由于年龄较大的教师很多都具有担任相应的行政职务,较大程度上参与了绩效工资的方案,而年龄较小、刚到任的年轻教师往往没有担任学校的行政职务,参与绩效工资方案的程度也较小,这两个因数在统计上大大提高了年龄较大的教师公平感的总体得分。在统计分析上,把年龄较大,而又没有担任任何行政职务,并且没有参与绩效工资方案制定的老教师与年轻的刚入职的年轻教师相比较,我们得出的结果是年龄较大、工作年限较长的教师在过程公平、结果公平上远远低于刚入职的年轻教师。因此,我们可以得出这样的结论,在同等的条件下,(即没有参与绩效工资方案的制定、没有担任任何的行政职务)教师的年龄、工作年限与过程公平、结果公平、公平总分上是显著相关的。

　　在教师的职称与教师对绩效工资方案的过程公平、结果公平与公平总分上相关不显著,这也是符合广州中小学教师的实际情况。在访谈天河区的教育局的过程中,对此得到了合理的解释,天河区的中小学教师的职称状况是定职称不定工资水平的,也就是说天河区的教师的职称与教师的绩效工资水平是没有很大关系的,也就解释了为何教师职称与过程公平、结果公平和公平总分相关不显著的原因。

（二）学校层面差异检验

1. 学校规模

表6-19　学校规模差异

|  |  | 小规模(1) | 中等规模(2) | 大规模(3) | F值 |
|---|---|---|---|---|---|
| 过程公平 | 均值 | 23.211 | 24.722 | 21.36 | 5.781** |
|  | 标准差 | 6.033 | 6.088 | 5.248 | |
| 结果公平 | 均值 | 12.158 | 14.948 | 13.96 | 3.736* |
|  | 标准差 | 5.124 | 4.207 | 4.271 | |
| 公平总分 | 均值 | 35.368 | 39.67 | 35.32 | 4.711* |
|  | 标准差 | 9.604 | 9.569 | 8.426 | |

（小规模:班级数<20班,中等规模:班级数<40班,大规模:班级数>40班）

考察不同规模的学校,从表6-19可以看出,学校规模与教师的过程公平、结果公平和公平总分相关显著,经事后分析表明,在过程公平上,中等规模的学校大于较大规模的学校;在结果公平上,中等规模的学校大于小规模的学校,而在公平总分上中等规模的学校大于较大规模的学校。

2. 绩效工资方案实施年限

表6-20　绩效工资实施年限差异

|  | 1 | 2 | 3 | 4 |
|---|---|---|---|---|
| 年限 | 1.000 | | | |
| 过程公平 | −0.167* | 1.000 | | |
| 结果公平 | −0.223** | 0.648** | 1.000 | |
| 公平总分 | −0.210** | 0.936** | 0.875** | 1.000 |

考察绩效工资方案的实施年限,从表6-20可以看出,年限与过程公平、

结果公平和公平总分均显著负相关,表明绩效工资方案的实施年限越长,教师越认为不公平。这是一个十分值得思考的问题,为何教师不是对绩效工资制度逐渐习以为常,而是公平感随着时间的推移不断降低呢?是由于绩效方案的制定原先就不合理,还是绩效方案在实行过程中逐渐的暴露出难以摒弃的矛盾或先天的不足?

3. 奖励性工资来源

表6－21　奖励性工资来源差异

|  | 上级部门拨发与教师工资相结合 | | 全部由上级部门拨发 | | t |
|---|---|---|---|---|---|
|  | 均值 | 标准差 | 均值 | 标准差 | |
| 过程公平 | 23.503 | 6.280 | 24.474 | 3.204 | －0.663 |
| 结果公平 | 14.018 | 4.382 | 17.421 | 3.150 | －3.283*** |
| 公平总分 | 37.522 | 9.739 | 41.895 | 5.744 | －1.916 |

考察绩效工资的来源差异,从表6－21可以看出,在绩效工资中不同的奖励性工资的来源上教师的过程公平和公平总分差异不显著,而在教师的结果公平的得分上,上级部门拨发与教师工资相结合显著小于全部由上级部门拨发。

4. 绩效工资方案制定方式

表6－22　绩效工资方案制定方式的差异

| | | 学校领导 | 校长与中层领导 | 全校教职工 | F值 | 事后检验 |
|---|---|---|---|---|---|---|
| 过程公平 | 均值 | 23.211 | 21.360 | 24.722 | 5.781** | 2<3 |
| | 标准差 | 6.033 | 5.248 | 6.088 | | |
| 结果公平 | 均值 | 12.158 | 13.960 | 14.948 | 3.735* | 1<3 |
| | 标准差 | 5.124 | 4.271 | 4.207 | | |
| 公平总分 | 均值 | 35.368 | 35.320 | 39.670 | 4.711* | 2<3 |
| | 标准差 | 9.604 | 8.426 | 9.569 | | |

考察不同的绩效工资方案制定方式,从表6－22可以看出,绩效工资方

案制定方式与过程公平、结果公平和公平总分显著相关,经事后分析表明,在过程公平上,全校教职工共同制定方案的得分远高于校长与中层领导共同制定;在结果公平上,全校教职工共同制定方案的得分高于由学校主要领导制定的方案;在公平总分上,全校教职工共同制定方案的得分高于由校长与中层领导制定的方案。由此可看出,全校职工共同制定绩效工资的方案有助于提高教师的公平感。

5. 绩效工资评估主体

表 6－23　评价主体的差异

| | | 领导评估(1) | 领导为主教师为辅(2) | 标准化方案计算(3) | F 值 | 事后检验 |
|---|---|---|---|---|---|---|
| 过程公平 | 均值 | 22.811 | 25.305 | 23.211 | 3.398* | 1<2 |
| | 标准差 | 6.662 | 4.300 | 6.033 | | |
| 结果公平 | 均值 | 14.292 | 15.288 | 12.158 | 3.835* | 1>3,2>3 |
| | 标准差 | 4.356 | 3.974 | 5.124 | | |
| 公平总分 | 均值 | 37.104 | 40.593 | 35.368 | 3.517* | 1<2,3<2 |
| | 标准差 | 10.268 | 7.247 | 9.604 | | |

考察绩效工资评估主体的差异,从表 6－23 可以看出,评估主体的差异与过程公平、结果公平和公平总分差异显著,经事后分析表明,在过程公平得分上,领导评估为主,教师评估为辅的评估方式高于领导评估的方式;在结果公平得分上,领导评估为主的方式大于标准化方案计算,领导评估为主,教师评估为辅的方式大于标准化公式计算的方式;在公平得分上,领导评估为主,教师评估为辅的得分是最高的。由此可看出,在绩效评估的主体上,领导评估为主,教师评估为辅是最优的评估方式,其有助于提高教师的公平感受。

### 6. 绩效工资发放方式

**表 6－24　绩效工资发放方式差异**

| | 按月发放 | | 按月发放与学期发放相结合 | | t |
|---|---|---|---|---|---|
| | 均值 | 标准差 | 均值 | 标准差 | |
| 过程公平 | 23.842 | 4.807 | 23.542 | 6.331 | 0.272 |
| 结果公平 | 14.790 | 4.971 | 14.264 | 4.234 | 0.656 |
| 公平总分 | 38.632 | 8.477 | 37.806 | 9.755 | 0.476 |

考察绩效工资的发放方式，从表 6－24 可以看出，绩效工资的发放方式与过程公平、结果公平、公平总分相关不显著，由此可得，目前的两种绩效工资发放方式对教师的公平感受没有影响。

## 四、结论

经过 spss17.0 软件的统计分析，本研究得出以下结论：

（1）在性别差异上，性别与教师的公平感受差异不显著。

（2）在学历差异上，学历与老师的公平感受显著相关。

（3）在婚姻差异上，婚姻状况与教师的公平感受显著相关。

（4）在担任不同年级的差异上，所教年级与教师公平感受显著相关，担任毕业班的教师公平感受高于非毕业班的教师。

（5）在教师的年龄上，同等条件下（即不担任行政职位、没有参与绩效工资方案的制定）年龄越大公平感越低。

（6）在职称上，教师的职称对教师的公平感不产生影响。

（7）在担任行政职务上，职位越高公平感越高。

（8）在参与绩效工资方案的程度上，参与的程度越大，公平感越高。

（9）学校规模与教师的公平感显著相关，中等规模的学校教师高于小规模和大规模的学校教师。

（10）绩效工资方案的实施年限在一定时期内与公平感显著负相关，即绩效工资方案实施时间越长，教师公平感受越低。

（11）绩效工资中奖励性工资来源的差异与结果公平显著相关，奖励性工资全部由上级部门拨发的方式能够使教师的结果公平感受最高。

（12）在绩效工资方案的制定方式中，全校教师共同制定绩效工资的方式最有助于提高教师的公平感受。

（13）在教师绩效的评估主体上，领导评估为主，教师评估为辅是最优的评估方式，最有助于提高教师的公平感。

（14）在绩效工资的发放方式上，绩效工资的发放方式对教师的公平感受没有影响。

# 第四节　问题探讨与管理建议

## 一、研究结果探讨

本部分针对分析结果，结合公共选择、公民参与等相关理论，对主要影响教师绩效工资公平感的影响因素进行讨论和分析。

### （一）独立评定校长绩效

格里菲尔德（Greffeld）在批判科学主义管理论中的"具体化"和"抽象"的错误时，指出组织是人类发明创造的一种社会现实，组织是各种价值之间的战场。领导者作为价值的代表进入了这场斗争的中心，因为领导者既是价值的创造者又是它们的执行者①。而在绩效工资方案的制定与推行过程中，学校校长作为一个最主要的价值代表参与其中，是绩效工资方案最主要、最关键的制定者，也是绩效评估的主要成员。

在绩效工资这个利益的分配过程中，学校容易形成两组利益博弈集团，即学校校长与学校中层管理者、学校一线教师之间的博弈；学校中层管理者与一线教师之间的博弈。在绩效奖励性工资总量固定不变的情况下，两组

---

① 孙绵涛，罗建河：《西方当代教育管理理论流派》，重庆大学出版社 2008 年版，第 94 页。

利益集团之间的博弈变成了一种零和博弈，一方利益的获得将以另一方利益的损害为前提。而学校校长作为绩效工资方案最主要的制定者，同时也作为被评估者，容易带着一种有偏见的价值观进入利益的斗争过程中。把校长的绩效也纳入学校全体成员的绩效评估中，也容易给中层干部和一线教师产生那种"校长既是运动员又是裁判员"的感觉（即使校长在学校利益分配过程中持那种不偏不倚的公正态度），从而大大减低学校其他员工的公平感，造成组织内部的紧张气氛。而利益集团在面对排他性利益时，也是碰到我们通常说的"分蛋糕"问题时，利益集团总是希望分利者越少越好，其他分利集团越小越好，因此这类集团也总是倾向于排斥他人的进入。

把学校校长的绩效提升到由上级部门来评估，使校长的绩效不参与学校绩效工资的分配，更能够使学校的中层管理者与普通一线教师相信校长在制定绩效工资方案时是价值无涉的，是以一种超然的态度公平的对待每一个教师，能够消除教师头脑中"校长既是裁判员又是运动员"的印象，从而提高校长的信服力、提高教师对绩效工资方案的公平感。在本研究的调研过程中，发现广州各个区的正校长的工作绩效是由上级部分来评定，不参与到教师绩效工资的方案中，这是绩效工资方案制定中一个很值得全国推广的经验。

（二）提高教师参与程度

一些研究发现，公民参与程度越高，他们对政府的不满意度就越低[1]。教师的满意度又与公平感有着非常高的正相关，很难相信教师对绩效工资方案极度的不满会有很高的公平感。通过对问卷的分析也发现，参与了绩效工资方案的制定的教师的公平感显著比没有参与方案制定的教师高，参与程度与公平感成正相关。

在参与过程中，教师的参与使得教师有了表达意见与看法的渠道，能够让教师更了解绩效工资方案的整个制定过程、指标制定的考量、评价过程，使得教师对方案产生一种可控感。在参与的结果上，教师的参与使得绩效

---

① Carol Ebdon. Beyond the public hearing：citizen participation in the local government budget process[J]. Journal of Public Budgeting，Accouting，Financial Management，2000：273—274.

工资方案能够集思广益,更广泛地体现与融合不同科目、不同岗位、不同职称教师的利益。在教师的个人参与上,也能够使得方案更加符合参与者的现实偏好与利益取向。问卷的调查与分析结果暗合了程序公平的相关理论,只要在绩效工资的推行过程中,教师有参与的权利,有控制过程的权利,不管最终的结果是否对自己有利,都会显著提高教师对绩效工资方案的公平感受。

当然教师的参与也是需要成本的,在教师的参与中必须考虑到成本与收益的关系。在较大规模的学校组织中,教师的参与可能带来更多的意见分歧,给绩效方案的制定带来高成本,给绩效方案的成型与通过带来困难。

（三）分析资深教师公平感

通过调查研究发现,在学校的教职工中,年龄较大、职称较高的教师对绩效工资制度的公平感受往往是最低,特别是那些没有参与绩效工资方案制定的老教师。公共选择理论认为,政治家也是理性的人,他从事政治活动的目的是追求自身利益的最大化。对于政治家而言,自身利益的最大化意味着政治支持的最大化,具体体现为获得选票的最大化[1]。在教师绩效评估存在量化困难,绩效工资方案迟迟难以出台并得到教师职工代表大会的通过的情况下,学校校长作为学校中最主要的"政治家",倾向于制定绩效工资强度低（即每个教师的绩效工资差异不大）,容易获得大家支持与通过的方案,完成上级部门布置的任务（同时也考虑到制定政策的成本）。而在教师绩效工资差异不大的情况下,年龄较大的教师往往容易觉得自己的教学经验比年轻教师来得丰富,教学专业水平比年轻教师来得高,"不患寡,而患不均"的绩效工资方案并不能反映教师的实际绩效,只不过是又一次的"农村公社化"而已。因此,在绩效工资差异不大的情况下,具有着专业优势的老教师往往是绩效工资公平感受中最低的群体。

在上一部分分析中论述了绩效工资方案的制定过程中,教师的参与能够给教师发表意见,表达利益诉求的机会,能够有效提高教师的公平感。作

---

① 许云霄:《公共选择理论》,北京大学出版社 2006 年版,第 12 页。

为资深的教师拥有专业上的权威,比较能够得到学校领导层的关注与重视,也比较有机会参与到绩效工资方案的制定过程中去。然而,现实的情况是老教师恰恰是没有参加绩效工资方案的制定,除了那些担任行政管理岗位的老教师。我们应当如何解释这一现状?公共选择理论认为选民是理性的"经济人",他们总是希望选出代表自己利益的政治家(或政党),从而改善自己的状况。其投票与否以及投谁的票是建立在自己成本——收益分析的基础上[①]。教师参与绩效工资方案的制定带来的收益是潜在的,而教师在参与制定方案过程中必须收集信息、参与会议、发表意见,显然这一过程是有成本的,而且这成本是明显的。加上如果有众多的老师去参与,而作为没有担任任何行政管理职位的老教师意识到自己的意见被学校的主要领导采纳的可能性不大,那么在自己进行成本——收益计算的基础上,"理性"的老教师将不去参与方案的制定,以搭便车的方式,保持一种旁观的态度。

### (四)分析较大规模学校教师公平感

在调研过程中发现,规模较大的完全中学相对于规模较小的小学与初中,绩效工资方案的制定与通过难度更大,有部分学校甚至出现绩效工资的最后方案迟迟无法出台的现象。这是由于在规模较大的学校组织中,异质性更强,担任各种不同职位的教师更多(如不担任教学任务的专门的会计、出纳人员),老师之间的利益更加难以协调,相互之间的沟通比较少。在绩效工资的零和博弈中,要考虑到各个老师的不同情况,使绩效工资方案符合每个老师的偏好难度也较大。因此,在规模较大的学校中老师公平感较低。

在对问卷的分析过程中发现,规模较大的学校,绩效工资方案的制定通常是由学校的领导层和部分中层领导来制定的,教师的绩效也是由学校的领导和部分中层干部来评估的。由于学校规模大使得要征求每个老师的意见的难度加大,并且也有可能让绩效工资方案的制定成本越来越大,同时学校内部之间的博弈也可能会消耗更多的成本,因为规模越大,利益集团的分化也就更多,这也使得博弈变得更加激烈。因此,考虑到现实的状况和成本

---

① 许云霄:《公共选择理论》,北京大学出版社 2006 年版,第 11 页。

的问题,包括人力成本和时间成本,学校倾向于由部分的组织成员来制定绩效工资方案和评估绩效。而与上面阐述老教师为何保持"理性的无知"一样的理由,在规模较大的学校,普通的教职工由于看到学校的组织成员较多,估计到自己的一票最终影响不了最后的结果,同时也可能由于渠道的问题而保持对绩效工资方案的"理性的不参与"。

利益的分化,绩效工资方案难于覆盖不同工作岗位教师的各个方面,教师的较少参与绩效工资方案的制定与绩效评估,种种因素使得大规模学校中的教师公平感低于学校规模较小的教师。当然,不同规模学校的组织气氛与教师人际交往的不同也可能是影响教师的公平感的一个重要因素,但由于调查研究的深入与理论视角的不同,在本研究中就没有详细地进行讨论。

## 二、问题探讨

教育管理批判理论认为,教育管理学应该是一门关注人间正义、道义、平等和公正的道德学科①。对于整个教师绩效工资方案的制定过程中,方案的公平性是首先必须考虑和予于保证的。只有确保了公平性,绩效工资方案才有可能得到教师的通过与支持,才有可能得到顺利推行。在绩效工资方案的推行过程中,教师的公平感也是必须首先予于保证的,只有确保了公平性,最终才有可能使绩效工资方案发挥激励教师的作用。然而,在本研究的调研与反思过程中,发现中小学教师绩效工资制度中天然地存在着以下两个难以调和的矛盾:

(一)绩效评估与组织目标的矛盾冲突

在绩效工资的具体方案中,绩效评估标准与方法是绩效工资方案的主体与核心。教师绩效工资方案的制定与推行要求有一套完整的绩效评估标准与评估体系,否则绩效工资方案便是空中楼阁,便是无根之木,无源之水。因为教师的绩效工资的最终发放是在对教师的绩效评估、对教师工作的肯定的基础上进行的,只有首先确定了绩效评估的标准与方法,教师的工作表

---

① 孙绵涛,罗建河:《西方当代教育管理理论流派》,重庆大学出版社 2008 年版,第 80 页.

现才得以衡量,教师绩效的评估与计算才得以进行。

一般商业组织的目标是最大限度地增加效益、最大限度地增加产品数量、提高产品质量。而教育往往具有一系列复杂并且有时是互相矛盾的目标,又由于教育具有周期性长的特点,短时间教育成果无法显现,这些因素使得学校的目标非常的难衡量,教师的绩效难以评估。因此,如何衡量一个学校实现了其目标,如何衡量一个教师通过自身的努力取得了较好的绩效,这成为评估教师绩效的一个难题。没有测定成功的手段,就无法评估个人和团体的进步和发展,在这种情况下进行的评定和判断都会具有不同程度的主观性[①]。

在对广州公立中小学的调研中发现,学校对教师绩效的评估体现在"德、能、勤、绩"上,具体则落实在对教师工作量、岗位薪酬的计算上,在其他不能量化的指标上则无法评估。而教师的工作量与岗位短期内是不以教师的主观意愿而改变。在教师绩效评估上,教师绩效的部分指标无法量化,可量化方面的工作量教师又无法改变,这使得绩效工资制度在根本上是无法促进教师改进行为、提高绩效的。

(二)公平与效率的悖论

在历史上,政治学家、经济学家、社会学家对公平与效率的争论由来已久,两者孰轻孰重、孰先孰后,两者是否可以统一,各家各抒己见,莫衷一是。西方经济学家对公平与效率关系的论述主要体现在市场机制与政府干预的问题上,主要有三种观点:一种是效率优先论;一种是公平优先论;第三种是公平与效率交替优先论。效率优先论的观点认为,应当强调市场机制配置资源的作用,反对政府的干预,它认为公平只能依靠市场竞争机制来实现,而用政治和法律来调节再分配则是不公平的。公平优先论则相反,其强调市场的缺陷,认为效率不仅不代表公平,相反它来自于不公平,所以应当发挥政府宏观调控作用。公平效率优先论认为,公平与效率同样重要,没有先后之分,两者必须兼顾,在两者互相冲突时应该相互妥协。同时,两者在某

---

① 托尼·布什著,强海燕译:《当代西方教育管理模式》,南京师范大学出版社 1998 年版,第 13 页。

些场合有此消彼长的关系，经济学家阿瑟·奥肯（Arthur M. Okun）就曾断言："为了效率就要牺牲某些公平，并且为了公平就要牺牲某些效率"。

而在微观组织中，组织行为学则认为，员工在组织中作出贡献后，会对其所获得的报酬进行纵向和横向的比较，当其认为所得与付出成正比时则认为这是公平的，当两种比较不成正比时则产生了不公平感。组织中的分配不公平会导致员工降低其工作绩效，与同事合作减少，降低工作质量甚至产生偷窃行为。因此，在组织中的不公平必然降低组织的效率与绩效。然而组织中分配的公平是否就必然提高组织的效率与绩效呢？根据美国心理学家维克拉·弗鲁姆（Victor Vroom）的期望理论 $M = E * V$（M 代表激励程度、E 代表期望值、V 代表效价），只有期望处于一种适当的值，即组织员工能够通过努力达成组织目标的可能性，才有可能获得高的激励作用。因此，在组织中人们高公平感并不一定带来高的绩效，而低公平感必然带来效率的降低。

在学校这个特殊的组织中，组织目标复杂、难以衡量，造成教师的部分工作绩效难以衡量，而公平与否是源于个人的感觉判断[①]。组织中的员工在评估绩效上，往往倾向于低估他人工作的重要性、工作的绩效和工作能力，高估自己的工作重要性和绩效。加之，组织中的成员在对自己与他人的绩效评估中，处于信息的不对称，这也使得绩效评估的准确性减弱、难度性增大。在教师的绩效工资方案中，如果制定绩效工资强度（即奖励性工资占总工资的比例）大的方案，绩效方案或许能够起到激励部分教师的作用，提高部分教师的工作绩效，然而工作绩效低的教师则容易感受到不公，这必将影响到这一部分教师的工作积极性，同时也影响到教师之间的工作协作与组织内部成员之间的和谐。制度绩效工资强度小的方案，不同岗位的教师绩效工资的差异不大时，绩效工资方案对教师的公平感产生较小的影响，而绩效工资方案又发挥不了激励的作用。

学校的主要任务在于日常的教学工作，通过调查发现目前广州中小学的校长与中层管理者基本都承担着一线的教学任务，学校的领导与教师工

---

[①] 樊耕，李随成，齐捧虎：《管理学》，陕西人民出版社 2001 年版，第 269 页。

作都比较繁忙。因此,学校绩效工资方案的制定者为了降低绩效工资制定的成本,缩短方案的制定时间;同时也为了使绩效工资方案获得更多教职工的支持,减少绩效工资对教师公平感产生的影响,都倾向于制定低绩效工资强度、高教师支持度的方案。"不患寡,而患不均"的传统思想在绩效工资方案的制定过程中得到了再一次的诠释。

### 三、学校管理建议

根据上述的调查研究结果,现提出以下建议,期望能够在绩效工资方案的制定与实施过程中有效提高教师的公平感受。

（一）提升绩效工资方案制定主体级别

教师工资水平在区域之间差别不大的情况下,适当提升绩效工资方案,制定主体的级别,尽量在市的层面上制定一个统一的绩效工资方案,同时给予各个学校适当的权限,结合本学校具体的情况调整绩效工资的方案。研究的过程表明,在中国传统文化的影响下和中国人特有的心理素质条件下,由一个比较权威的部门来颁布实施的方案比较能够获得支持,学校的教师更容易接受,也更容易于倾向认为方案是公平的,起码对每个老师来说是一视同仁的。

（二）单独评定正、副校长工作绩效

独立正、副校长的绩效评定,把校长的工作绩效标准与绩效评估交由上级的行政部门来实施,而不把校长的绩效放到整个学校绩效方案中去。这有助于减少校长与学校中层管理人员、一线教师之间的矛盾,避免出现校长集"规则制定者"、"裁判"和"运动员"三个角色于一身的现象。独立正、副校长的绩效评定,能够使学校的中层干部和广大的一线教师更容易相信校长是以公平、公正的态度来制定绩效工资方案和进行绩效评估的。校长绩效的评定参与到学校的绩效工资方案中去,即使校长是以客观、公平的态度来评定自身的绩效也往往容易遭到学校教职员工的怀疑。因此,独立正、副校长的绩效评定,有助于提高广大教师的公平感受。

（三）鼓励教师参与方案制定过程

教师参与绩效工资方案的制定能够有效地提高教师的公平感受,而参与自身绩效的评估也能够有效提高教师对结果公平的感受度。这也暗合了前人对过程公平理论的研究和作出的结论。因此,建议各个实施绩效工资方案的学校要积极鼓励教师参与到绩效工资方案的讨论、制定、实施过程中去。然而,那些年纪较大、工作年限较长而又没有担任任何行政职务的教师,由于自身的一些原因往往不愿意参与到绩效工资方案的整个制定实施过程,这些教师也是公平感受最低的群体之一。因此,学校的管理者应当对这部分的群体给予更多的关注,鼓励这部分教师参与方案的制定与实施,在有条件的情况下,可以成立一个方案制定委员会,聘请一些老教师担任制定委员。

（四）制定弹性绩效方案

由于学校组织是一个开放的系统,其在组织内部之间、组织与其他组织之间需要不断进行着资源、信息方面的交流,同时组织也处在一个不断变化的环境中,组织的任务、组织员工的具体工作任务、面临的问题也处在变化之中。而研究表明,教师对绩效工资方案随着时间的推移出现了公平感逐渐降低的状况。一方面有可能是由于方案在最初的制定过程中,由于考虑不周,存在着不合理、不科学的地方,随着时间的推移逐步的被教师所察觉与意识到而导致教师对绩效工资方案的不公平感增加。另一方面,也有可能是由于学校,新的岗位、新的任务以及新情况的出现导致教师工作量、工作压力、工作难度增加。而工资由固定的绩效方案计算和发放的制定,没有随着新问题的出现而逐步调整,这也有可能导致教师公平感随绩效工资方案实施的年限的增加而降低。因此,建议制定一个弹性的绩效工资方案,给绩效方案的适度调整留有必要余地。

（五）增加群体绩效考核指标

美国教师绩效工资改革计划分为个人绩效工资制、学校绩效工资制和混合制三类[1]。个人绩效工资制也称为"知识和能力工资制",重在奖励个人的工作绩效,给予差别化的薪酬,从而鼓励教师积极投入工作。学校绩效工资制是给一个工作表现较好、绩效高的群体或学校整体给予奖励,即"对全

---

[1] 陈时见,赫栋峰:《美国公立中小学教师绩效工资改革》,《比较教育研究》2009 年第 12 期,第 3 页。

校所有部门都给予奖金奖励,所有参与绩效生产的成员共同分享这份奖金"①。混合制的模式注重个人绩效也考察学校绩效,是对教师业绩评估和学校战略目标相结合的一项制度,它避免了只注重个人的绩效和搭便车现象的出现。由此可见,美国教师绩效工资经历了一个单单评估教师个人绩效到个人绩效与组织绩效相结合的阶段。在我国目前的绩效工资制度中,只制定与评估了教师的个人绩效,忽略了学校、教师群体的绩效。由于教育组织目标具有实现周期长、难于衡量的特点,同时在实际的教学工作当中,每个学生的发展往往是多个因素、多个教师合力共同作用的结果。过于侧重教师个人绩效的评估有可能导致教师之间的竞争与矛盾冲突,削弱教师之间的合作,影响学校干群之间的关系进而影响教育组织目标的最终实现。因此,教师绩效工资制度在评估教师个人的绩效,鼓励教师通过个人努力提高个人工作绩效的同时也应该设定群体绩效考核指标(如班级绩效、年级绩效、学校绩效),鼓励教师之间加强协作共同实现组织目标。

（六）完善干群沟通渠道

组织目标难以衡量,这使得教师的实际绩效难以评估,绩效工资方案的制定也往往难以考虑得面面俱到,因此,绩效工资方案的制定与实施难以做到完全的公平、公正。但是学校的管理者通过适当的作为、与广大的教职工沟通能够在一定程度上消除这种不公平的心理状态。

首先,作为一名出色的学校管理者应当以人为本,尽量考虑到不同年龄、不同岗位、不同任职状况老师的需求。其次,增加绩效工资制度的透明度,使每个老师能够了解绩效工资制定的实施状况;努力建立一个畅通、有效的学校沟通、交流渠道,充分发挥教师代表大会在教师沟通、发表教师意见的功能。最后,努力营造一种爱岗敬业、提倡奉献,同事之间和谐相处、团结合作、互相尊重、相互体谅的学校氛围。

---

① 罗伯特·麦克金米著,武向荣译:《教育发展的激励理论》,北京师范大学出版社 2008 年版,第 45 页。

# 附录

## 本书所用问卷表[①]

### 第一章　教师压力源问卷表

**第一部分　背景资料**

请根据个人情况,在下列符合情况的答案上划"√"。

所在学校:

A. 小学　　　　B. 中学

所在年级:(　　　)年级

所教科目:(　　　)

性　　别:

A. 男　　　　B. 女

**第二部分　问卷项目**

下面是关于教师工作产生压力因素的调查,请您根据实际情况,选择一个您认为最合适的答案,并在相应的号码上划"√"。

(1＝低度;2＝轻度;3＝中度;4＝高度;5＝重度)

1. 班级人数太多:　　　　　　　　　　　(1　2　3　4　5)

2. 教师社会地位低:　　　　　　　　　　(1　2　3　4　5)

---

① 为节省篇幅,此处略去各问卷表的指导语和鸣谢辞。

3. 报酬少,在经济上感到窘迫: 　　　　　　　　(1　2　3　4　5)

4. 缺少进修和接受继续教育的机会: 　　　　　　(1　2　3　4　5)

5. 知识日新月异,自己有些跟不上形势: 　　　　(1　2　3　4　5)

6. 教师晋级困难: 　　　　　　　　　　　　　　(1　2　3　4　5)

7. 缺乏将自己的新观念付诸实践的机会: 　　　　(1　2　3　4　5)

8. 缺乏参与学校决策与管理的机会: 　　　　　　(1　2　3　4　5)

9. 担心下岗: 　　　　　　　　　　　　　　　　(1　2　3　4　5)

10. 学校或教育行政部门的各种要求太多: 　　　　(1　2　3　4　5)

11. 学生缺乏学习的动机,对学习没兴趣: 　　　　(1　2　3　4　5)

12. 担心学生的安全: 　　　　　　　　　　　　　(1　2　3　4　5)

13. 学生不礼貌,不守纪律: 　　　　　　　　　　(1　2　3　4　5)

14. 组织教学困难: 　　　　　　　　　　　　　　(1　2　3　4　5)

15. 帮助有家庭问题的学生: 　　　　　　　　　　(1　2　3　4　5)

16. 学生不服从指令: 　　　　　　　　　　　　　(1　2　3　4　5)

17. 领导不公平: 　　　　　　　　　　　　　　　(1　2　3　4　5)

18. 同事或领导的态度和评论: 　　　　　　　　　(1　2　3　4　5)

19. 学生的议论和批评: 　　　　　　　　　　　　(1　2　3　4　5)

20. 学生家长不理解教师工作: 　　　　　　　　　(1　2　3　4　5)

21. 与某些同事关系紧张: 　　　　　　　　　　　(1　2　3　4　5)

22. 家人不理解、不支持自己的工作: 　　　　　　(1　2　3　4　5)

23. 自己的家庭关系不太融洽: 　　　　　　　　　(1　2　3　4　5)

24. 工作有困难时缺少咨询和沟通的对象: 　　　　(1　2　3　4　5)

25. 缺乏必要的设备和教学材料: 　　　　　　　　(1　2　3　4　5)

26. 工作没有得到足够的重视: 　　　　　　　　　(1　2　3　4　5)

27. 学校用学生考试成绩衡量教师工作水平: 　　　(1　2　3　4　5)

28. 担心所教学生的考试成绩不理想: 　　　　　　(1　2　3　4　5)

29. 担心所教班级学生的升学率: 　　　　　　　　(1　2　3　4　5)

30. 自己对学生缺乏足够的影响力: 　　　　　　　(1　2　3　4　5)

31. 参加学术讨论和研究的机会太少： （1　2　3　4　5）

32. 学生不能及时准确掌握所教的知识： （1　2　3　4　5）

33. 学校根据学生考试成绩评定教师的职称、奖金： （1　2　3　4　5）

34. 教师必须对学生的考试负责： （1　2　3　4　5）

35. 每天说话太多，太累： （1　2　3　4　5）

36. 不得不教自己没有受过训练的课程： （1　2　3　4　5）

37. 自己家庭负担重： （1　2　3　4　5）

38. 教学准备、批改作业等工作量太大： （1　2　3　4　5）

39. 平均日工作时间太长： （1　2　3　4　5）

40. 社会对教师期望和要求过高： （1　2　3　4　5）

41. 有些学生的成绩总跟不上： （1　2　3　4　5）

42. 学校各种形式主义的活动或检查太多： （1　2　3　4　5）

43. 与某些学生关系紧张： （1　2　3　4　5）

44. 担心学生考试排名太差： （1　2　3　4　5）

45. 学生家长对教师期望很高： （1　2　3　4　5）

46. 个别差生的工作难做： （1　2　3　4　5）

47. 您认为对您的工作产生压力的因素还有：

_____

_____

# 第一章　教师自我效能感问卷表

## 第一部分　背景资料

请根据个人情况,在下列符合情况的答案上划"√"。

1. 性别:

A. 男　　　　　　　　B. 女

2. 您的婚姻状况:

A. 未婚　　　　　　　B. 已婚但无小孩　　　　　C. 已婚并有小孩

3. 您是否是班主任:

A. 是　　　　　　　　B. 否

4. 您所教的主要科目是:

A. 语文　　　　　　　B. 数学　　　　　　　　　C. 英语

D. 音乐　　　　　　　E. 美术　　　　　　　　　F. 体育

G. 计算机　　　　　　H. 社会　　　　　　　　　I. 其他

5. 您所教主要科目所在的年级是:

A. 一年级　　　　　　B. 二年级　　　　　　　　C. 三年级

D. 四年级　　　　　　E. 五年级　　　　　　　　F. 六年级

6. 您现在的年龄大致是:

A. 20 岁以下　　　　　B. 20—25 岁　　　　　　　C. 25—30 岁

D. 30—40 岁　　　　　E. 40—50 岁　　　　　　　F. 50 岁以上

7. 您已经从事教学约:

A. 1 年　　　　　　　B. 2—5 年　　　　　　　　C. 6—10 年

D. 11—20 年　　　　　E. 21—30 年　　　　　　　F. 31 年以上

8. 您的学历:

A. 师范院校专科学历　　　　　　B. 师范院校本科学历

C. 师范院校研究生学历　　　　　D. 非师范院校专科学历

E. 非师范院校本科学历　　　　　F. 非师范院校研究生学历

G. 其他

## 第二部分　问卷项目

[问卷一]

以下 10 个句子关于你作为教师,对自己平时的一般看法,请你根据自己的实际情况(实际感受),确定对你来说符合的程度,并在相应的号码上划"√"。

(1＝完全不符合;2＝有点符合;3＝多数符合;4＝完全符合)

1. 我确信我能教好大多数课程,使能力较差的学生都有所进步:

(1　2　3　4)

2. 我能和家长保持良好的关系,即使和他们产生分歧时也如此:

(1　2　3　4)

3. 只要我真的努力去做,我能影响最有问题的学生: (1　2　3　4)

4. 我确信随着时间的推移,我会越来越有能力解决学生的问题:

(1　2　3　4)

5. 即使我在上课时被打断,我自信能保持镇定,继续教好课:

(1　2　3　4)

6. 即使我某一天情绪很差,我自信有能力一如既往地帮助学生:

(1　2　3　4)

7. 只要我努力,我相信我能对学生的各方面的发展产生积极的影响:

(1　2　3　4)

8. 我自信我能想出好办法克服客观条件的不足,搞好教学工作:

(1　2　3　4)

9. 我相信我能激励学生参与各种创新活动: (1　2　3　4)

10. 即使同事持怀疑态度,我相信我也能继续在教学和其他工作中进行新的尝试:　　　　　　　　　　　　　(1　2　3　4)

[问卷二]

以下 5 个句子是关于你作为一个教师,对从事本职工作的一般看法,请你根据自己的实际情况(实际感受),确定对你来说符合的程度,并在相应的号码上划"√"。

(1＝从不;2＝偶尔;3＝时常;4＝总是)

在过去的一个月里,你常常会有以下的感觉吗?

1. 感到疲倦,提不起精神:                        (1  2  3  4)

2. 在每天结束的时候觉得体力完全被耗尽:    (1  2  3  4)

3. 对工作失去激情:                            (1  2  3  4)

4. 觉得工作快要把自己累垮:                (1  2  3  4)

5. 在工作日结束时感到筋疲力尽:            (1  2  3  4)

## 第二章　教师工作积极性问卷表

### 第一部分　背景资料

请根据个人情况,在下列符合情况的答案上划"√"。

1. 您的性别:

A. 男　　B. 女

2. 您的年龄:

A. 25 岁以下　　B. 25—35 岁　　C. 36—45 岁　　D. 45 岁以上

3. 您的婚姻状况:

A. 已婚　　　　B. 未婚

4. 您现有的最高学历:

A. 中师　　　B. 大专　　　C. 本科　　　D. 硕士

E. 其它

5. 您的教龄是:

A. 1 年以下　　B. 1—5 年　　C. 6—10 年　　D. 11—20 年

E. 20 年以上

6. 您的职称是:

A. 中教三级　　　B. 中教二级　　　C. 中教一级　　　D. 高级

E. 特级老师

7. 您现在的月收入(包括工资、奖金、补贴等)(元):

A. 1 000 以下　　B. 1 000—1 500　C. 1 600—2 000　D. 2 100—2 500

E. 2 500 以上


## 第二部分　问卷项目

下面是关于农村免费义务教育后学校变化情况的调查。请根据您现在的实际情况,与之前收费政策时相比,选择出一个最合适的答案,并在相应的号码上划"√"。

[1=明显降低(减少、减弱、变差);2=稍微降低(减少、减弱、变差);3=基本不变;4=稍微提高(增多、增加、变好);5=明显提高(增多、增强、变好)]

1. 免费义务教育后,教师的基本工资:　　　　　　(1　2　3　4　5)

2. 免费义务教育后,教师的奖金和其他福利:　　　(1　2　3　4　5)

3. 免费义务教育后,教师的工作条件:　　　　　　(1　2　3　4　5)

4. 免费义务教育后,教师的晋升途径和机会:　　　(1　2　3　4　5)

5. 免费义务教育后,教师的工作安全感:　　　　　(1　2　3　4　5)

6. 免费义务教育后,学校的人际关系:　　　　　　(1　2　3　4　5)

7. 免费义务教育后,教师的工作乐趣和成就感:　　(1　2　3　4　5)

8. 免费义务教育后,教师的工作主动性:　　　　　(1　2　3　4　5)

9. 免费义务教育后,教师的工作责任心:　　　　　(1　2　3　4　5)

10. 免费义务教育后,教师对上级任务的执行力度:　(1　2　3　4　5)

11. 免费义务教育后,教师教学的难度:　　　　　　(1　2　3　4　5)

12. 免费义务教育后,教师管理学生的难度:　　　　(1　2　3　4　5)

下面是关于影响农村教师积极性因素的调查。请根据您个人的理解，选择一个您认为最合适的答案，并在相应的号码上划"√"。

（1＝非常不认可；2＝比较不认可；3＝基本认可；4＝比较认可；5＝非常认可）

1. 工资报酬和奖金福利的提高能消除您对现有工作的不满：

（1　2　3　4　5）

2. 工资报酬和奖金福利的提高能激励您努力工作：（1　2　3　4　5）

3. 社会地位和安全感的提升能消除您对现有工作的不满：

（1　2　3　4　5）

4. 社会地位和安全感的提升能激励您努力工作：（1　2　3　4　5）

5. 工作条件的改善能消除您对现有工作的不满：（1　2　3　4　5）

6. 工作条件的改善能激励您努力工作：（1　2　3　4　5）

7. 融洽的人际关系能消除您对现有工作的不满：（1　2　3　4　5）

8. 融洽的人际关系能激励您努力工作：（1　2　3　4　5）

9. 晋升的机会和途径能消除您对现有工作的不满：（1　2　3　4　5）

10. 晋升的机会和途径能激励您努力工作：（1　2　3　4　5）

11. 工作本身的乐趣和成就感能消除您对现有工作的不满：

（1　2　3　4　5）

12. 工作本身的乐趣和成就感能激励您努力工作：（1　2　3　4　5）

13. 个人价值目标是您一直留在教师职业最重要的原因：

（1　2　3　4　5）

14. 薪酬福利是您一直留在教师职业最重要的原因：（1　2　3　4　5）

15. 工作稳定是您一直留在教师职业最重要的原因：（1　2　3　4　5）

16. 工作乐趣与成就感是您一直留在教师职业最重要的原因：

（1　2　3　4　5）

17. 国家政策法规是造成教师对薪酬不满的主要影响因素：

（1　2　3　4　5）

18. 县（市）教育管理是造成教师对薪酬不满的主要影响因素：

（1　2　3　4　5）

19. 学校内部管理是造成教师对薪酬不满的主要影响因素：

（1　2　3　4　5）

20. 教育经费短缺是影响农村教师积极性的最主要的因素：

（1　2　3　4　5）

21. 教育政策与法律是影响农村教师积极性的最主要的因素：

（1　2　3　4　5）

22. 县（市）教育管理是影响农村教师积极性的最主要的因素：

（1　2　3　4　5）

23. 学校内部管理是影响农村教师积极性的最主要的因素：

（1　2　3　4　5）

　　下面是您本人对现在工作满意度的调查。请根据您个人的理解，选择一个您认为最合适的答案，并在相应的号码上划"√"。

　　（1＝更加不满意；2＝同样不满意；3＝无法比较；4＝同样满意；5＝更加满意）

1. 您现在的工资水平令您感觉：　　　　　　　　　（1　2　3　4　5）

2. 贵校的奖金分配制度令您感觉：　　　　　　　　（1　2　3　4　5）

3. 目前的医疗养老等社会保障制度令您感觉：　　　（1　2　3　4　5）

4. 您的工资收入与您的教学质量之间的关系令您感觉：

（1　2　3　4　5）

5. 贵校现有的工作条件令您感觉：　　　　　　　　（1　2　3　4　5）

6. 迄今为止，您所承担的工作职责令您感觉：　　　（1　2　3　4　5）

7. 您通过自己的努力工作所获得的认可和赞赏的程度令您感觉：

（1　2　3　4　5）

8. 迄今为止，您在工作中得到的职称晋升或提干的机会令您感觉：

（1　2　3　4　5）

9. 迄今为止，您从自己的教师生涯中所体会到的成就感令您感觉：

（1　2　3　4　5）

10. 教师职业的发展前途令您感觉：　　　　　（1　2　3　4　5）

11. 教师职业为您提供的安全保障程度令您感觉：（1　2　3　4　5）

12. 您现在拥有的社会地位令您感觉：　　　　　（1　2　3　4　5）

13. 您与学校同事之间的关系令您感觉：　　　　（1　2　3　4　5）

14. 您与学校领导之间的关系令您感觉：　　　　（1　2　3　4　5）

15. 您与学生之间的关系令您感觉：　　　　　　（1　2　3　4　5）

16. 现行国家对农村教师的相关政策和制度令您感觉：

　　　　　　　　　　　　　　　　　　　　　　（1　2　3　4　5）

17. 县(市)教育行政部门调动农村教师积极性的方式令您感觉：

　　　　　　　　　　　　　　　　　　　　　　（1　2　3　4　5）

## 第三章　教师满意度问卷表

**第一部分　背景资料**

请根据个人情况,在下列符合情况的答案上划"√"。

1. 性别：

A. 男　　　　　　　B. 女

2. 您是否是班主任：

A. 是　　　　　　　B. 否

3. 婚姻状况：

A. 已婚　　　　　　B. 单身

4. 从教年级：

A. 一年级　　　　B. 二年级　　　　C. 三年级

5. 从教科目：

A. 语文　　　　B. 数学　　　　C. 英语　　　　D. 其他

6. 年龄：

A. 21—25 岁　　　　B. 26—30 岁　　　　C. 31—40 岁

D. 41—50 岁　　　　　E. 51 岁以上

7. 职称：

A. 中学三级教师　　　B. 中学二级教师　　　C. 中学一级教师

D. 中学高级教师　　　E. 中学特级教师　　　F. 无职称

8. 教龄：

A. 5 年以下　　　　　B. 6—10 年　　　　　C. 11—15 年

D. 16—20 年　　　　　E. 21—25 年　　　　　F. 26—30 年

G. 31 年以上

9. 每周承担课时为：

A. 10 节以下　　　　　B. 10—15 节　　　　　C. 16—20 节

D. 21—25 节　　　　　E. 26—30 节

10. 您的最高学历：

A. 师范院校本科学历　　　　　B. 师范院校研究生学历

C. 非师范院校本科学历　　　　D. 非师范院校研究生学历

E. 其他

## 第二部分

请您仔细阅读以下每一个题目,然后根据您个人的实际情况,选择一个您认为最合适的答案,并在相应的号码上划"√"。

(1＝从不;2＝很少;3＝有时;4＝时常;5＝总是)

1. 教师对学生要承担太多的监管责任：　　　　　(1　2　3　4　5)

2. 在放学后,教师们会花时间在有问题的个别学生身上：

　　　　　　　　　　　　　　　　　　　　　　(1　2　3　4　5)

3. 教师以学校为荣：　　　　　　　　　　　　　(1　2　3　4　5)

4. 校长以身作则,努力工作：　　　　　　　　　(1　2　3　4　5)

5. 校长称赞教师的优良表现：　　　　　　　　　(1　2　3　4　5)

6. 校长掌控教职工代表大会：　　　　　　　　　(1　2　3　4　5)

7. 例行的行政工作干扰教师的正常教学：　　　　(1　2　3　4　5)

8. 学生会能对学校的决策有所影响： （1 2 3 4 5）

9. 教师对学生很友好： （1 2 3 4 5）

10. 校长监督教师所做的每一件事： （1 2 3 4 5）

11. 教师最亲密信赖的朋友是本校的同事： （1 2 3 4 5）

12. 学校行政方面的文书工作非常繁重： （1 2 3 4 5）

13. 教师们会互相帮助与支持： （1 2 3 4 5）

14. 学生可以理性地解决自己的问题： （1 2 3 4 5）

15. 校长严格考核教师： （1 2 3 4 5）

16. 教师们的士气很高： （1 2 3 4 5）

17. 教师们了解彼此的家庭状况： （1 2 3 4 5）

18. 教师的非教学工作非常繁重： （1 2 3 4 5）

19. 校长会设法帮助教师解决难题： （1 2 3 4 5）

20. 校长会解释批评教师的原因： （1 2 3 4 5）

21. 校长在放学后仍会为教师提供所需的帮助： （1 2 3 4 5）

22. 教师会邀请同事去自己家里： （1 2 3 4 5）

23. 教师们定期进行交流： （1 2 3 4 5）

24. 教师们喜欢在这里工作： （1 2 3 4 5）

25. 校长使用有建设性的批评： （1 2 3 4 5）

26. 校长重视教师们的福利： （1 2 3 4 5）

27. 校长严格监督教师： （1 2 3 4 5）

28. 教师相信学生能够一起活动,而无需监督： （1 2 3 4 5）

29. 教师们尊重彼此的专业能力： （1 2 3 4 5）

请您仔细阅读以下每一个题目,然后根据您个人的实际情况,选择一个您认为最合适的答案,并在相应的号码上划"√"。

1. 完全不符合:与您的现实情况完全不一致

2. 大部分不符合:描述与您的现实情况基本上不符合

3. 说不清楚:您对这种情况也不太清楚或者没有经历过

4. 大部分符合:描述与您的现实情况基本相符

5. 完全符合:与您的现实情况完全一致

(1＝完全不符合;2＝大部分不符合;3＝说不清楚;4＝大部分符合;5＝完全符合)

1. 我从工作中得到成就感: (1 2 3 4 5)

2. 我认为教育工作的升迁方式很多: (1 2 3 4 5)

3. 我认为领导能够体谅教师的辛苦: (1 2 3 4 5)

4. 我对于同事间的人际关系感到满意: (1 2 3 4 5)

5. 我认为我的学生是讨人喜欢的: (1 2 3 4 5)

6. 我认为目前教师的福利较完善: (1 2 3 4 5)

7. 我认为升迁纯粹是靠能力: (1 2 3 4 5)

8. 我觉得领导待人处事公正: (1 2 3 4 5)

9. 我认为我学生学习能力很强: (1 2 3 4 5)

10. 如果有机会,我会转行: (1 2 3 4 5)

11. 我认为教师工作有保障: (1 2 3 4 5)

12. 我认为现在的升迁制度不公平: (1 2 3 4 5)

13. 我认为领导能帮助教师解决问题: (1 2 3 4 5)

14. 我认为我的同事不易相处: (1 2 3 4 5)

15. 我觉得我的学生与我相处愉快: (1 2 3 4 5)

16. 这份工作与我所学专业和专长是相配合的: (1 2 3 4 5)

17. 我认为教育工作可以提升自我能力: (1 2 3 4 5)

18. 我觉得领导能让我自主的工作: (1 2 3 4 5)

19. 我认为我的同事是积极进取的: (1 2 3 4 5)

20. 我认为学生对我不信任: (1 2 3 4 5)

21. 我认为教育工作能实现自己的理想与抱负: (1 2 3 4 5)

22. 我认为我的待遇是收支平衡的: (1 2 3 4 5)

23. 我认为教师职业在使个人发展上常受到限制: (1 2 3 4 5)

24. 我觉得领导与我是相互了解的: (1 2 3 4 5)

25. 我认为我的同事工作效率高：　　　　　　　（1　2　3　4　5）

26. 我认为学生的课堂秩序很好：　　　　　　　（1　2　3　4　5）

27. 我认为教学工作很有趣：　　　　　　　　　（1　2　3　4　5）

28. 我的待遇足够使我过舒适的生活：　　　　　（1　2　3　4　5）

29. 我觉得领导具有专业知识和能力：　　　　　（1　2　3　4　5）

30. 我觉得我与同事的合作是愉快的：　　　　　（1　2　3　4　5）

31. 我认为我的学生努力上进：　　　　　　　　（1　2　3　4　5）

32. 我认为社会重视我的工作：　　　　　　　　（1　2　3　4　5）

33. 我觉得领导不重视教师的意见：　　　　　　（1　2　3　4　5）

34. 我觉得同事间能互相支持和勉励：　　　　　（1　2　3　4　5）

35. 我觉得我的学生纯真活泼：　　　　　　　　（1　2　3　4　5）


# 第四章　教师课余工作量问卷表


## 第一部分　背景资料

请根据个人情况，在下列符合情况的答案上划"√"。

1. 性别：

A. 男　　　　　B. 女

2. 年龄：（　　　）

3. 教龄：（　　　）

4. 任教科目：

A. 语文　　　　B. 数学　　　　　C. 英语　　　　　D. 政治

E. 物理　　　　F. 化学　　　　　G. 历史　　　　　H. 地理

I. 计算机　　　J. 生物

5. 您每天大约工作（　　　）小时

6. 您每天备课时间（　　　）小时

7. 您每天批改作业（　　　）小时

8. 您每天辅导学生（　　）小时

## 第二部分　分类调查

（1＝极少（小）；2＝较少（小）；3＝适中；4＝较多（大）；5＝极多（大））

分区一：

1. 您觉得每天的工作量：　　　　　　　　　　　　（1　2　3　4　5）

2. 您觉得备课的工作量：　　　　　　　　　　　　（1　2　3　4　5）

3. 您觉得批改的作业量：　　　　　　　　　　　　（1　2　3　4　5）

4. 您觉得辅导学生时间：　　　　　　　　　　　　（1　2　3　4　5）

分区二：

（当人数为 0 时，主问题下的属问题不需填写）

在同一办公室里

1. 与您关系比较密切的有（　　）人

①您觉得他们每天的工作量：　　　　　　　　　　（1　2　3　4　5）

②您觉得他们备课的工作量：　　　　　　　　　　（1　2　3　4　5）

③您觉得他们批改的作业量：　　　　　　　　　　（1　2　3　4　5）

④您觉得他们辅导学生时间：　　　　　　　　　　（1　2　3　4　5）

2. 与你的关系一般化的有（　　）人

①您觉得他们每天的工作量：　　　　　　　　　　（1　2　3　4　5）

②您觉得他们备课的工作量：　　　　　　　　　　（1　2　3　4　5）

③您觉得他们批改的作业量：　　　　　　　　　　（1　2　3　4　5）

④您觉得他们辅导学生时间：　　　　　　　　　　（1　2　3　4　5）

3. 与您关系比较疏离的有（　　）人

①您觉得他们每天的工作量：　　　　　　　　　　（1　2　3　4　5）

②您觉得他们备课的工作量：　　　　　　　　　　（1　2　3　4　5）

③您觉得他们批改的作业量：　　　　　　　　　　（1　2　3　4　5）

④您觉得他们辅导学生时间：　　　　　　　　　　（1　2　3　4　5）

分区三：

（当人数为 0 时，主问题下的属问题不需填写）

在不同办公室里

1. 与您关系比较密切的有（　　）人

① 您觉得他们每天的工作量：　　　　　　　　（1　2　3　4　5）

② 您觉得他们备课的工作量：　　　　　　　　（1　2　3　4　5）

③ 您觉得他们批改的作业量：　　　　　　　　（1　2　3　4　5）

④ 您觉得他们辅导学生时间：　　　　　　　　（1　2　3　4　5）

2. 与你的关系一般化的有（　　）人

① 您觉得他们每天的工作量：　　　　　　　　（1　2　3　4　5）

② 您觉得他们备课的工作量：　　　　　　　　（1　2　3　4　5）

③ 您觉得他们批改的作业量：　　　　　　　　（1　2　3　4　5）

④ 您觉得他们辅导学生时间：　　　　　　　　（1　2　3　4　5）

3. 与您关系比较疏离的有（　　）人

① 您觉得他们每天的工作量：　　　　　　　　（1　2　3　4　5）

② 您觉得他们备课的工作量：　　　　　　　　（1　2　3　4　5）

③ 您觉得他们批改的作业量：　　　　　　　　（1　2　3　4　5）

④ 您觉得他们辅导学生时间：　　　　　　　　（1　2　3　4　5）

## 第五章　教师参与改革问卷表

### 第一部分　背景资料

请根据个人情况，在下列符合情况的答案上划"√"。

1. 我的性别是：

A. 男　　　　　B. 女

2. 我的年龄是：

A. 25 岁以下　　　　　　　　　B. 25～35 岁

C. 35～45 岁 　　　　　　　　D. 45 岁以上

3. 我任教于：

A. 幼儿园　　　B. 小学　　　　　C. 初中　　　　　　D. 高中

4. 我的学历是：

A. 中专或以下　　　　　　　　B. 大专

C. 本科　　　　　　　　　　　D. 研究生或以上

5. 我的职称是：

A. 未定级　　　B. 初级　　　　　C. 中级　　　　　　D. 高级

6. 我所任教的科目是(　　　)。

**第二部分　教师参与学校管理状况调查**

选择一个您认为最合适的答案,并在相应的号码上划"√"。

(1＝十分同意;2＝比较同意;3＝一般;4＝不大同意;5＝不同意)

1. 我关心学校的事务：　　　　　　　　　　　(1　2　3　4　5)

2. 我认为普通教师应该参与学校管理：　　　　(1　2　3　4　5)

3. 我认为与学校领导的良好关系是顺利开展工作的重要因素：

(1　2　3　4　5)

4. 学校的工作取得进步是老师和学校领导共同努力的结果：

(1　2　3　4　5)

5. 如果我对学校的管理不满,我会尝试表达：　(1　2　3　4　5)

6. 我愿意和学校的领导打交道：　　　　　　　(1　2　3　4　5)

7. 我愿意花费个人时间来参与学校的管理事务：　(1　2　3　4　5)

8. 在过去的经验告诉我,学校领导经常与普通教师合作解决问题：

(1　2　3　4　5)

9. 在过去的经验告诉我,学校领导能够有效并公正处理学校的事务：

(1　2　3　4　5)

10. 在过去的经验告诉我,学校领导对教师承诺过的事情,最终都会

做到：　　　　　　　　　　　　　　　　(1　2　3　4　5)

11. 多数人是值得信任的：　　　　　　　　　（1　2　3　4　5）

12. 学校领导是值得信任的：　　　　　　　　（1　2　3　4　5）

13. 多数人是喜欢帮助别人：　　　　　　　　（1　2　3　4　5）

14. 学校领导总是希望帮助教师解决问题：　　（1　2　3　4　5）

15. 当和领导共同工作时，我确信我可以克服困难：（1　2　3　4　5）

16. 当和领导共同工作时，我有信心高效率地完成工作：

　　　　　　　　　　　　　　　　　　　　（1　2　3　4　5）

17. 当遇到一些不能依照惯例解决的问题时，我会把它们交给上级

处理：　　　　　　　　　　　　　　　　　（1　2　3　4　5）

18. 我希望工作中所有重要的决定都有指导性的规则或程序以供参考：

　　　　　　　　　　　　　　　　　　　　（1　2　3　4　5）

19. 如果失去学校领导的帮助，我将无法完成自己所承担的任务：

　　　　　　　　　　　　　　　　　　　　（1　2　3　4　5）

20. 学校的管理事务只是领导的事，普通老师无需参与：

　　　　　　　　　　　　　　　　　　　　（1　2　3　4　5）

21. 我乐意参加学校的会议：　　　　　　　　（1　2　3　4　5）

22. 教师工会能代表普通教师的利益：　　　　（1　2　3　4　5）

23. 参加学校各种会议的教师代表发言都是跟着领导的调子：

　　　　　　　　　　　　　　　　　　　　（1　2　3　4　5）

24. 我相信领导所说的都是实情：　　　　　　（1　2　3　4　5）

25. 学校领导总是高高在上地监管我们：　　　（1　2　3　4　5）

26. 学校领导总是企图利用职权，为自己谋利：（1　2　3　4　5）

27. 我们努力工作，但学校领导总是批评我们：（1　2　3　4　5）

28. 遇到问题时，学校领导总是把责任推卸给我们：（1　2　3　4　5）

29. 学校领导不理解教师的工作，没能有效地管理学校：

　　　　　　　　　　　　　　　　　　　　（1　2　3　4　5）

30. 学校领导所谓听取教师意见的行为只是走走过场：

　　　　　　　　　　　　　　　　　　　　（1　2　3　4　5）

31. 如果你自己不小心,别人就会占你便宜:　　　(1　2　3　4　5)

32. 没有人会关心你工作中遇到什么困难:　　　(1　2　3　4　5)

33. 我觉得私营企业的管理模式比事业单位的管理模式更适合我:

(1　2　3　4　5)

34. 管理者对被管理者的唯一期望就是希望他们遵循命令:

(1　2　3　4　5)

35. 在工作中,我经常计算投入和产出是否相符:　(1　2　3　4　5)

36. 我努力做到比其他老师更好:　　　　　　　(1　2　3　4　5)

37. 我认为出色的教师应该获得更高的收入:　　(1　2　3　4　5)

38. 我对学校绩效工资的分配方案感到满意:　　(1　2　3　4　5)

39. 我关心绩效工资改革的相关信息:　　　　　(1　2　3　4　5)

40. 我对学校绩效工资改革的相关信息有充分的了解:

(1　2　3　4　5)

41. 学校领导主动地向教师介绍绩效工资改革的相关信息:

(1　2　3　4　5)

42. 我对绩效工资改革的了解主要是通过会议和学校的通知:

(1　2　3　4　5)

43. 我会主动寻求其他途径以了解绩效工资改革的相关信息:

(1　2　3　4　5)

44. 在学校制定绩效工资分配方案时,领导和教师有充分的沟通:

(1　2　3　4　5)

45. 当我对学校管理有不同意见时,我能够找到有效的途径表达:

(1　2　3　4　5)

46. 学校重视教师们对绩效工资改革所提出的意见和建议:

(1　2　3　4　5)

47. 如果我对学校绩效工资改革有自己的想法,我会向领导反映:

(1　2　3　4　5)

48. 如果我对学校绩效工资改革有自己的想法,我会向教师工会反映:

(1　2　3　4　5)

49. 教师工会在绩效工资改革中发挥了重要的作用,维护了教师的利
益: (1 2 3 4 5)

50. 我相信领导所制定的工资分配方案是公平和有效的:
(1 2 3 4 5)

51. 我愿意参与绩效工资分配方案的制定,即使这需要花费我一些时
间: (1 2 3 4 5)

52. 我相信学校的绩效工资改革能提高教师工作的积极性:
(1 2 3 4 5)

53. 绩效工资方案的制定是领导的事情,普通教师没有必要参与:
(1 2 3 4 5)

54. 我对学校的绩效工资改革感到满意: (1 2 3 4 5)

55. 我认为我现在的收入与我的劳动相符: (1 2 3 4 5)

## 第六章 教师绩效工资公平感问卷表

**第一部分**

**(一) 学校基本情况**

请根据个人情况,在下列符合情况的答案上划"√"。

学校性质:小学/初中/完全中学  学校教职工的总人数:_____(人)

学校规模(班级数量):_____(班)

1. 贵校实行绩效工资年限:_____(月)

2. 奖励性工资资金来源:

A. 全部上级部门拨发

B. 由学校自己资金作为来源

C. 全部由教师部分工资作为来源

D. 上级部门拨发与教师部分工资相结合

3. 贵校的绩效工资方案的制定方式:

A. 由上级部门制定

B. 在上级指导意见下,由学校领导层共同制定

C. 在上级指导意见下,由学校校长和中层管理者共同制定

D. 由全校教职工共同制定

4. 奖励性工资的评估主体(即工作量计算的主体):

A. 由学校主要领导评估

B. 由校长和中层管理者共同进行评估

C. 由校长、中层领导评估为主,教师自评为辅

D. 由全校教职工共同评估

E. 完全标准化公式计算

5. 绩效工资发放方式:

A. 按月发放      B. 按学期发放

C. 按年度发放      D. 按月发放和按学期发放相结合

E. 按月发放和按年度发放相结合


## (二) 个人基本情况

请根据个人情况,在下列符合情况的答案上划"√"。

性别:A. 男   B. 女

年龄:_____岁

婚姻状况:A. 已婚   B. 未婚   C. 其他

1. 您在本校工作已经:_____年

2. 是否属于在编教师:A. 是   B. 否

3. 您的学历:

A. 大专   B. 本科   C. 研究生   D. 博士   E. 其他_____

4. 您是否担任一线教学职位:A. 是   B. 否

5. 您所教的年级:_____

6. 您的职称:_____

7. 您所教科目:_____

8. 除担任一线教师外兼任其他的行政职位：

A. 班主任    B. 学科组长    C. 年级长    D. 副主任

E. 主任        F. 工会主席    H. 副校长    I. 校长    其他：_____

9. 您是否参与了绩效工资方案的讨论与制定：

A. 全程参与        B. 绝大部分参与        C. 参与一部分

D. 几乎没有参与    E. 完全没有参与

10. 您的即奖励性工资占工资总额的比例：

A. 1%—3%    B. 3%—5%    C. 5%—10%    D. 10%—15%

E. 15%—30%

11. 您的工资年总收入是：

A. 3—5 万    B. 5—7 万    C. 7—9 万    D. 9—12 万

E. 12 万以上

12. 您的奖励性工资年总收入：

A. 1 000—2 000        B. 2 000—5 000

C. 5 000—10 000        D. 1—2 万

E. 2—5 万


## 第二部分　个人感受

选择一个您认为最合适的答案,并在相应的号码上划"√"。

(1＝非常不同意;2＝比较不同意;3＝不确定;4＝比较同意;5＝非常同意)

1. 与其他相同工作、职称和教龄的教师相比,我所获得的绩效工资(总工资中绩效那一块的工资)待遇是合理的：　　　　　　　(1　2　3　4　5)

2. 与其他教师的工作表现相比,我所获得的绩效工资待遇是合理的：

(1　2　3　4　5)

3. 我所获得的绩效工资并没有反应我在工作上所做的努力：

(1　2　3　4　5)

4. 我所获得的绩效工资反应了我的工作量：　　(1　2　3　4　5)

5. 学校对我的工作安排是适当和合理的： （1　2　3　4　5）

6. 学校的绩效工资的方案是公平的： （1　2　3　4　5）

7. 学校的绩效工资制度并不能激励教师努力工作： （1　2　3　4　5）

8. 学校的绩效考核方式是合理的： （1　2　3　4　5）

9. 教师的绩效工资的考评和计算是有章可循的： （1　2　3　4　5）

10. 学校的绩效工资方案能够代表大多数人的意愿：（1　2　3　4　5）

11. 我们教师可以参与绩效工资方案的制定过程： （1　2　3　4　5）

12. 学校的领导是抱着公平、公正的态度来制定绩效工资的方案的：

（1　2　3　4　5）

13. 在制定绩效工资方案前,学校领导会广泛征集教职工的意见：

（1　2　3　4　5）

14. 我们学校的绩效工资方案是公开和透明的： （1　2　3　4　5）

15. 对于绩效工资方案我有表达自己看法和意见的途径：

（1　2　3　4　5）

16. 学校的绩效工资制度的实行是前后一致的： （1　2　3　4　5）

17. 学校的领导对我有偏见： （1　2　3　4　5）

18. 对于绩效工资的具体方案和实施过程,学校领导会给予老师全面的
解释和说明： （1　2　3　4　5）

19. 对于我最终得到的绩效工资,学校领导会对我进行耐心的解释和说
明： （1　2　3　4　5）

20. 学校对绩效工资的方案和实施细则在全校进行了公布：

（1　2　3　4　5）

21. 与其他教师的工作表现相比,我所获得的绩效工资待遇是不合理
的： （1　2　3　4　5）

# 参考文献

[1] 周三多,陈传明,鲁明泓.管理学—原理与方法[M].上海:复旦大学出版社,2003.

[2] 杨静光.古今管理理论概要[M].北京:中共中央党校出版社,2005.

[3] 许云霄.公共选择理论[M].北京:北京大学出版社,2006.

[4] 孙绵涛,罗建河.西方当代教育管理理论流派[M].重庆:重庆大学出版社,2008.

[5] 张新平.教育组织范式论[M].南京:江苏教育出版社,2001.

[6] 安文铸.学校管理研究专题[M].北京:科学普及出版社,1997.

[7] 张宏文,邱文芳.实用人际关系学[M].台北:商鼎文化出版社,1996.

[8] 陈国海.组织行为学[M].北京:清华大学出版社,2003.

[9] 卢盛忠.管理心理学[M].杭州:浙江教育出版社,2006.

[10] 王孝玲.管理行为[M].北京:北京经济学院出版社,2001.

[11] 苏东水.管理心理学[M].上海:复旦大学出版社,2002.

[12] 赵慧军.现代管理心理学[M].北京:首都经济贸易大学出版社,2002.

[13] 熊川武.学校管理心理学[M].上海:华东师范大学出版社,1996.

[14] 杨心德.中学课堂教学管理[M].杭州:杭州大学出版社,1993.

[15] 张东娇.教育沟通论[M].太原:山西教育出版社,2003.

［16］段玉梅.副校长在管理活动中的沟通策略研究［M］.北京：北京师范大学出版社，2006.

［17］吴志宏，冯大鸣，魏志春.新编教育管理学［M］.上海：华东师范大学出版社，2004.

［18］吴清山.学校效能研究［M］.台北：台湾五南书局，1998.

［19］范国睿.学校管理的理论与实务［M］.上海：华东师范大学出版社，2003.

［20］郑燕样.学校效能与校本管理［M］.上海：上海教育出版社，2002.

［21］李训.激励机制与效率［M］.北京：经济管理出版社，2007.

［22］［美］约翰·罗尔斯.正义论［M］.北京：中国社会科学出版社，1988.

［23］［美］丹尼尔·A.雷恩.管理思想的演变［M］.北京：中国社会科学出版社，1997.

［24］［美］韦恩·K.霍伊，塞西尔·G.米斯克尔.教育管理学［M］.北京：教育科学出版社，2007.

［25］［英］托尼·布什.当代西方教育管理模式［M］.南京：南京师范大学出版社，1998.

［26］［美］凯茨·大卫斯.组织行为学［M］.北京：经济科学出版社，1989.

［27］［美］保尔·蒂姆，布伦特·彼得森.人的行为与组织管理［M］.北京：中国轻工业出版社，2004.

［28］［美］罗伯特·G.欧文斯.教育组织行为学［M］.上海：华东师范大学出版社，2001.

［29］［美］E.马克·汉森.教育管理与组织行为［M］.上海：上海教育出版社，2005.

［30］［美］罗伯特·W.麦克金米.教育发展的激励理论［M］.北京：北京师范大学出版社，2008.

［31］［美］约翰·I.古得莱得.一个称作学校的地方［M］.上海：华东师范大学出版社，2006.

[32] [加]迈克·富兰.变革的力量——透视教育改革[M].北京:教育科学出版社,2004.

[33] [美]彼得·圣吉.第五项修炼——学习型组织的艺术与实务[M].上海:上海三联书店,2002.

[34] Halpin A W. Theory and Research in Administration[M]. New York:The Macmillan Company,Ltd. ,1966.

[35] Tarter C J, Kottkamp R B. Open School/Health School:Measuring Organizational Climate[M]. Corwin Press/ Sage Publications,1991.

[36] Barnard C I. The Functions of the Executive (30th ed. )[M]. Cambridge:Harvard University Press,1968.

[37] Fiedler F E, Garcia J E. New Approaches to Effective Leadership:Cognitive Resources and Organizational Performance[M]. New York: John Wiley and Sons,1987.

[38] King P J. An Analysis of Teachers' Perceptions of the Leadership Styles and Effectiveness of Male and Female Elementary School Principals[M]. Los Angeles:University of Southern California Press,1978.

[39] Lundy J L. Lead,Follow or Get Out of the Way[M]. San Diego:Pfeiffer,1986.

[40] Miltz R J, Kanus L. Improving Supervisors' Interpersonal Communication[J]. Washington D C. :Educational Resources Information Center,ERIC document ED,1977.

[41] Robbins S P. Organizational Behavior[M]. Englewood Cliffs N J. :Prentice-Hall,1991.

[42] Valentine J W. Audit of Administrator Communication:Instrumentation for Researcher and Practitioner[J]. Peabody Journal of Education,1981.

[43]Ukl G A. Leadership in organizations[M]. (2nd ed. ). N. J. :Prentice-Hall,1989.

**图书在版编目(CIP)数据**

中小学教师激励与管理 / 葛新斌等著. —济南:山东
教育出版社,2013
ISBN 978－7－5328－7909－0

Ⅰ.①中… Ⅱ.①葛… Ⅲ.①中小学—师资培养—
研究 Ⅳ.①G635.12

中国版本图书馆 CIP 数据核字(2013)第 132115 号

现代教育管理论丛
中小学教师激励与管理
葛新斌 等著

主 管:山东出版传媒股份有限公司

出版者:山东教育出版社
　　　(济南市纬一路 321 号 邮编:250001)

电 话:(0531)82092664 传 真:(0531)82092625

网 址:http://www.sjs.com.cn

发 行:山东教育出版社

印 刷:山东德州新华印务有限责任公司

版 次:2013 年 7 月第 1 版第 1 次印刷

规 格:787mm×1092mm 16 开本

印 张:22 印张

字 数:416 千字

书 号:ISBN 978－7－5328－7909－0

定 价:46.00 元

(如印装质量有问题,请与印刷厂联系调换)
印厂电话:0534－2671218